PRIMA.BREVIS
UNTERRICHTSWERK FÜR LATEIN ALS DRITTE UND SPÄTBEGINNENDE FREMDSPRACHE
TEXTBAND

C.C. BUCHNER

PRIMA.BREVIS
UNTERRICHTSWERK FÜR LATEIN ALS DRITTE
UND SPÄTBEGINNENDE FREMDSPRACHE

Herausgegeben von Clement Utz und Andrea Kammerer.

Erarbeitet von Martin Biermann, Josef Burdich, Roswitha Czimmek, Wolfgang Freytag, Wolff-Rüdiger Heinz, Gerhard Hey, Christina Kakridi, Andrea Kammerer, Stefan Kipf, Ingo Köhne, Anja Lücker, Christian Müller, Stefan Müller, Bernhard O'Connor, Antje Sucharski, Clement Utz, Edzard Visser und Andrea Weiner.

Der Textband **PRIMA.BREVIS** wurde erarbeitet von Andrea Kammerer und Clement Utz unter Mitarbeit von Martin Biermann, Josef Burdich, Roswitha Czimmek, Wolfgang Freytag, Christina Kakridi, Ingo Köhne, Anja Lücker, Christian Müller, Stefan Müller, Bernhard O'Connor, Antje Sucharski und Edzard Visser.

1. Auflage, 7. Druck 2022
Alle Drucke dieser Auflage sind, weil untereinander unverändert, nebeneinander benutzbar.

Dieses Werk folgt der reformierten Rechtschreibung und Zeichensetzung. Ausnahmen bilden Texte, bei denen künstlerische, philologische oder lizenzrechtliche Gründe einer Änderung entgegenstehen.

© 2014 C.C.Buchner Verlag, Bamberg
Das Werk und seine Teile sind urheberrechtlich geschützt. Jede Nutzung in anderen als den gesetzlich zugelassenen Fällen bedarf der vorherigen schriftlichen Einwilligung des Verlags. Das gilt insbesondere auch für Vervielfältigungen, Übersetzungen und Mikroverfilmungen. Hinweis zu § 52a UrhG: Weder das Werk noch seine Teile dürfen ohne eine solche Einwilligung eingescannt und in ein Netzwerk eingestellt werden. Dies gilt auch für Intranets von Schulen und sonstigen Bildungseinrichtungen.

Redaktion: Jutta Schweigert
Gestaltung: ARTBOX Grafik und Satz GmbH, Bremen
Einbandgestaltung: mgo360 GmbH & Co. KG, Bamberg
Druck und Bindung: mgo360 GmbH & Co. KG, Bamberg

www.ccbuchner.de

ISBN 978-3-661-**41000**-5

Mit PRIMA.BREVIS arbeiten

Das Lehrwerk **PRIMA.BREVIS** besteht aus diesem **Textband**, dem zugehörigen **Begleitband** (mit Wortschatz, Grammatik und Methodenteilen) sowie **fakultativem Begleitmaterial**.

Der Textband ist nach thematisch zusammenhängenden **Sequenzen** gegliedert. Jede Sequenz wird eröffnet mit motivierenden Abbildungen, ersten Informationen zum Thema und vorbereitenden Aufgabenstellungen. Am Ende der Sequenz bietet jeweils eine Doppelseite Material zur **Binnendifferenzierung** („Differenziert üben"); eine weitere Seite fasst wichtige in den vorausgehenden Lektionen geschulte **Kompetenzen** („Kompetent mit Latein") zusammen und vertieft sie.

PRIMA.BREVIS enthält **28 vierseitige Stofflektionen**. Ihre Anlage erlaubt der Lehrerin / dem Lehrer größtmögliche Freiheit im methodischen Vorgehen.

Seite 1: Vorentlastung

Informationstexte und Bildmaterial führen **inhaltlich** in die Thematik der Lektion ein. Außerdem werden wesentliche Teile der neuen **Grammatik** vorgestellt, in aller Regel anhand kurzer und einfacher lateinischer Texte (**G**) mit bereits bekannten Vokabeln.

Seite 2: Lektionstext

Das Kernstück jeder Lektion ist der **Text (T)**. Er sollte in jedem Fall behandelt werden, da er den gesamten Grammatikstoff und alle neuen Vokabeln enthält.
Zur Erschließung des Textes sowie zur inhaltlichen Abrundung folgen kompetenzorientierte **Aufgaben**.

Seite 3: Übungsmaterial

Zu Beginn des Übungsteils (**Ü**) dient oft ein kurzer Text der ersten Einübung der Grammatik (enge Anbindung an **G**; gleiche Unterlegung).
Es folgt eine Vielzahl abwechslungsreicher, kompetenzorientierter Übungen zum **sprachlichen Training**.

Seite 4: Übungsmaterial

Ein **Zusatztext (Z)** erweitert das Textangebot; er wälzt die Grammatik der vorausgehenden Lektionen um und rundet die Lektion inhaltlich ab.
Dazu können inhaltliche und/oder sprachliche Aufgaben treten.

Aufgaben und Übungen, die sich besonders für die Bearbeitung im **Team** eignen (auch arbeitsteilig), sind mit einem Kreis gekennzeichnet (**A** oder **1**).

Bei einer Vielzahl von Aufgabenstellungen und Übungen stellt eine vorangestellte Überschrift (blau) die angesprochene fachliche oder überfachliche **Kompetenz** vor. Dies betrifft insbesondere die Übungen zum Fortwirken des Lateinischen, zum Sprachenvergleich, zur Wortschatzarbeit und Übersetzungsmethodik, zur spielerisch-kreativen Umsetzung sowie die texterschließenden Aufgaben. Damit werden die Bandbreite und die Vielfalt der Kompetenzen deutlich, die im Lateinunterricht geschult werden können. Einfache Übungen aus dem Bereich der Formenlehre, deren Zielsetzung sich unmittelbar erschließt, sind nicht markiert.

Im Hinblick auf die Behandlung von Wortschatz und Grammatik sind ausschließlich die **Lektionstexte (T) obligatorisch**. Alle Übungen (**Ü**) und das **Z**-Stück sind prinzipiell **fakultativ**; die Auswahl der Übungen und einzelner Übungsteile steht im Ermessen des Lehrers / der Lehrerin und richtet sich ggf. nach den Schwerpunkten der schulinternen Curricula.

Fakultativ sind auch einzelne **Stoffbausteine**, die im Inhaltsverzeichnis grau gedruckt sind: Bestimmte Grammatikphänomene (z. B. Kasusfunktionen) müssen im später einsetzenden Lateinunterricht nicht explizit behandelt werden; sie können – je nach Bedarf – auch weggelassen oder nur über den Wortschatz gelernt werden. So entstehen Freiräume für die Unterrichtenden. **Fakultatives Additum** sind zudem die Lektionen 29 und 30, die zur inhaltlichen Abrundung oder zum Nachtrag sprachlicher Phänomene genutzt werden können.

PRIMA.BREVIS ist wie die Lesebücher der Bamberger Bibliothek und viele Textausgaben in ein **Gesamtkonzept** eingebunden, dessen Teile in Gestaltung und Terminologie eng aufeinander abgestimmt sind; ihr Vokabular basiert gleichermaßen auf den statistischen Untersuchungen des „Bamberger Wortschatzes".

Weitere umfassende Informationen zur Arbeit mit **PRIMA.BREVIS** gibt der Lehrerband.

Treffpunkte im alten Rom 10

1 T Auf dem Forum 10
- **F1** Substantive: Nominativ Singular
- **F2** Substantive: Vokativ Singular
- **F3** Verben: 3. Person Präsens Singular
- **F4** Verben: Infinitiv Präsens
- **M1** Sprache betrachten: Fremd- und Lehnwörter nutzen
- **M2** Wörter lernen: Lerntechniken kennen

2 T Sieg im Circus Maximus 12
- **Z** Siegerehrung 15
- **F1** Substantive: Nominativ Plural
- **F2** Verben: 3. Person Präsens Plural
- **F3** Verben: konsonantische Konjugation
- **S1** Subjekt und Prädikat
- **S2** Subjekt im Prädikat
- **S3** Substantiv als Prädikatsnomen
- **M** Lernen planen: Grundsätze beachten

3 T Aufregung in der Basilika 16
- **Z** Erfrischungen in der Basilika 19
- **F** Substantive: Akkusativ
- **S1** Akkusativ als Objekt
- **S2** Präpositionalausdruck als Adverbiale
- **M1** Übersetzen: Satzbauplan beachten
- **M2** Wörter lernen: an Bekanntes anknüpfen

4 T Besuch in den Thermen 20
- **Z** Zu zweit auf dem Forum 23
- **F** Substantive: Ablativ
- **S1** Ablativ als Adverbiale: Ablativ des Mittels
- **S2** Ablativ als Adverbiale: Ablativ des Grundes
- **S3** Verwendung der Präpositionen
- **M1** Lernen planen: Hausaufgaben machen
- **M2** Übersetzen: Satzglieder abfragen

Differenziert üben I 24

Lateinische Texte lesen – römisches Leben verstehen 26

Römisches Alltagsleben 27
Menschen wie du und ich?

5 T Vorbereitung eines großen Festes 28
- **Z** Ein großer Auftrag 31
- **F1** Verben: 1. und 2. Person Präsens
- **F2** Verben: Imperativ
- **F3** Substantive der o-Deklination auf -er
- **M** Texte erschließen: Wort- und Sachfelder beachten

Übersicht: Verben (Konjugation)

6 T Modenschau 32
- **Z** Beim Einkaufsbummel 35
- **F1** Substantive: Genitiv
- **F2** Verben: velle, nolle
- **S1** Genitiv als Attribut: Genitiv der Zugehörigkeit
- **S2** Genitiv als Attribut: Genitivus partitivus
- **S3** Genitiv als Attribut: Genitivus obiectivus
- **M** Wörter wiederholen: Gelerntes behalten

7 T Endlich volljährig! 36
- **Z** Wohnen in der Subura 39
- **F1** Substantive: Dativ
- **F2** Substantive der 3. Deklination: Wortstamm
- **F3** Verben: konsonantische Konjugation (i-Erweiterung)
- **S1** Dativ als Objekt
- **S2** Dativ als Prädikatsnomen: Dativ des Besitzers
- **M1** Texte erschließen: Methoden unterscheiden
- **M2** Lernen planen: Prüfungen vorbereiten

Übersicht: Substantive (Deklination)

Differenziert üben II 40

Deutsche Texte lesen – römisches Leben verstehen 42

Aus der Geschichte Roms
Vom Hüttendorf zum Weltreich — 43

8 T Ein Anfang mit Schrecken — 44
   Z Der Raub der Sabinerinnen — 47
   F 1 Substantive der 3. Deklination: Neutra
   F 2 Verben: Perfekt
   F 3 Perfektbildung: v-/u-Perfekt
   F 4 Verben: posse
   S Verwendung des Perfekts
   M 1 Übersetzen: Satzglieder abfragen
   M 2 Recherchieren: Texten Informationen entnehmen

9 T Einer für alle — 48
   Z Cloelia — 51
   F Verben: Infinitiv Perfekt
   S Akkusativ mit Infinitiv (AcI)
   M Wortschatz erweitern: Wortbildungselemente nutzen (Verben, Substantive)

10 T Das Maß ist voll — 52
   Z Menenius Agrippa — 55
   F Adjektive der a- und o-Deklination
   S 1 Adjektive: KNG-Kongruenz
   S 2 Adjektiv als Attribut
   S 3 Adjektiv als Prädikatsnomen
   S 4 Ablativ als Adverbiale: Ablativ der Zeit

11 T Hannibal ante portas — 56
   Z Interview mit Hannibal — 59
   F 1 Perfektbildung: s-, Dehnung, Reduplikation, ohne Stammveränderung
   F 2 Personalpronomen
   S Personalpronomen: Verwendung

12 T Wer besiegte Hannibal? — 60
   Z Rom oder Karthago? — 63
   F Relativpronomen
   S Relativsatz als Attribut
   T Relativer Satzanschluss

13 T Cäsar im Banne Kleopatras — 64
   Z Die Ermordung Cäsars — 67
   F 1 Adjektive der 3. Deklination
   F 2 Pronomen is
   S 1 Pronomen is: Verwendung
   S 2 Satzgefüge
   S 3 Gliedsätze als Adverbiale

14 T Pompejus und die Piraten — 68
   Z Herkules besiegt den Riesen Cacus — 71
   F 1 Verben: Imperfekt
   F 2 Verben: ire
   S 1 Verwendung des Imperfekts
   S 2 Pronomina im AcI
   T Pronomina als Konnektoren
   M 1 Texte erschließen: Tempusrelief ermitteln
   M 2 Wörter wiederholen: vergessene Vokabeln sichern

Differenziert üben III — 72

Lateinische Texte lesen – Textmerkmale analysieren — 74

Der Mensch und die Götter
Wie nahe kommen wir den Göttern? 75

15 T Äneas folgt dem Willen der Götter 76
    Z Das hölzerne Pferd 79
    F1 Verben: Plusquamperfekt
    F2 Adverbbildung
    S1 Verwendung des Plusquamperfekts
    S2 Adverb als Adverbiale
    M Wortschatz erweitern: Wortbildungselemente nutzen (Adjektive)

16 T Wer deutet den Willen der Götter? 80
    Z König Krösus missversteht ein Orakel 83
    F1 Verben: Futur
    F2 Interrogativpronomen
    S1 Verwendung des Futurs
    S2 Wort- und Satzfragen

Übersicht: Verben (Tempora im Aktiv)

17 T Keine Angst vor Gespenstern 84
    Z Der Feind soll verflucht sein! 87
    F Verben: Passiv (Präsens, Imperfekt, Futur)
    S Verwendung des Passivs
    M1 Formen unterscheiden: das Hilfsverb „werden"
    M2 Texte erschließen: Textsorten beachten

18 T Von Venus zu Augustus 88
    Z Prometheus hilft den Menschen 91
    F1 Verben: Partizip Perfekt Passiv (PPP)
    F2 Verben: Passiv (Perfekt, Plusquamperfekt)
    S1 Verwendung des Partizip Perfekt Passiv
    S2 Verwendung des Passivs (Perfekt, Plusquamperfekt)
    M Übersetzen: Partizipien analysieren

19 T Der Triumph des Paullus 92
    Z Cäsar – ein Gott? 95
    F1 Substantive: e-Deklination
    F2 Demonstrativpronomina hic, ille
    S Demonstrativpronomina hic, ille: Verwendung

Übersicht: Verben (Tempora im Passiv)

Differenziert üben IV 96

Lateinische Texte lesen – Sprache und Inhalt bewerten 98

Auf der Suche nach Erklärungen
Was bestimmt den Menschen? 99

20 T Der Mythos von Narziss und Echo 100
    Z Phaëthon: Hochmut kommt vor dem Fall 103
    F Partizip Präsens Aktiv (PPA)
    S1 Verwendung des Partizip Präsens Aktiv
    S2 Partizip als Adverbiale (Überblick)
    M1 Sprache betrachten: Partizipien wiedergeben
    M2 Übersetzen: Zeitverhältnis beim Partizip beachten

21 T Römer und Philosophie? 104
    Z Gespräch über den Philosophen Epikur 107
    S Ablativus absolutus (1)

22 T Die Tragödie der Antigone 108
    Z Ödipus erkennt sein Schicksal 111
    F Substantive: u-Deklination
    S1 Ablativus absolutus (2)
    S2 Ablativus absolutus (3)
    M Übersetzen: Ablativi absoluti auflösen

Übersicht: Substantive (alle Deklinationsklassen)

23 T Die Bestimmung des Äneas 112
    Z „Pius Aeneas" – eine andere Sichtweise 115
    F1 Adjektive: Steigerung
    F2 Adverbien: Steigerung
    S1 Verwendung der Steigerungsformen
    S2 Vergleich mit quam / Ablativ des Vergleichs
    S3 Dativ als Prädikatsnomen: Dativ des Zwecks
    S4 Doppelter Akkusativ

Differenziert üben V 116

Antike Kultur betrachten – europäische Kultur verstehen 118

Blick in die Provinzen 119
Die Ausbreitung der römischen Zivilisation

24 T Groß ist die Artemis von Ephesos! 120
    Z Ein Weltwunder aus Liebe 123
    F Verben: ferre
    S 1 Genitiv als Prädikatsnomen: Genitiv der Zugehörigkeit
    S 2 Genitiv als Attribut: Genitiv der Beschaffenheit
    S 3 Ablativ als Prädikatsnomen/Attribut: Ablativ der Beschaffenheit

25 T Luxus an der Mosel 124
    Z Hadrian in den Thermen 127
    F Verben: Konjunktiv Imperfekt und Plusquamperfekt
    S Konjunktiv als Irrealis

26 T Teile und herrsche! 128
    Z Vercingetorix: ein Ereignis – zwei Berichte 131
    F 1 Verben: Konjunktiv Präsens
    F 2 Verben: Konjunktiv Perfekt
    S 1 Konjunktiv in Gliedsätzen
    S 2 Prädikativum
    S 3 Gliedsätze als Adverbiale (Übersicht)
    M Bedeutung ermitteln: Satzbauplan beachten

Übersicht: Verben (Konjunktiv im Aktiv und Passiv)

27 T Die Seherin Veleda 132
    Z Verhandlungen an der Stadtmauer 135
    F 1 Partizip Futur Aktiv
    F 2 Infinitiv Futur Aktiv
    S 1 Verwendung des Partizip Futur Aktiv
    S 2 Verwendung des Infinitiv Futur Aktiv
    S 3 Konjunktiv im Hauptsatz: Hortativ, Jussiv, Optativ, Prohibitiv

28 T Es geht nicht ohne Latein 136
    Z Schreibregeln für Mönche 139
    F 1 nd-Formen: Gerundium
    F 2 nd-Formen: Gerundiv(um)
    S 1 Verwendung des Gerundiums
    S 2 Verwendung des Gerundivums: attributives Gerundiv(um)
    S 3 Verwendung des Gerundivums: prädikatives Gerundiv(um)

Übersicht: Satzwertige Konstruktionen

Differenziert üben VI 140

Die lateinische Sprache nutzen – romanische Sprachen verstehen 142

Additium   143
Religionen im Weltreich:
Der Glaube öffnet Horizonte

29 T **Gesprächsthema Christentum**   144
    Z Auf der Suche nach dem heiligen Kreuz 147
    F Verben: fieri
    S1 Verwendung von fieri
    S2 Konjunktiv im Hauptsatz: Potentialis, Deliberativ
    S3 Konjunktiv im Hauptsatz (Übersicht)

30 T **Erlösung durch Isis**   148
    Z „So muss man beten!"   151
    F1 Verben: Deponentien (1)
    F2 Verben: Deponentien (2)
    S1 Partizip Perfekt der Deponentien: Verwendung
    S2 nd-Formen der Deponentien
    M Texte erschließen: rhetorische Mittel kennen

Zeittafel zur römischen Geschichte   152
Eigennamenverzeichnis   155
Lateinisch-deutsches Register   164
Abkürzungsverzeichnis   175
Bildnachweis   175

So sah vor 2000 Jahren der Mittelpunkt der Welt aus. Auf dem **Forum Romanum**, einem großen Platz mitten in Rom, wurden wichtige politische Entscheidungen gefällt, und zwar von den **Senatoren**, die sich dazu regelmäßig in einem zentralen Gebäude des Forums, der **Kurie**, versammelten. Du siehst die Kurie hier im Vordergrund von hinten, auf S. 11 rechts unter Ziffer ⑥.
Im Zentrum des Forums gab es aber auch eine **Tribüne**, auf der Reden gehalten wurden, **Tempel** zur Verehrung der Götter und riesige **Markthallen** mit einer Vielzahl von kleinen Geschäften.

1 Betrachte die Abbildung genau und überlege, welchem Zweck die einzelnen Bauwerke dienten.

In den ersten Lektionen unseres Buches steht das Forum Romanum immer wieder im Mittelpunkt.

Auf dem Forum

In unserem ersten lateinischen Text treffen wir auf den Senator Marcus Aquilius Florus, der zu einer Senatssitzung auf das Forum eilt.
Er hat sich verspätet, man schließt bereits die Türen der Kurie, ein Sklave wartet ungeduldig auf ihn.

Senator in forum¹ properat; nam ibi curia est.
Hic turba stat et clamat: „Ave, senator!"
3 Senator gaudet et clamat: „Salvete!"
Subito servus venit et rogat: „Ubi est Marcus Aquilius Florus senator?" Turba: „Ibi est!"
6 Senator ridet: „Senator adest, serve!" Tum in curiam² properat.

1 in forum auf das Forum
2 in cūriam in die Kurie

1 Inhalt vorerschließen
Überlege vor der Übersetzung: Welche Personen kommen in dem kurzen Text vor? Wie stehen sie zueinander? Beachte auch die Satzzeichen der wörtlichen Reden.

2 Personen charakterisieren
Erkläre die Reaktionen des Senators:
Warum freut er sich? Warum lacht er wohl, bevor er in die Kurie geht?

3 Ins Lateinische übersetzen
1. Hier ist das Forum. 2. Hier steht eine Menschenmenge und schreit durcheinander°. 3. Dort ist die Kurie. 4. Ein Senator beeilt sich und fragt: „Wo ist mein° Sklave?" 5. Plötzlich kommt der Sklave. 6. Der Senator freut sich; auch der Sklave lacht.

(Wörter, nach denen ein ° steht, werden nicht übersetzt.)

4 Vergleicht die Zentren unserer Städte mit dem Forum Romanum des antiken Rom: Was ist anders, was ähnlich?

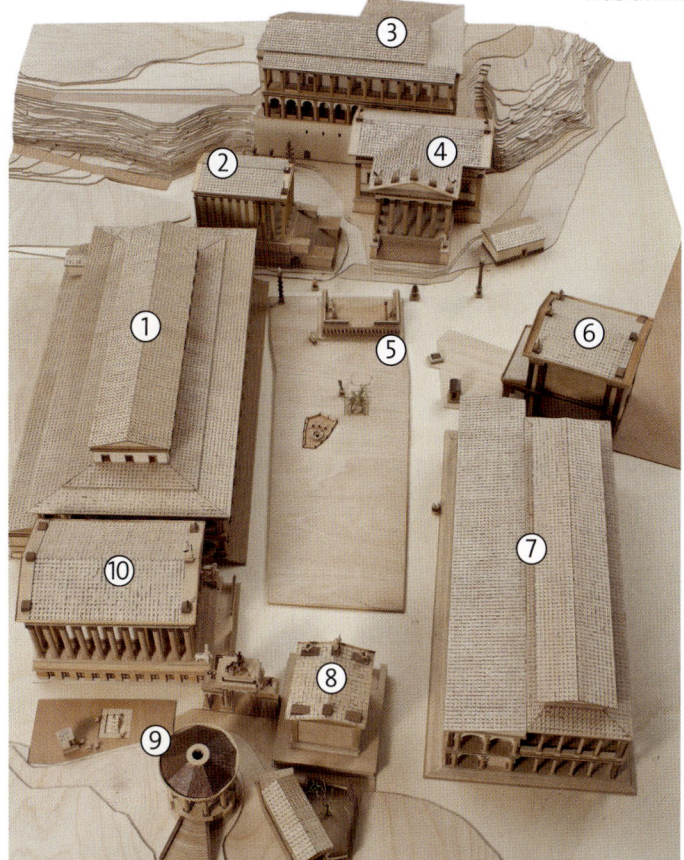

① Basilica Iulia
② Saturntempel
③ Tabularium
④ Concordiatempel
⑤ Rostra
⑥ Curia Iulia
⑦ Basilica Aemilia
⑧ Tempel des Divus Iulius
⑨ Heiligtum der Vesta
⑩ Dioskurentempel

Das Forum Romanum in der frühen Kaiserzeit. 1. Jh. n. Chr. Modell der Antikensammlung der Friedrich-Alexander-Universität Erlangen-Nürnberg.

Treffpunkte im alten Rom

2

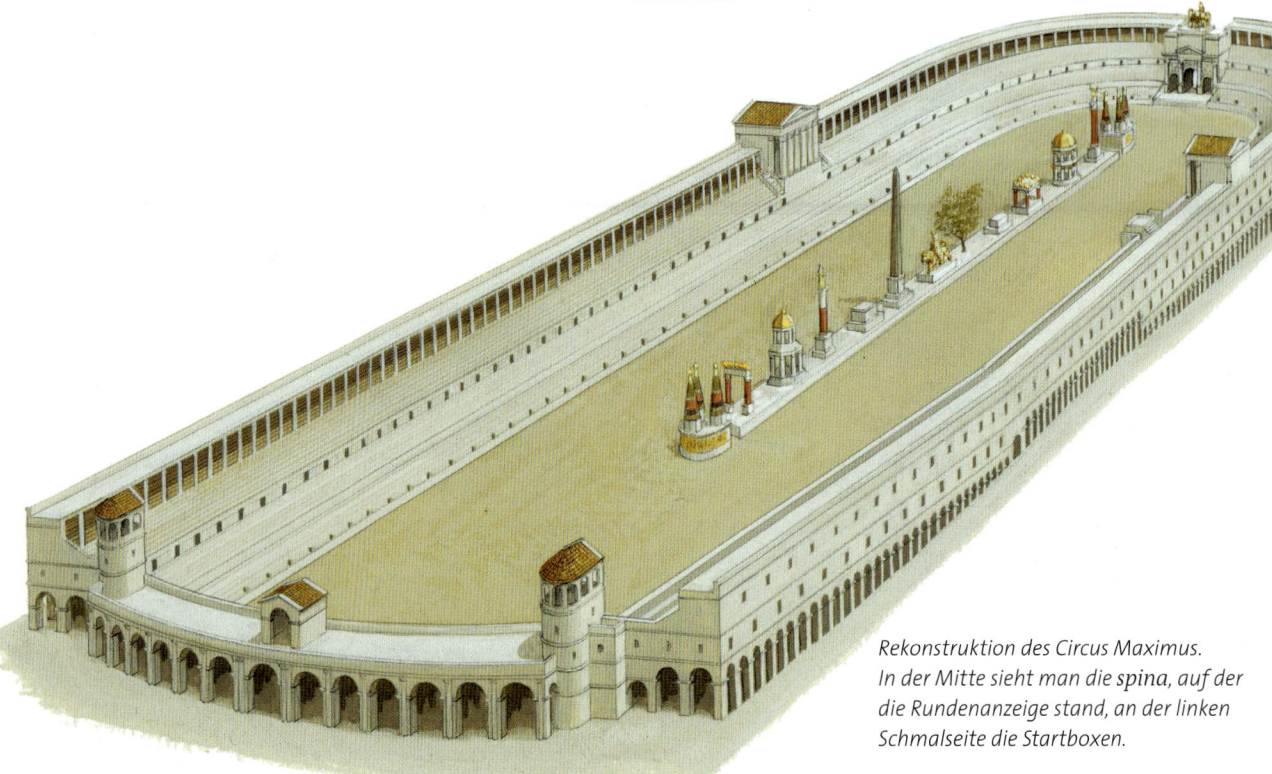

Rekonstruktion des Circus Maximus. In der Mitte sieht man die spina, auf der die Rundenanzeige stand, an der linken Schmalseite die Startboxen.

Die Wagenrennen im Circus Maximus stehen kurz bevor. Aulus und Gajus, zwei 14-jährige Jungen, haben noch einen guten Platz auf der Tribüne gefunden, obwohl der Circus heute wieder vollbesetzt ist. Über 200 000 Zuschauer drängen sich im weiten Rund. Alle warten auf das Eintreffen der quadrigae (Wagen, vor die vier Pferde gespannt sind). Aufgeregt beobachten sie, wie die nervösen Pferdegespanne in die zwölf Startboxen geführt werden. Jeder Rennstall hat drei Wagen ins Rennen geschickt, sodass alle Bahnen besetzt sind. Aulus zählt die Farben an den Trikots der Wagenlenker ab: die Grünen, Roten, Blauen und Weißen. Die Wagenlenker, die aufrecht in den leichten Wagen stehen, haben die Zügel bereits um den Bauch gebunden und schwingen in der Rechten eine Peitsche. Im Gürtel tragen sie ein scharfes Messer, um sich bei einem Sturz gegebenenfalls durch einen Schnitt von den Zügeln befreien zu können.
Die Fans der einzelnen Rennställe machen sich schon lautstark bemerkbar und feuern „ihre" Wagenlenker und Pferde kräftig an.
Aulus drückt den Grünen ganz fest die Daumen. Endlich sind die Pferde an der Startlinie ausgerichtet. Der Veranstalter gibt das Startsignal, indem er ein weißes Tuch fallen lässt. Ein Trompetenstoß unterstützt das Signal. Das Publikum hält den Atem an. Da schießen die Pferde aus den Boxen! Bis zur ersten weißen Linie müssen sie auf der vorgezeichneten Bahn bleiben, dann versuchen die Wagenlenker die Innenbahn an der spina (Mauer, die die Arena in zwei Bahnen teilt) zu erreichen. Gajus kann gar nicht hinsehen, als die Pferde nach innen drängen und die Wagen einander fast berühren. Da kommen sie schon zur ersten Wendemarke – möglichst eng muss man die Kurve nehmen, wenn man gewinnen will – aber das Wagenrad darf den Mauerrand nicht berühren, sonst kippt der leichte Wagen um, und es ist aus!
Sieben Runden müssen die Pferde zurücklegen, das Publikum feuert unermüdlich seine Favoriten an. Durch die Anzeige auf der spina kennt jeder den aktuellen Stand des Rennens. Auch Aulus zählt die Delfine mit, die bei jeder Runde umgekippt werden. Es bleibt spannend bis zum Schluss, das Stadion gleicht einem Hexenkessel. Von den obersten Reihen kann man gar nicht mehr viel sehen, denn die Pferde haben den Sand der Arena hoch aufgewirbelt. Aulus ist schon ganz heiser, so sehr hat er seinen Favoriten Syrus angefeuert.

Sieg im Circus Maximus

Hodie Aulus in Circo Maximo[1] est; nam ibi ludi sunt. Sed ubi Gaius amicus est? Aulus diu exspectat. Tum gaudet. Tandem amicus venit. Gaius ridet: „Salve, Aule!". Subito populus clamat: „Ave, senator!" Marcus Aquilius Florus senator accedit.
Etiam Aulus et Gaius clamant: „Ave, senator!" Nunc populus tacet, portae patent, equi et agitatores[2] veniunt. Denique equi in carceribus[3] stant, senator signum dat[4], equi currunt. Populus surgit et clamat.
Etiam Aulus et Gaius surgunt. Tum Aulus vocat: „Syrus victor est! Ecce: Ibi praemia sunt!" Sed Gaius: „Etiam equi victores sunt."

[1] in Circō Maximō
im Circus Maximus
[2] agitātor Wagenlenker
[3] in carceribus
in den Startboxen
[4] sīgnum dat (er) gibt das (Start-)Zeichen

Dann steigt Syrus zur Loge des Veranstalters hinauf und nimmt seinen Preis in Empfang: einen Palmzweig (palma) und einen Beutel mit Münzen.
Auch die Pferde werden mit Palmzweigen geschmückt.
Lauter Jubel erschallt im Stadion, als Syrus seine Ehrenrunde absolviert.
Aulus ist glücklich, denn wieder einmal haben die Grünen gewonnen!

1 Informationen entnehmen
Lasst euch den Text langsam und laut vorlesen; findet heraus, welche Personen und Personengruppen sich im Circus Maximus befinden.

2 Aussageabsicht erkennen
Erläutere die Bedeutung des Satzes, den Gajus am Schluss sagt: „Etiam equi victores sunt!"

3 Der Dichter Ovid sagt über die weiblichen Zuschauer bei den Wagenrennen: „Sie kommen, um zu sehen, und sie kommen, um selbst gesehen zu werden." Überlege, inwiefern dies auch auf die Personen in **T** zutrifft.

4 Mit anderen zusammenarbeiten
Überlegt, wie eine antike Fanausrüstung ausgesehen haben könnte, und gestaltet sie. Zieht dazu auch Informationen aus geeigneten Nachschlagewerken und dem Internet heran.

Treffpunkte im alten Rom

2

A Bei den Wagenrennen hatte jedes Gespann eine bestimmte Farbe, an der man es schon von weitem erkennen konnte.
Ordne den vier Farben je eine Konjugationsklasse der Verben zu (Abb. rechts).
Füge dann die Verben aus **T** richtig ein. Ordne die Verben dabei nach Singular und Plural.
Bilde die jeweils fehlende Form. Welche Formen kannst du nicht zuordnen?

B Bilde nun zu allen Verben aus Übung **A** den Infinitiv. Schreibe die Formen so in dein Heft, dass du die 3. Pers. Sg., die 3. Pers. Pl. und den Infinitiv nebeneinanderschreibst.
Beispiel: exspectat – exspectant – exspectare

C Wie es verschiedene Konjugationsklassen für Verben gibt, so gibt es auch verschiedene Deklinationsklassen für Substantive. Drei verschiedene Deklinationsklassen lernst du hier kennen; sie enden auf -a, -us und -or.
Ordne die Substantive aus **T** (nicht die Namen) richtig zu. Bilde dann zu den Singularformen den Plural und umgekehrt.

Sg. exspectat | Pl. ?   Sg. ? | Pl. ?

Sg. ? | Pl. ?   Sg. ? | Pl. ?

D Setze das in Klammern angegebene Wort in die jeweils passende Form. Beispiel:
populus (exspectare) → populus exspectat

(populus) surgit   senator (venire)
(victor) accedunt   porta (patere)
amici (stare)   (equus) adsunt

Übersetze dann die kleinen Sätze.

E Sprachen vergleichen
Die lateinischen Endungen -us und -um wurden im **Italienischen** oft zu -o. Nenne also zu den folgenden italienischen Substantiven die entsprechenden lateinischen: *amico, servo, foro*.

F Sieger beim Pferderennen
1. Das Volk freut sich, denn heute sind Spiele.
2. Auch Gajus und Aulus sind da. 3. Sie warten lange und schweigen. 4. Nun stehen die Tore offen. 5. Endlich kommen die Pferde, endlich laufen sie los°. 6. Jetzt erheben sich die Freunde; auch das Volk erhebt sich und schreit. 7. Schließlich ist Syrus der Sieger. 8. Die Senatoren rufen laut; dann kommt Syrus herbei. 9. Aulus und Gajus freuen sich und lachen.

Wagenrennen im Circus Maximus. Römisches Relief. Um 300 n. Chr. Berlin, Antikensammlung.

Sieg im Circus Maximus

G Wortbedeutungen erklären

Das Wort spina hat viele Bedeutungen. Es hieß ursprünglich Dorn, später auch: Dornbusch, Zahnstocher, Sorgen, Spitzfindigkeiten, Rückgrat, Gräte; schließlich bezeichnet es auch die Mauer, die den Circus quer durchschneidet. Überlege, wie es zu diesen Bedeutungen kam.

H

Bei den folgenden Sätzen fehlt jeweils ein Teil. Fülle die Lücken mit einem der unten angegebenen Wörter, sodass sich sinnvolle Sätze ergeben. Bestimme dann jeweils die Satzglieder Subjekt und Prädikat und übersetze.

? clamat.
? tacet.
? Aulus diu exspectat.
? Gaius gaudet.
Nam equi ? .

ibi – populus – nunc – senator – accedunt

Die Anfangsbuchstaben der eingesetzten Wörter ergeben von oben nach unten gelesen einen wichtigen Teil der Pferderennbahn.

I Satzglieder bestimmen

Überlege: Welche Substantive sind in den folgenden Sätzen als Subjekt, welche als Prädikatsnomen gebraucht?

1. Gaius amicus est.
2. Amicus gaudet.
3. Equi currunt.
4. Equi victores sunt.
5. Ubi victores sunt?
6. Amici diu exspectant.
7. Ibi amici veniunt.

Der Veranstalter der Spiele und ein Trompeter erwarten den siegreichen Wagenlenker. Römisches Mosaik. 4. Jh. n. Chr. Sizilien, Piazza Armerina.

J

Wie beliebt Wagenlenker im alten Rom waren, zeigt eine Grabinschrift aus Rom:
„Marcus Aurelius Polynices (der Oftsiegende), geboren in Rom, der 29 Jahre, 9 Monate, 5 Tage lebte, der insgesamt 739 Siege errang, und zwar: 655 bei den Roten, 55 bei den Grünen, 12 bei den Blauen, 17 bei den Weißen. Seine Siegesprämien betrugen dreimal 40000 Sesterzen, 26-mal 30000 Sesterzen, elfmal die einfache Siegesprämie von 15000 Sesterzen. Achtmal siegte er mit dem Achtergespann, neunmal mit dem Zehnergespann und dreimal mit dem Sechsergespann." Wie wir aus Inschriften wissen, war Polynices nicht einmal der erfolgreichste Wagenlenker. Es gab einige, die über 2000 Siege errungen haben. Vergleicht die Karriere des Polynices mit der von Sportlern, die heute bekannt und berühmt sind.

Siegerehrung

Nach dem Rennen sind Aulus und Gajus zu den Ställen gegangen, um das siegreiche Gespann zu empfangen.

Aulus rogat: „Ubi sunt equi? Ubi sunt agitatores[1]?
Ubi sunt praemia?" Amici diu exspectant.
3 Tandem equi accedunt et amici clamant: „Hic victores sunt!"
Etiam Syrus agitator venit.
Amici: „Syrus victor est! Io[2]! Syrus victor est!"

1 agitātor Wagenlenker
2 Iō Hurra!

Die Basilica Iulia auf dem Forum Romanum. 1. Jh. n. Chr. Links davon sieht man den Tempel der Dioskuren, im Vordergrund rechts die rostra, die Rednertribüne. Modell der Antikensammlung der Friedrich-Alexander-Universität Erlangen-Nürnberg.

In der Basilica Iulia herrscht geschäftiges Treiben. Auch die beiden Freundinnen Atia und Antonia, die heute gemeinsam das Forum besuchen, zieht es in die Basilika. Die beiden Mädchen interessieren sich aber im Augenblick nicht für die Reden und Gerichtsprozesse, die dort stattfinden, sondern vor allem für die vielen Händler und ihre Läden mit ganz besonderen Waren.

Gajus, Antonias Bruder, der sich gerne in der Basilica Iulia herumtreibt, hat den Mädchen erzählt, dass der Tierhändler Rutilius eine neue Lieferung von Affen und Papageien aus Afrika erwartet. Den beiden Mädchen haben es besonders die Affen angetan.

Deshalb gehen sie zielsicher die Stufen zur Basilika hinauf und achten gar nicht auf die Spielbretter für Mühle und Dame, die dort eingeritzt sind. Auch für die schöne und kostspielige Marmorausstattung haben sie keinen Blick. Sie laufen schnurstracks auf die Läden zu.

G Gaius amicum vocat.
Aulus ad portam stat. Senator signum dat.
3 Equi per Circum Maximum currunt. Amici equos exspectant.
Syrus ad senatorem properat.

Akkusativ – Akkusativ als Objekt – Präpositionalausdruck als Adverbiale

Aufregung in der Basilika

Atia Antoniam exspectat. Tum amicam videt et gaudet. Atia et Antonia amicae forum petunt; templa et aedificia spectant. Tum basilicam Iuliam intrant et ad mercatores accedunt. Per basilicam properant et ad Rutilium mercatorem contendunt. Nam Rutilius bestias vendit.

Rutilius ante tabernam stat, amicas videt et clamat: „Salvete, amicae! Hodie simiae[1] et psittaci[2] adsunt!" Statim amicae in tabernam contendunt, simias spectant. Simiae amicas delectant.

Etiam mulieres tabernam intrant. Subito psittaci clamant: „Psittaci adsunt! Psittaci adsunt!"

Mulieres psittacos audiunt et clamorem tollunt: „Quid? Quid est? Quis clamat?"

Rutilius ad mulieres accedit et psittacos monstrat[3]. Nunc etiam amicae psittacos vident. Itaque simias relinquunt et ad psittacos accedunt. Subito simiae clamant.

Tum Rutilius: „Quid est? Cur simiae clamorem tollunt?"

Rutilius autem Atiam et Antoniam apud simias non iam videt: „Ubi sunt amicae? Cur simiae ...?" Subito psittaci: „Simiae! Simiae!"

Amicae et mulieres et Rutilius rident.

1 sīmia Affe
2 psittacus Papagei
3 mōnstrāre zeigen

Marktstand mit zwei Affen als Attraktion. Relief von einer römischen Grabstele. Museo Ostiense.

1 Vorerwartungen formulieren
Beschreibe die im Bild dargestellte Szene. Welche inhaltlichen Erwartungen hast du an **T**, wenn du den Bildtext und die Überschrift beachtest?

2 Informationen entnehmen
Betrachte vor der Übersetzung Z. 1–10 und ermittle, an welchen Orten die Handlung jeweils spielt. Liste die Orte lateinisch auf und notiere dazu jeweils die genannten Personen.

3 Lest **T** mit verteilten Rollen. Woran lässt sich erkennen, dass die Aufregung in der Basilika im Verlauf des Textes zunimmt?

4 Textverständnis anwenden
Richtig ☺ oder falsch ☹?
Entscheide nach der Lektüre von **T**, ob folgende Aussagen richtig oder falsch sind. Bei richtiger Lösung ergibt sich ein lateinischer Satz.

	☺	☹
a) Atia et Antonia amicae sunt.	AMI	NIA
b) Atia et Antonia clamorem tollunt.	CLA	CAE
c) Mulieres per basilicam properant.	MOR	SIM
d) Rutilius mercator est.	IAS	TO
e) Rutilius ante tabernam stat.	SPE	ADS
f) Rutilius amicas non iam videt.	CTA	UNT
g) Mulieres clamant: „Simiae! Simiae!"	AN	NT

3

Aulus in circo (im Zirkus) est. Aulus Gaium exspectat. Gaium diu exspectat; tum amicum videt (sieht). Denique amici in turba (in der Menschenmenge) stant. Tum Titum et Lucium vident. Amicos vocant. Aulus, Gaius, Titus, Lucius gaudent, equos exspectant.

A Bestimme in den folgenden Sätzen Kasus, Numerus und Genus der fettgedruckten Wortformen. Versuche nun, aus der Bestimmung der Wortformen Rückschlüsse auf die jeweilige Satzgliedfunktion zu ziehen. Wo gelingt dies nicht? Übersetze dann.
1. Aulus **victores** videt.
2. **Mercator** bestias vendit.
3. Senatores ad **basilicam** veniunt.
4. Gaius **amicos** exspectat.
5. **Populus** equos spectat.

B Übertrage die folgenden Wörter in dein Heft und ergänze Buchstaben, sodass sich der Akk. Sg. ergibt. Setze danach alle Wörter in den Akk. Pl.
mercato – muli – equ – clam – port – amic – for – senat

C Ergänze bei den folgenden Sätzen das Prädikat anhand des angegebenen Infinitivs und übersetze dann.
1. Ante basilicam mulieres (stare).
2. Mercator bestias (vendere).
3. Aulus victor (esse).
4. Amicus clamorem (audire).
5. Aulus et Atia per basilicam (currere).
6. Senatores diu ante basilicam (exspectare).

D Verbinde!
Im oberen Kasten findest du die Satzanfänge, im unteren Kasten die Fortsetzungen. Füge die Sätze zusammen, bringe sie in eine sinnvolle Reihenfolge und übersetze dann.

Aulus et Gaius amicus …
Ante tabernam …
Amici intrant et …
Ad tabernam amici …

… mulieres adsunt.
… Rutilium mercatorem vident.
… bestias spectant et gaudent.
… tabernam petunt.

E Von Kasus zu Kasus
Bilde zu den Akkusativformen den entsprechenden Nominativ und umgekehrt.
tabernas – basilica – mulierem – clamor – amicos – signa (!) – equi – populum – amicae – bestiam – victores (!) – servus – turba – senatorem

F Wortbedeutungen erschließen
Aus dem Zusammenhang lässt sich erschließen, welche der gelernten Verbbedeutungen zutrifft bzw. welche der gelernten Verbbedeutungen zutreffen:
1. was der Sieger des Pferderennens vor dem Publikum macht: praemium tollere
2. was die Zuschauer im Stadion vor Freude machen: clamorem tollere
3. was ein Konkurrent dem Sieger antun möchte: equum tollere
4. was ein Priester täglich macht: templum petere
5. was einen ehrlichen Finder antreibt: praemium petere

G Präpositionen wiedergeben
Wähle die zutreffende Bedeutung aus:
ad templum contendere – ad basilicam esse – in aedificium properare – in forum currere

H Wortfeld zusammenstellen
Stelle aus den Wortschätzen 1–3 Vokabeln zu folgenden Wortfeldern zusammen:
Gebäude – Bewegung – Sinneswahrnehmung

I Fremdwörter verstehen
Führe die Fremdwörter der folgenden Wendungen auf lateinische Vokabeln zurück und erkläre sie damit:
eine Audienz beantragen – im Auditorium sitzen – eine Petition einreichen – die Taverne besuchen – das Signal geben – die deutschen Vokale aufzählen

Aufregung in der Basilika

J Beim Tierhändler Rutilius: Setzt den Anfang dieser Geschichte fort. Einige passende Vokabeln (nach Wortarten geordnet) findet ihr unten. Die Zeichnung zu **T** gibt weitere Anregungen.

Rutilius mercator tabernam spectat et gaudet. Nam ibi simias et psittacos videt. Subito bestiae clamorem tollunt, nam amicas vident. ...

Verben: contendere, petere, currere, clamare, videre, accedere, venire, stare

Substantive: mercator, simia (Affe), amicus, mulier, Atia, basilica, Antonia, psittacus (Papagei)

Präpositionen: ante, in, ad, per

Ihr könnt auch versuchen, die Sätze durch Konnektoren (Bindewörter), wie z.B. et, tum, subito, miteinander zu verbinden.

K Wortbildung nutzen

Du kennst nun die Wörter spectare (betrachten, hinsehen) und exspectare (warten, erwarten). Sie sind miteinander verwandt, denn exspectare ist zusammengesetzt aus spectare und der Vorsilbe ex. Ex ist eine Präposition und bedeutet „aus". (Wenn es mit einer Freundin „aus" ist, nennt man sie Ex-Freundin.) Ex und spectare ergeben zusammen die Bedeutung „ausschauen", „Ausschau halten", was man ja nur tut, wenn man auf etwas wartet. Versuche nun die Bedeutung für ex-currere zu ermitteln.

L Stellung der Satzglieder beachten

Das Prädikat des Hauptsatzes steht im Deutschen als zweites Satzglied, im Lateinischen dagegen meist an letzter Stelle.

1 Fange also beim Übersetzen vorne an.
2 Springe dann nach hinten (zum Prädikat).
3 Kehre dann zum Zwischenabschnitt zurück.

Atia et Antonia ad basilicam currunt.
    1   3   2
Atia und Antonia laufen zur Basilika.

Übertrage in dein Heft und löse im Deutschen auf:
Itaque amicae Aulum et Gaium non vident.
  1   3   4   5   2

M Nicht leicht zu finden

1. Aulus läuft über (durch) das Forum. 2. Wo ist nur° Gajus? 3. Aulus sieht seinen° Freund nicht. 4. Hier beeilen sich Sklaven, dort steht eine Menschenmenge und betrachtet die Tempel und Basiliken. 5. Hier suchen Senatoren eilends° die Kurie auf, dort stehen Frauen vor einem Laden. 6. Endlich sieht Aulus den Freund und ruft laut. 7. Gajus kommt herbei; sofort eilen die Freunde zu den Spielen. 8. Dort betrachten sie die Pferde und die Sieger.

N Wortfelder bilden

Ordne die Verben aus **Z** folgenden Wortfeldern zu: Bewegung; Wahrnehmung. Welche Verben bleiben übrig?

Erfrischungen in der Basilika

Z Antonia und Atia wollen auf dem Forum eine weitere Basilika, die Basilica Aemilia, besuchen.

Hodie Antonia et Atia basilicam Aemiliam petunt. Turbam ad basilicam vident et audiunt. Itaque diu ante aedificium exspectant, sed umbra¹ ibi non est. Tandem basilicam intrant, nam portae nunc patent. Ad portas amicae tabernam spectant. Mercator ibi sucos² vendit. Statim Atia et Antonia ad mercatorem accedunt.

1 Betrachte die Überschrift und die Angebotstafel für Fruchtsäfte. Schließe dann dein Buch und lass dir den kurzen Text langsam vorlesen; notiere dabei, welche Personen auftreten und wo das Geschehen spielt.

1 umbra Schatten
2 sucus Saft

Treffpunkte im alten Rom

4

Der Besuch der öffentlichen Bäder war für Aulus und seine Freunde wie für die meisten Römer nicht nur eine willkommene Freizeitbeschäftigung.
Da die überwiegende Mehrzahl der Haushalte in Rom nicht mit Wasser versorgt wurde, dienten die Thermen in erster Linie der Körperpflege.
In der Kaiserzeit konnten die großen, von den Kaisern finanzierten Anlagen bis zu 1600 Besucher gleichzeitig aufnehmen. Sie wurden zum Treffpunkt der Menschen, die Zerstreuung und Abwechslung suchten oder in entspannter Atmosphäre über wichtige Geschäfte verhandeln wollten.

Es gab zahlreiche Räume und Anlagen für das eigentliche Baden:
① apodyterium Umkleideraum
② frigidarium Kaltwasserbad
③ tepidarium Lauwarmbad
④ caldarium Heißwasserbad
⑤ sudatorium Schwitzraum
⑥ natatio Schwimmbecken
Daneben luden Gärten und Plätze für Sport und Spiel (palaestrae ⑦), später auch Bibliotheken und Museen zu einem Aufenthalt ein.

Rekonstruktion der Stabianer Thermen in Pompeji. 2. Jh. v. Chr.

G Atia in Circo Maximo est. Cum amicis ludos spectat.
Sed ubi Antonia est?
3 Antonia in foro est. In basilicā Iuliā bestias spectat.
Bestiae Antoniam ludo et clamore delectant. Antonia bestiis gaudet.

Besuch in den Thermen

T Aulus et Gaius thermas petunt. Ad portas accedunt et intrant. In thermis mercatores adsunt. Mercatores Aulum et Gaium vident et clamant. Sed amici mercatores non audiunt; ad *apodyterium* contendunt; ibi vestes deponunt. Tum per *tepidarium caldarium* intrant. Ibi Lucium amicum vident et salutant[1]: „Salve, amice!"
Sed Lucius tacet.
Gaius (ad Aulum): „Cur Lucius tacet?" Aulus: „Lucius de Atiā cogitat – nam Atiam amat et semper amicam donis delectare vult; tamen Atia Lucium non semper laudat."
Gaius (ad Lucium): „Atia te certe amat, sed dona non semper exspectat!" Sed Lucius certe scit: Puellae semper donis gaudent.

Plötzlich ertönt lautes Geschrei. Der Stimme nach ist es der Getränkehändler Quintus, der wieder einmal einen Dieb gefasst hat. Sogleich eilen Aulus, Gajus und Lucius zu dessen Stand:

Quintus mercator thermas clamore complet. In turbā stat et cum sene certat[2]. Nam mercator iniuriā dolet.
Quintus mercator: „Senex venit, vinum sumit, sed pro vino pecuniam dare non vult! Fur est! Fures tantum in thermis sunt!"
Aulus et Gaius rident. Aulus: „A! Quintus fures non amat: Mercator est, numquam dona dat." Gaius: „Lucius mercator non est; nam Lucius semper dona dat – Quintus numquam!" Aulus: „Tamen Atia Lucium non laudat, Quintum autem uxor certe semper laudat!"
Nunc etiam Lucius ridet. Tum Aulus et Gaius cum Lucio ad *palaestram* properant. Ibi cum adulescentibus pilā ludunt[3].

Zur Bedeutung der kursivgedruckten Wörter vgl. S. 20.

1 salūtāre begrüßen
2 certāre streiten
3 pilā lūdere Ball spielen

Die sog. Bikinimädchen. Detail eines Mosaiks in der römischen Villa del Casale bei Piazza Armerina (Sizilien). 4. Jh. n. Chr.

1 Lies vor der Übersetzung Z. 7–11 und unterscheide, welche Personen miteinander sprechen und über wen sie reden. Geh den Text weiter durch und halte fest, wo die gleiche Sprechsituation wieder auftritt.

2 Beziehungen verdeutlichen
Ermittle anhand der vorkommenden Personen, welche zwei Handlungsstränge **T** enthält. Wie sind diese miteinander verknüpft?

3 Bringe die Sätze entsprechend der Handlung von **T** in die richtige Reihenfolge:
1. In *apodyterio* amici vestes deponunt. 2. Aulus et Gaius thermas petunt. 3. Nam Quintus furem tenet (hält fest) et thermas clamore complet. 4. Ad portas accedunt et intrant. 5. In *palaestrā* cum adulescentibus pilā ludunt (spielen Ball). 6. Tum ad Quintum mercatorem contendunt. 7. In *tepidario* Lucium amicum vident et salutant (begrüßen). 8. Denique amici ad *palaestram* properant.

4 Sed Lucius tacet. (Z. 6): Erkläre das Verhalten des Lucius. Wie trägt der Zwischenfall mit Quintus dazu bei, Lucius wieder aufzuheitern (Z. 18–21)?

5 Mit der eigenen Lebenswelt vergleichen
Die Thermen und unsere Badeanstalten: Was ist anders, was ähnlich, was gleich?

4

Ü Aulus et Gaius in forum properant. In foro Atiam et Antoniam vident. Statim Aulus et Gaius in basilicam properant.
In basilicā mercatorem vident. Mercator crustula (Zuckerplätzchen) vendit. Amici crustula emunt (kaufen) et ad amicas currunt. Aulus et Gaius Atiam et Antoniam crustulis delectant. Amicae crustulis gaudent. Amici rident.

A Schreibe aus **T** alle Ablativformen (ggf. mit Präposition) heraus und sortiere sie nach Deklinationsklassen. Welche Endungen gibt es für den Ablativ? Überprüfe mit Hilfe des Grammatikteiles dein Ergebnis auf Vollständigkeit.

B Übersetze und bestimme die Bedeutung des Ablativs:
1. Lucius Atiam donis delectat.
2. Mercatores thermas clamore complent.
3. Quintus mercator iniuria dolet.

C Bestimme die Formen nach Kasus und Numerus. Gib zu jeder Singularform den Plural an und umgekehrt.
victoribus – amico – vinum (2) – senatores (2) – muliere – porta (2) – clamor – equos – uxorem – basilicis – ludus – bestiam – foro

D Finde den Irrläufer:
1. vestem – uxorem – tandem – mercatorem
2. ad – apud – cum – per
3. clamor – mercator – uxor – senator
4. sene – senatoribus – taberna – thermae

E Ordne zu und übersetze:
in Circo Maximo – in thermis – clamore – cum amicis – in foro – cum senibus – de Atiā
1. Equi … currunt.
2. Gaius … ludos spectat.
3. Lucius … cogitat.
4. Turba … basilicas spectat.
5. Mulieres basilicam … complent.
6. Adulescentes … disputant (diskutieren).
7. Quintus … vinum vendit.

F Lateinische Sprichwörter kennenlernen
IN VINO VERITAS   vēritas Wahrheit

G Langeweile ausgeschlossen
1. In den Thermen ist immer eine Menschenmenge. 2. Auch Aulus betritt mit Gajus die Badeanlage. 3. Was sehen sie dort? 4. Zwei[1] Senatoren verlassen mit ihren° Sklaven den Umkleideraum[2]; sofort kommt ein Händler herbei und erfüllt die Thermen mit seinem° Geschrei. 5. Der Kaufmann Quintus steht mit einem alten Mann in seinem° Laden und verkauft Wein. 6. Plötzlich läuft ein Dieb durch die Menge und will die Thermen verlassen; schon schreien Sklaven: „Haltet[3] den Dieb!"

1 zwei duo – 2 Umkleideraum apodytērium – 3 haltet tenēte

H Übersetze und ordne die Sätze den Personen (a–e) auf der Skizze zu:
1. Cornelia in basilicam venit.
2. Marcus in basilicā stat et forum spectat.
3. Aulus et Gaius ante basilicam stant.
4. Atia cum Lucio ad forum contendit.
5. Apud Rutilium mercatorem simia (Affe) est.

Besuch in den Thermen

I Der Gang in die Thermen (Warm- oder Heißbad, von griech. *thermós warm*) war für die Römer eine Selbstverständlichkeit. Sie verstanden es, über ein System von Aquädukten (Wasserleitungen) Wasser aus über 80 km Entfernung in die Hauptstadt zu schaffen. Durch eine besondere Heiztechnik war es möglich, in den einzelnen Baderäumen für die entsprechende Luft- und Wassertemperatur zu sorgen. Dazu benutzte man einen Heizraum (*praefurnium*), von dem die heiße Luft zunächst zum Schwitzbad und dann zu den anderen Räumen strömte. Für die richtige Zirkulation der Heißluft sorgte die sog. Hypokaustenheizung. Wie das genau funktionierte, zeigt dir das nebenstehende Bild.

1. Beschreibe, wie die Räume erwärmt wurden und wohin genau die heiße Luft dabei strömte.
2. Mit welcher modernen Heizung lässt sich das Hypokaustensystem vergleichen?
3. Welche Auswirkungen hatte der riesige Bedarf an Brennmaterial – in der Regel Holz?

J Lernhilfen nutzen
1. Erkläre die folgenden Fremdwörter und gib die lateinischen Wörter an, von denen sie abgeleitet sind: Portal – Video – Depot – komplett – Statur – senil – Laudator – Trubel – Kurier – Taverne – Weste – Amateur – Auditorium
2. Überlege, welcher Zusammenhang zwischen *pecunia* und *pecus* (Vieh) bestehen könnte.

Zu zweit auf dem Forum

Z Diu amici in *palaestrā* cum adulescentibus pilā ludunt[1]. Tum Lucius amicos relinquit; nam Atia amica in foro est. Lucius ad forum properat. Ante basilicam Iuliam stat, sed amicam non videt. Ubi Atia est? Tandem Atia venit. Lucium in turbā videt et ad amicum accedit. Tum cum Lucio basilicam intrat. In basilicā Lucius et Atia mercatores vident. Mercatores basilicam clamore complent. Etiam Lucium et Atiam vident.
Tum Lucius et Atia per basilicam contendunt, forum intrant.
Per forum ambulant[2]; gaudent et rident.

[1] pilā lūdere Ball spielen
[2] ambulāre spazieren gehen

1 Text vorerschließen
Fasse vor der Übersetzung den Inhalt des Textes zusammen; achte dabei vor allem auf die Adverbialien.

2 Stelle die Präpositionalausdrücke aus **Z** zusammen, die einen Ort bezeichnen und die eine Richtung ausdrücken.

Differenziert üben I

Lies den folgenden lateinischen Text genau durch und versuche, seinen Inhalt zu erfassen. Du brauchst ihn *nicht* schriftlich zu übersetzen. Auf den lateinischen Text folgen drei Aufgabenbereiche mit verschiedenen Schwierigkeitsgraden. Du brauchst nur *einen* dieser Aufgabenbereiche zu bearbeiten, den du frei wählen kannst.

Ein Wunder im Circus

Im Circus ist während eines Stierkampfes etwas Erstaunliches geschehen. Ein Zuschauer erzählt aufgeregt einem „Reporter" der acta diurna (Wandzeitung auf dem Forum), was er gerade gesehen hat.

Turba iam adest et bestias exspectat. Nunc servi cum sene Circum intrant, tum senem relinquunt. Senex tacet et populum spectat.
3 Statim turba Circum clamore complet: „Ubi bestiae sunt, ubi leones[1] sunt?" Subito portae patent: Leones in Circum currunt – senem vident.
6 Senex bestias videt et mortem[2] exspectat.
Nunc unus e[3] leonibus senem diu spectat. Tum accedit ad senem, senem contingit[4]. Populus autem non iam clamat, sed tacet. Leo-
9 nem et senem diu spectat. Amicus rogat: „Cur leo senem non appetit[5]?"
Etiam senex leonem spectat; subito gaudet et ridet, ad bestiam
12 accedit et leonem contingit. Nunc ceterae[6] bestiae senem appetunt; leo autem senem defendit[7]. Denique servi veniunt et bestias abducunt[8].
15 Populus surgit, gaudet, clamat; nam leo et senex amici sunt.

1 leō Löwe
2 mors Tod
3 ūnus ē *m. Abl.* einer von
4 contingere berühren
5 appetere angreifen
6 cēterae die übrigen
7 defendere verteidigen
8 abdūcere wegführen

Briton Rivière: Androclus and the lion. 1908. Auckland Art Gallery, Neuseeland.

Schwierigkeitsgrad 1
Überlege dir zu jeder Frage die richtige Antwort.

1. Wen führen die Sklaven in den Circus?
   a) einen jungen Gladiator
   b) einen alten Mann, der mit einem Schwert bewaffnet ist
   c) einen unbewaffneten alten Mann
   d) eine Gruppe von Löwen

2. Wie verhält sich der senex in der Arena?
   a) Er bleibt stehen und erwartet seinen Tod.
   b) Er verlässt schleunigst den Circus.
   c) Er versucht sich zu wehren.
   d) Er versteckt sich.

3. Wie reagiert einer der Löwen auf den senex?
   a) Er fällt sofort über ihn her.
   b) Er geht auf den senex zu und beschnuppert ihn.
   c) Er greift zusammen mit den anderen Löwen an.
   d) Er legt sich auf den Boden und beginnt zu dösen.

4. Wie endet die Geschichte?
   a) Alle Löwen verhalten sich friedlich.
   b) Die Löwen genießen ihre Mahlzeit.
   c) Der Löwe beschützt den Mann in der Arena.
   d) Die Löwen werden von Sklaven getötet.

Schwierigkeitsgrad 2
Aus der Erzählung des Zuschauers hat der „Reporter" der acta diurna einen Artikel verfasst. Stell dir vor, du bist der Sklave des Senators Aquilius Florus, der jeden Morgen die neuesten Nachrichten pünktlich auf den Frühstückstisch des Herrn legen muss. Leider sind dir beim hektischen Abschreiben der acta diurna die Wachstäfelchen durcheinander geraten. Bringe sie in die richtige Reihenfolge!

1. Leo ad senem accedit.
2. Senex bestias videt et mortem exspectat.
3. Leo senem cognoscit (erkennt), currit ad senem.
4. Populus clamat; nam leo et senex turbam delectant.
5. Servi senem in Circum ducunt (führen).
6. Bestiae in Circum veniunt, ibi senem spectant.

Schwierigkeitsgrad 3
Der germanische Sklave Atto durfte seinen Herrn zu den Spielen begleiten und erzählt zu Hause aufgeregt seinen Mitsklaven, was im Circus geschehen ist. Allerdings fehlen ihm manchmal die lateinischen Worte, und Verbformen kann er auch nicht richtig bilden, denn er verwendet immer nur den Infinitiv. Atto hat übrigens von anderen Zuschauern erfahren, dass der alte Mann Androclus heißt. – Schreibe den folgenden Text ab, übersetze die deutschen Wörter ins Lateinische und füge die fehlenden Endungen in der richtigen Form ein. Setze die Infinitive in die passende Verbform.

„Servi einen alten Mann in Circo relinquere. Tum leones in Circ[?] contendere, Androclum spectare. Androclus in Circ[?] stare et tacere. Unus e leonibus zu dem alten Mann accedere et Androclum contingere. Die Menschenmenge autem tacere, non clamare. Der alte Mann leonem diu spectare, tum zu dem Tier accedere. Nunc leones den alten Mann appetere; leo autem Androclum defendere. Tum servi venire et cum leon[?] Circum relinquere. Das Volk clamor[?] tollere et gaudere."

Wenn du mehr über dieses wundersame Ereignis wissen möchtest, schau in einem Lexikon oder im Internet unter dem Stichwort „Androklus" nach!

Lateinische Texte lesen – römisches Leben verstehen

Lateinische Texte erfassen

Die wichtigste Quelle zum Verstehen römischen Lebens sind lateinische Texte. Oft geben dir Überschriften und Hinführungstexte eine erste Hilfe zum Erfassen des Textes. Unter den Texten finden sich zudem Erschließungsaufgaben, die zusätzliche Verständnishilfen bieten.

Manchmal ist der Text auch durch Absätze in kleinere Sinnabschnitte unterteilt, denen du Überschriften geben kannst. Dann machst du dich daran, den Text in die deutsche Sprache zu übersetzen. Für das Übersetzen sind verschiedene Kompetenzen notwendig.

● Schlage in einem Wörterbuch den Begriff „Kompetenz" nach und erkläre ihn mit eigenen Worten. Grenze ihn vom Begriff des „Wissens" ab.

Mehrdeutigkeit von Wörtern erkennen

Wichtig ist es, alle Bedeutungen einer Vokabel zu kennen. Oft hat nämlich ein lateinisches Wort mehrere deutsche Bedeutungen.

Beispiel: Aulus Gaium relinquit.

Für relinquere hast du drei Bedeutungen gelernt: *unbeachtet lassen, verlassen, zurücklassen.*

Es sind jetzt drei Übersetzungen möglich:
Aulus lässt Gajus unbeachtet.
Aulus verlässt Gajus.
Aulus lässt Gajus zurück.

● Erkläre, wovon es abhängt, welche der drei Übersetzungen richtig ist.
● Suche aus dem bisher gelernten Wortschatz Vokabeln heraus, die wie relinquere zwei oder mehr Bedeutungen haben, und formuliere einen deutschen Beispielsatz für jede Bedeutung.

Beispiel: clamor: *Geschrei, Lärm*
Mit Geschrei rennen die Schüler aus der Schule.
Ich höre den Lärm auf der Straße.

Formen analysieren

Wichtig sind auch gefestigte Formenkenntnisse, um für eine Übersetzung die Satzgliedfunktion der einzelnen Wortform richtig zu erfassen. So ändert sich die Aussage eines lateinischen Satzes manchmal nur durch den Austausch weniger Buchstaben:

Vergleiche:
Aulus Gaium relinquit.
Aulum Gaius relinquit.

● Erkläre die Unterschiede, indem du die einzelnen Wortformen zutreffend bestimmst.

Gemeinsam eine Übersetzungsmethode erarbeiten (Projekt)

Sammelt in Gruppenarbeit alle Schritte, die ihr zum Anfertigen einer Übersetzung durchführen müsst. Schreibt jeden Schritt auf einen Zettel. Ordnet dann die einzelnen Schritte in der richtigen Reihenfolge. Vielleicht finden einzelne Schritte gleichzeitig statt; dann legt sie nebeneinander.

Wenn ihr mit dem Ordnen fertig seid, fertigt ein Lernplakat an, auf dem ihr alle Schritte in der richtigen Reihenfolge auflistet. Wenn ihr es gut sichtbar aufhängt, kann es euch immer wieder an das systematische Vorgehen beim Übersetzen erinnern.

Menschen wie du und ich?

In den folgenden Lektionen begleiten wir Publius, den Sohn des Senators Marcus Aquilius Florus, in einem für ihn wichtigen Lebensabschnitt, der auch mit einem großen Fest begangen wird.

Du erfährst etwas über römische Kleidung, römische Küche, die Götter ... Die Abbildung zeigt, wie die reicheren Bürger in Italien lebten und wohnten.

① taberna Geschäft, Lokal
② faucēs Flur
③ ātrium Atrium (Eingangshalle)
④ impluvium Wasserbecken
⑤ āla Seitenraum im Atrium
⑥ tablīnum Empfangs-, Arbeitszimmer
⑦ trīclīnium Speiseraum
⑧ cubiculum Schlafraum
⑨ peristȳlium Säulengang mit Garten

1 Vergleicht diese Anlage eines römischen Hauses mit unseren Wohnverhältnissen.

Die Küche der Römer war ursprünglich sehr einfach und bodenständig. Als Roms Einwohner noch meist Bauern waren und auf den Feldern arbeiteten, ernährten sie sich von dem, was der Boden hergab. Sobald Menschen aus anderen Gegenden und Ländern zuzogen, wurden die fremden Einflüsse auf die römische Esskultur immer größer. Wer es sich leisten konnte, besorgte sich auf den Märkten vielfältige Zutaten für eine gehobene Küche. Brot und viele Sorten von Gemüse, die auch wir kennen, waren Grundnahrungsmittel.

Man begann Speisefische und Austern zu züchten und mästete Gänse, Pfauen und Schnecken. Aus dem Osten des Römischen Reiches kamen exotische Gewürze zur Verfeinerung der Speisen.

Die wichtigsten Informationen über die anspruchsvolle Küche der römischen Kaiserzeit erhalten wir aus dem Kochbuch des Apicius (3./4. Jh. n. Chr.) mit ca. 500 Rezepten. Darin erfahren wir, dass die Römer mindestens 80 Gewürze kannten, von denen man 60 im Haus haben sollte. Sehr beliebt waren auch Obst und Nüsse, die zu jeder Mahlzeit gehörten. Fleisch kam bei den einfachen Leuten nur an Festtagen auf den Tisch. Am häufigsten aß man Schwein, erst später gab es auch Rind-, Ziegen- und Lammfleisch. Sehr beliebt waren Innereien und Würste. Bei den Reichen kamen auch Wild, Geflügel und Fisch auf den Tisch. Bei der Aufzählung all dieser Nahrungsmittel vermisst ein Mensch unserer Zeit besonders zwei Stoffe: Zucker und Salz. Zum Süßen verwendete man fast ausschließlich Honig, daneben auch Dattel- oder Feigensirup. Unser Speisesalz war in Rom sehr selten und teuer. Es wurde fast ausschließlich zum Konservieren von Lebensmitteln verwendet. Zum Salzen in unserem Sinne gab es eine Art Flüssigsalz mit Fischgeschmack, das aus eingesalzenen Sardellen und Sardinen hergestellt und in Amphoren abgefüllt wurde.

Römervilla in Ahrweiler: Küche des Hospizes (Ende 3. – ca. Mitte 4. Jh.).

G Quintus mercator senem videt. Subito clamorem tollit.
Senex: „Cur clamas? Cur non taces? Fur non sum!"
3 Quintus: „Rideo! Vinum sumis, sed pecuniam non das.
Fur es! Nam scis: Vinum vendo, non dona do!"
In *tepidario*:
6 Lucius: „Cur subito tacetis? Cur surgitis? Quo (wohin) properatis?"
Aulus et Gaius pueri: „Ad Quintum mercatorem contendimus;
nam furem tenet (hält fest)!"
9 Lucius: „Exspectate me (mich), amici! Cur me relinquitis?"
Aulus: „Propera, Luci! Veni nobiscum (mit uns)!

Vorbereitung eines großen Festes

Im Haus des Senators Marcus Aquilius Florus herrscht große Aufregung. Denn ein Fest zu Ehren von Publius, dem Sohn des Senators, wird vorbereitet und alle Sklaven werden mit bestimmten Aufgaben betraut. Dazu wendet sich die Herrin des Hauses, Cäcilia, an Fortunatus, den Aufseher der Sklaven.

Die Bedeutung der kursivgedruckten Wörter kannst du den Abbildungen hier und auf S. 27 entnehmen.

Caecilia in *atrio* stat et Fortunatum servum vocat: „Propera, Fortunate! Nam convivas[1] exspecto. Servos in *atrium* mitte!"
3 Fortunatus servos ad dominam mittit.
Domina iubet: „Audite, servi! Emite in foro *mala* et *ova*, *pisces* et *panem*!"
6 Tum servas vocat: „Adeste, puellae! Cur dubitatis? *Triclinium* parare debetis. Ornate mensas *floribus*[2]!"
Etiam in *culina*[3] servi laborant. Ibi Davus *coquus*[4] cum servis
9 cenam parat. Coquus: „Ades et tu, Afra! Ubi es? Cur non audis? Cur non accedis? *Olivas* et *caseum* parare debes."
Caecilia illuc properat, coquum laudat: „Bene, Dave! Gaudeo, quod
12 bene laboras." Davus respondet: „Afra non accedit. Cur …"
Subito liberi matrem vocant: „Mater, in *cubiculo* te exspectamus."
Domina *cubiculum* intrat; Publium puerum et Melissam servam
15 videt, tum iubet: „Ostende vestes, Melissa!" Domina vestes diu spectat: „Vestibus non gaudeo; nam vestes non placent."
Statim Melissa: „Certe scio: Ancus mercator etiam
18 vestes vendit. Domina, servum igitur ad Ancum mercatorem mitte!"
Paulo post Ancus cum servis venit;
21 servi vestes portant.
Ancus: „Salve, Caecilia! Iam adsum. Vestes tibi[5] ostendo."

1 convīva Gast
2 flōs, flōrem Blume
3 culīna Küche
4 coquus Koch
5 tibi dir

1 Satzübergreifend vorerschließen
Lest Überschrift und Einführungstext aufmerksam durch. Ermittelt dann, um welche Vorbereitungen des Festes es in den Abschnitten Z. 1–12 und Z. 13–19 vorwiegend geht. Beachtet dazu besonders die Substantive.

2 Antike Lebenswirklichkeit beschreiben
Römische Frauen verbrachten die meiste Zeit zu Hause. Sie mussten sich um den Haushalt kümmern, die Sklaven beaufsichtigen und die Kinder erziehen. Das Ansehen der Frau und ihre Stellung hingen vom Status und der Position ihres Mannes ab. Frauen aus reichen Familien konnten viele ihrer Aufgaben Sklaven übertragen und beaufsichtigten dann diese.
Notiere aus **T**, welche Aufgaben Cäcilia, die Gattin des Senators Aquilius, zu erledigen hat.
Vergleiche das Ergebnis mit dieser kurzen Sachinformation über die Stellung der römischen Frau. Welche Gesichtspunkte werden in **T** nicht genannt?

3 Verteilt die Rollen von **T** und spielt die Szene.

4 Sprachenvergleich nutzen
Paul und Barbara sind während der Sommerferien nach Italien gefahren. Als sie über einen Wochenmarkt schlendern, fallen ihnen einige Preisschilder auf:

Gib mit Hilfe der Bilder zu **T** an, welche Waren hier genannt werden.

mele kg 2 €
10 uova 1 € 30 ct.
pane kg 1 € 50 ct.
pesce di mare kg 11 € 30 ct.
olive ½ kg 4 €

Römisches Alltagsleben

5

Ü

1. In thermis Antonia et Iulia rident; sed Atia non gaudet. Atia ad amicas: „Cur semper ridetis et gaudetis?" Iulia: „Thermas amamus. Itaque gaudemus." Atia tacet. Iulia ad Atiam: „Quid est? Cur taces? Cur non gaudes?" Atia: „Lucius non adest. Itaque taceo."
2. Iulia et Antonia ante basilicam stant. Aulus amicus ante curiam senatorem exspectat. Amicae basilicam intrant, sed tum amicum vident. Amicae ad Aulum: „Salve, amice! Veni, Aule! Intra basilicam! Quid est? Responde!" Aulus dubitat; tum puer respondet: „Salvete, amicae! Senatorem exspecto. Relinquite basilicam, Iulia et Antonia! Properate! Venite!" Amicae rident, basilicam intrant.

A In **T** begegnen dir viele neue Verbformen. Suche alle Verbformen der 1. und 2. Person heraus und sortiere sie nach Konjugationsklassen. Vervollständige die jeweilige Formenreihe durch die anderen Personalformen.

B Schreibe aus **T** alle Adverbialien mit Präpositionen heraus. Ordne nach Präpositionen mit dem Akkusativ und dem Ablativ.

C Endbuchstabe -e!
Ordne die Verben nach Singular und Plural. Welche Wörter kannst du nicht zuordnen? Warum?
emite – serve – curre – mitte – victore – relinque – portate – depone – complete – pete – accedite – tace – gaudete

D Setze die in Klammern stehenden Substantive in die richtige Form, sodass eine Geschichte entsteht. Achte dabei auf den richtigen Numerus und verwende, wenn nötig, auch passende Präpositionen. Übersetze dann.
1. Nunc Aulus (Circus Maximus) est et (ludus) spectat. 2. Etiam (amicus) adsunt. 3. Tum (equus) currunt. 4. Populus (ludus) gaudet. 5. Amici (Syrus victor) laudant. 6. Subito (Lucius) surgit et (Circus Maximus) (forum) contendit. 7. Ibi Lucius (Atia) (basilica Iulia) intrat.

E Wo sind die Vokale geblieben?
Du hast die Wahl zwischen a – e – i – u.
curr?s   orn?s
proper?tis   em?nt
compl?mus   relinqu?mus
mitt?nt   depon?t
voc?t   pat?nt

F Setze die Singularformen in den Plural und umgekehrt. Übersetze dann:
amicus adest – uxores donis delectamus – senator es – ad mercatorem contendis – cum uxoribus intrant – aedificium specto

G Übersetze die Formen und bilde die dazugehörigen Infinitive.
taceo – estis – curritis – tollis – damus – respondent – es – rogas – surgimus – sumo – sum – doles – videmus – sumus – intratis – gaudet

H Kontext herstellen
Von den Prädikaten der folgenden Sätze hängen Infinitive ab. Ergänze sinnvoll und übersetze:
1. Serva ? cogitat.
2. Servae ? non placet.
3. Liberi ? dubitant.
4. Senator curiam ? parat.

I Über Sprache nachdenken
Achte auf den Kasus nach den Präpositionen in den folgenden deutschen Sätzen. Was fällt dir auf?
„Die Herrin schickt die Sklaven in die Vorhalle. Die Sklaven warten in der Vorhalle. Der Sklave stellt die Oliven auf den Tisch. Die Oliven stehen auf dem Tisch. Der Händler kommt ins Haus. Der Händler ist im Haus."
Vergleiche nun mit dem Lateinischen.

Neben Ton- und Silbergeschirr verstanden es die Römer auch, Glasgefäße herzustellen. Die kostbarsten von ihnen sind die sog. Diatretgläser. Sie wurden meist als Lampen verwendet und zeigten, von innen beleuchtet, dem Betrachter ihr Farbenspiel.

Vorbereitung eines großen Festes

J Diese römische Tonlampe aus dem Kunsthistorischen Museum in Wien zeigt, dass ärmere Leute sich nur von einfachen Nahrungsmitteln ernähren konnten. Eine Inschrift umrundet die Darstellung eines Körbchens, in dem Lebensmittel, die auch in der Inschrift genannt werden, liegen. Die Inschrift lautet:
PAVPERIS CENA PANE(M) VINV(M) RADIC(EM)
„die Hauptmahlzeit eines Armen besteht aus Brot, ..."
Die letzten beiden Wörter der Inschrift kannst du vielleicht selbst übersetzen; auch das Bild auf der Lampe kann dir dabei helfen.

K Sprachen vergleichen
Al Foro Romano
1. Paolo entra nel foro, vede la curia.
2. Paolo: „Sono davanti alla porta della curia.
3. Vedo i senatori.
4. I senatori mi salutano.
5. Entro nella curia."

Welche lateinischen Wörter erkennst du in den italienischen Sätzen? Schreibe das italienische und das lateinische Wort jeweils nebeneinander. Übersetze die Sätze ins Deutsche.
Versuche, zwei der Sätze ins Lateinische zu übertragen. Beschreibe dann auffällige Gemeinsamkeiten und Unterschiede zwischen dem **Lateinischen** und dem **Italienischen**.

Ein großer Auftrag

Z Theodorus servus cum Athenodoro servo in culina¹ stat. Subito Fortunatus culinam intrat: „Theodore, Athenodore,
3 accedite! Quintus mercator vinum portare non potest². Itaque currite ad Quintum et vinum portate!" Statim Theodorus et Athenodorus ad tabernam contendunt. Quintus ante tabernam
6 stat et servos iam exspectat. Theodorus cum Athenodoro tabernam intrat. Ibi amphoras³ vident et stupent⁴. Quintus rogat: „Cur dubitatis?" ...

1 culīna Küche
2 potest er (sie, es) kann
3 amphora Amphore (großes Tongefäß, in dem Flüssigkeiten aufbewahrt wurden)
4 stupēre staunen

1 Text paraphrasieren
Gib nach der Erarbeitung des Textes den Inhalt in wenigen eigenen Sätzen wieder.

2 Verschiedene Perspektiven entwickeln
Warum zögern die Sklaven? Erzähle die Geschichte aus der Perspektive der Sklaven zu Ende.

3 Durch welche Wörter werden in **Z** Sätze verbunden? Was drücken diese Wörter jeweils aus (Ort, Zeit, Begründung)?

Weinamphoren von einem gesunkenen röm. Handelsschiff. Archäologische Sammlung der Insel Vis, Kroatien.

Römisches Alltagsleben

Kleidungsstücke für Männer und Frauen kauft der modebewusste Römer bei Ancus, dem Tuch- und Kleiderhändler, dessen Geschäft in der Nähe des Venus-Tempels am Rande des Forums liegt. Die Sklaven des Ancus zeigen den Kunden gerne die verschiedenen Stoffe.

Lucius Hortensius und seine Frau Paulla sind gerade bei Ancus, um sich neu einzukleiden. Während sich Paulla noch die verschiedenen Stoffe ansieht, wird Hortensius schon von Ancus beraten: „Diese Tunika (**A**) ist sehr robust und hält im Winter auch recht warm, da sie aus Wolle gearbeitet ist."
„Dafür ist sie auch teurer als die anderen", brummt Hortensius. „Nun, sie ist aber auch von guter Qualität." „Wie lange behalten denn die Tuniken ihre Farbe?", fragt Hortensius listig. „Wann ist die Farbe verblasst?" „Diese behalten ganz lange ihre Farbe, sie werden mit ausgesuchten Pflanzenfarben behandelt", beeilt sich Ancus freundlich zu antworten. „Nur billige Ware verliert nach häufigem Waschen ihre Farbe." Nach kurzem Überlegen meint Hortensius: „Ich nehme doch eine Tunika aus ungefärbter Wolle. Dann brauche ich noch eine Toga (**B**)." – „Ich habe hier sehr schöne, fein gesponnene und gewebte Togen, die gut zu deiner neuen Tunika passen. Möchtest du sie anprobieren?" Schon beginnen zwei Sklaven, Hortensius fachgerecht in die ca. 6 m lange Toga zu hüllen. Geschickt legen sie den Stoff in Falten und drapieren die Stoffbahn so um Hortensius, dass er in kurzer Zeit vollendet gekleidet vor seiner Frau steht. „Du siehst hervorragend aus, edler Hortensius", schmeichelt Ancus und schon hat er die Toga verkauft.

„Womit kann ich dir dienen?", wendet sich Ancus nun an Paulla. Hortensius ahnt, was kommt, und seufzt tief. „Sieh nur!", beginnt Paulla, „ich habe meine Tunika schon angezogen. Dazu brauche ich dringend eine neue Palla (**C**)." Ancus bewundert

Ausschnitte aus Aquarellen von Peter Connolly. 1998.

gebührend den weich fallenden Wollstoff, den Paullas Sklavin am Morgen geschickt unter der Brust und um die Taille ihrer Herrin gegürtet hat. Er überlegt kurz und sagt dann: „Ich habe aus Kleinasien wunderschöne zarte Stoffe für eine leichte Palla hereinbekommen. In einige Stoffe sind auch Goldfäden eingewebt." Schnell legen die Sklavinnen Paulla die neuen Modelle vor. Ganz entzückt streicht sie über die feinen Stoffe. Bei dem Wort „Goldfäden" ist Hortensius in Gedanken an seinen Geldbeutel schon nervös zusammengezuckt. Paulla entscheidet sich schließlich für eine zartblaue Palla ohne Gold.

G **WESSEN?**

Melissa vestes ostendit.
Melissa vestes servi/servorum ostendit.
3 Melissa vestes dominae/dominarum ostendit.
Melissa vestes senatoris/senatorum ostendit.
Melissa copiam (Menge) vestium ostendit.

6 Melissa intrare vult; etiam servi intrare volunt.

Genitiv – velle, nolle – Genitiv der Zugehörigkeit – Genitivus partitivus und obiectivus

Modenschau

T Ancus, der Tuch- und Stoffhändler, hat eine Vielzahl seiner Modelle mitgebracht.

Servi Anci mercatoris circiter viginti vestes in *cubiculum* dominae portant. Etiam liberi adsunt et vestes spectare volunt. Caecilia ad
3 Ancum et ad servos Anci accedit et iubet: „Ostendite vestes! Nam sacrum et convivium paramus. Itaque vestes emere volo. Primo autem ostendite togas et tunicas!"
6 Mercator verbis Caeciliae gaudet et partem vestium ostendit: „Videte copiam togarum et tunicarum! Quis liberorum togam sumere vult?"
9 Caecilia Publium puerum ad consilium admittit: „Publi, ecce togas viriles[1]!" Cum Publio filio togas Anci spectat, attingit, probat. Ancus ad Publium accedit: „Nonne togam sumere vis?" Publius verba
12 audit et gaudet, libenter[2] togam induere[3] vult. Statim servi accedunt, paulo post Publius auxilio servorum togam sumit. Mater filium spectat et gaudet: „Nunc togam virilem geris."
15 Tum Ancus Caeciliam et Aquiliam filiam vocat: „Nunc spectate vestes mulierum! Nonne stolas[4] et tunicas sumere vultis?" Statim mater filiaque oculos in vestes convertunt. Tunicam cum tunica
18 componunt. Amore vestium diu in *cubiculo* remanent. Publius autem *cubiculum* matris relinquit et ad
21 patrem contendit. Etiam pater toga filii gaudet.

1 toga virīlis, togam virīlem
   Akk. Männertoga
2 libenter gern
3 induere anziehen
4 stola Stola

Ein Stoffhändler lässt von seinen Sklaven verschiedene Kleidungsstücke vorführen. Römisches Relief. Rom, Museo della Civiltà Romana.

1 Textinhalt beim Hören erfassen
Versuche beim sinnbetonten Vorlesen der Zeilen 1–5 zu erfassen, was Cäcilia dem Stoffhändler Ancus befiehlt.

2 Funktion von Satzarten erklären
Welche Satzarten (Aussage-, Frage-, Aufforderungssätze) herrschen in den Passagen vor, in denen die Personen sprechen? Welche Rückschlüsse auf ihre Stimmung kannst du ziehen?

3 Begründete Vermutungen äußern
Welche Kleidungsstücke kommen in **T** vor, welches steht im Mittelpunkt? Wie erklärst du dir dessen große Bedeutung?

4 Beschreibe mit deinen Worten, welches Fest hier gefeiert werden soll. Mit welchen unserer Feste ist es vergleichbar?

5 Suche Stellen im Text, an denen Cäcilia handelt oder etwas sagt. Erkläre anhand deiner Beobachtungen, welche Rolle sie als Mutter im römischen Haushalt offenbar einnimmt.

6 Als Cäcilia ihren Sohn in der Toga sieht, heißt es: Mater filium spectat et gaudet: „Nunc togam virilem geris."
Was empfindet Cäcilia beim Anblick ihres Sohnes?

Römisches Alltagsleben

6

Ü

Domina et serva in *cubiculo* (vgl. S. 31) sunt. Subito servus *cubiculum* intrat. Serva clamat: „Quis es? Quid vis? Cur *cubiculum* intras? Cur *cubiculum* dominae intras?" Tum etiam domina clamat.
Clamorem servae et dominae etiam dominus (Herr) audit. Ad *cubiculum* uxoris properat. Servum videt. Tum ridet: „Servus Anci mercatoris est. Copiam (Menge) vestium portat." Nunc etiam serva et domina vestes vident. Domina ridet. Sed serva tacet.

A In **T** lernst du das Verb velle kennen. Erstelle eine nach Numerus und Personen geordnete Liste aller Formen. (Eine Form musst du noch selbst bilden.)

B Übersetze die Sätze und erstelle eine Konjugationstabelle zu nolle *nicht wollen*.
1. Cum Aulo ludos in Circo spectare nolo. 2. Cur amicos exspectare non vis, Aule? 3. Atia simias (Affen) emere non vult. 4. Thermas petere nolumus. 5. Cur amphoras (große Krüge) portare non vultis, servi? 6. Liberi forum intrare nolunt, quod ibi turbam vident.

C Lateinische Sprichwörter kennenlernen

AMICI IDEM VOLUNT
ET NOLUNT.   idem dasselbe

D Suche die Genitive heraus. Ordne sie nach Singular und Plural.
senis – completis – turbam – matris – oculis – mittis – sacrorum – sumis – servi – mensarum – togae – filio – verbum – amicarum – clamorum – geris

E Übersetze die folgenden Wendungen mit Genitivattributen:
vestes dominae – clamor mulierum – donum patris – iniuria furis – mensa mercatoris – servae adulescentis – pars aedificii – copia vini – auxilium amicorum – amor matris

F Mehrdeutigkeit von Wörtern erklären
1. Servus **contendit** et laborat. Servus in aedificium **contendit**. 2. Servae cenam **parant**. Servi in forum properant; ibi vinum **parant**. Domina mensam ornare **parat**.

G Bezugswörter erkennen
Der **Genitiv** kommt meistens als **Attribut** vor; er braucht also ein Bezugswort, von dem er abhängt. Überprüfe in den folgenden Sätzen, von welchem Bezugswort der Genitiv jeweils abhängt. Was kannst du zur Stellung des Genitivattributs im Satz feststellen? Vergleiche damit die Wortstellung im Deutschen.
1. Atia dona amici spectat.
2. Per Circum Maximum Syri equi currunt.
3. Melissa in *cubiculo* dominae est.
4. Caecilia mercatoris servos vocat.

H Ihr findet auf den Kugeln (waagerecht und senkrecht) fast alle bisher bekannten Formen von esse und velle. Welche Form fehlt?

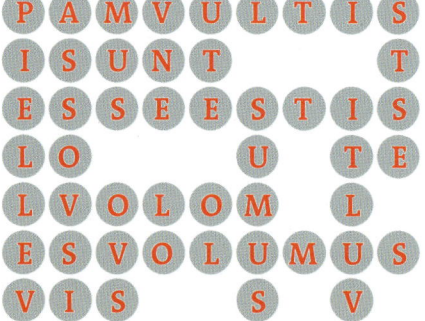

I Wortschatz veranschaulichen
Das Wort consilium ist verwandt mit dem Verb consulere (beraten).

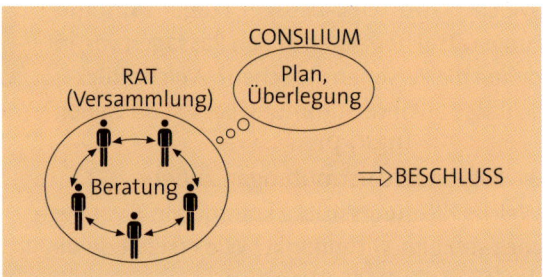

J Wer liebt wen?
Es gibt vier Lösungen:
amor Atiae – amor Lucii

Modenschau

K Bildaussage erfassen
Woran kann man erkennen, dass die junge Frau auf der Abbildung rechts unten aus einer vornehmen Familie stammt?

L
Ihr habt in den letzten Lektionen Cäcilia, die Mutter des Publius, als Hausfrau mit vielen verantwortungsvollen Aufgaben kennengelernt. Es gibt vergleichsweise wenige Informationen über römische Frauen in antiken Schriften – einiges ist uns aus Grabinschriften bekannt. Ein Ehemann hat seiner Frau folgende Inschrift gewidmet:

„Kurz, Wanderer, ist mein Spruch; halt an und lies ihn. Es deckt der Grabstein eine schöne Frau. Ihre Eltern nannten sie Claudia; aus ganzem Herzen liebte sie ihren Mann; zwei Söhne gebar sie; einen ließ sie auf Erden zurück; den andern barg sie in der Erde. Sie führte geistreiche Gespräche und hatte einen anmutigen Gang. Sie kümmerte sich sorgsam um Haushalt und Kleidung. Ich bin zu Ende. Geh!"

1. Erkläre kurz anhand der Abbildung und der Grabinschrift, worauf vornehme Römer bei der Erziehung der Mädchen Wert legten.
2. Vergleiche dein Ergebnis mit heutigen Erziehungsvorstellungen.

M Mehrdeutigkeit von Wörtern erklären
1. Amicus in **ludum** properat. **Ludi** amicum delectant. 2. Mercator **rogat**: Cur senex vinum sumit? Senex senatorem **rogat**: Accede, ades, pecuniam da!

N Durch W-Fragen analysieren
„Wer tut was, wann, wie, wo … ?"
Wende W-Fragen bei der Satzanalyse an:
1. Mater hodie in foro vestes emit.
2. Paulo post mercator vinum in tabernam portat.

Porträt einer jungen Frau. Wandmalerei aus Pompeji. 1. Jh. n. Chr. Neapel, Museo Archeologico Nazionale.

Beim Einkaufsbummel

Z Hodie Marcus cum Lydia amica in foro ambulat¹. Fenestras tabernarum² spectant, nam Marcus bracas³ emere vult. Tum
3 emporium⁴ intrant. Scalis versatilibus⁵ partitionem⁶ vestium petunt.
Marcus bracas societatis Diselianae, tum Levianae⁷, tum …
6 spectat, attingit, probat; Lydia autem in partitionem computatrorum⁸ contendit. Tandem Marcus bracas emit. Nunc amicus et amica computatra vident et probant.
9 Paulo post ad tabernam Macci Donaldi properant et isicium⁹ Hamburgense, magnum¹⁰ Maccium, emunt.

1 ambulāre spazieren gehen
2 fenestra tabernārum Schaufenster
3 brācae *Pl.* Hose
4 emporium Kaufhaus
5 scālae versātilēs Rolltreppe
6 partītiō Abteilung (im Kaufhaus)
7 societās Diseliāna / Leviāna Firma Diesel / Levi's
8 computātrum Computer
9 isīcium Frikadelle
10 magnum groß

1 Stelle die Konnektoren (Satzverbindungen) zusammen und bestimme ihre Sinnrichtung (zeitlich, örtlich, begründend usw.). Welcher Rückschluss auf den Textinhalt ist so möglich?

Das Anlegen der toga virilis war für jeden jungen Römer ein großer Festtag. Für Publius ist heute der große Tag gekommen! Bereits am Morgen kommen viele Freunde und Verwandte ins Haus des Senators Aquilius, um Publius durch den Tag zu begleiten.

Zunächst bittet man die *Hausgötter (lares)* um ihren Segen. Am *Hausaltar (lararium)* wird ihnen ein Opfer dargebracht.

Cäcilia sieht ihren Sohn am Altar stehen und denkt an Stationen ihres Lebens zurück, die vom Segen der Hausgötter begleitet wurden. Als feststand, dass sie Aquilius heiraten würde, opferte sie den Laren ihre Puppe und ihr Spielzeug zum Zeichen, dass ihre Kindheit nun vorbei war. Sie lächelt, als ihr einfällt, wie lange sie ihre Puppe noch vermisst hat.

Wie glücklich war sie, als anlässlich der Geburt von Publius ein Schwein geopfert wurde, um den Schutz der Laren für ihren Sohn zu erbitten. Auch einige Jahre später, bei Aquilias Geburt, opferten sie ein Schwein.

Der Freigelassene Decimus Aquilius, der lange Jahre Sklave im Hause war und jetzt einen Töpferbetrieb leitet, erinnert sich an seine Freilassung. Nach einer feierlichen Zeremonie hatte er hier seine Sklavenkette abgelegt. Es war der glücklichste Tag seines Lebens!

Decimus denkt zurück: Nicht allen Sklaven war dieses Glück beschert. Als Hausklave hatte er es noch gut getroffen. Er erinnert sich an seine Gefangennahme in diesem unglücklichen Krieg, als er und seine Mitgefangenen nach dem Verwendungszweck sortiert wurden.

Einige Gefangene, die über gute Bildung verfügten, kamen als Hauslehrer zu den Kindern reicher Familien. Einige mussten aber auch in die Bergwerke oder wurden als Ruderer auf Galeeren geschickt – das sichere Todesurteil! Decimus landete schließlich auf einem Sklavenmarkt in Ostia und wurde dort von der gaffenden Menge bestaunt und verlacht. Ihm wird immer noch heiß und kalt, wenn er sich daran erinnert. Doch jetzt ist er hier und darf im Hause seines Patrons Aquilius mitfeiern.

Dieser blickt stolz auf seinen Sohn, der sich in die lange Reihe der Männer der gens Aquilia einreihen wird. Aquilius' Blick fällt auf die vielen kleinen Schränke, die alle die Form eines Tempels haben und nebeneinander an den Wänden angebracht sind. Hier werden die *Porträtmasken der Verstorbenen* aufbewahrt. Inschriften verkünden ihre Titel und Ämter. Sein sehnlichster Wunsch ist, dass auch Publius einmal zu großen Ehren kommen wird.

Kleine Statue eines Laren, eines Hausgottes, wie sie in den Hausaltären aufbewahrt wurden. In der linken Hand trägt er eine Opferschale, in der rechten Hand ein Trinkgefäß.

1 Informiert euch über die *kursivgedruckten* Begriffe des Informationstextes und referiert die wichtigsten Gesichtspunkte in der Klasse.

G Publius et amicus forum videre cupiunt.
Amicus: Forum videre cupio.
3 Publius et amicus: Forum videre cupimus.
Publius: Etiam amicus forum videre cupit.
Caecilia: Cur forum videre cupis, amice?
6 Cur forum videre cupitis, Publi et amice?

Publius amico | amicis forum ostendit.
Publius amicae | amicis forum ostendit.
9 Publius mercatori | mercatoribus pecuniam dat.

Mercatori taberna est.

Dativ – konsonantische Konjugation (ĭ-Erw.) – Dativ als Objekt – Dativ des Besitzers

Endlich volljährig!

T Die ersten Gäste sind bereits am Esquilin, einem der sieben Hügel Roms, im Haus des Senators Aquilius eingetroffen. Auch die Freigelassenen wollen ihrem Herrn anlässlich des Festes ihre Aufwartung machen.

Propinqui, amici, liberti gentis Aquiliae adsunt et Publium salutare[1] cupiunt. Tum Publius cum parentibus Aquiliaque sorore
3 venit et *atrium* intrat. Publius togam virilem[2] gerit, propinquos amicosque cum gaudio aspicit et salutat. Ad aram Larum accedit et dicit:
6 „Bullam[3] capio et in ara depono, nunc togam virilem gero." Parentes et convivae[4] verba Publi cum gaudio audiunt. Pater filium laudat: „Bene facis, Publi!"
9 Denique propinquis, amicis, libertis dicit: „Nunc Publium in Capitolium ducere cupimus. Venite!" Paulo post gens Aquilia et convivae aedes relinquunt et Capitolium petunt. In templo Iovem
12 deum et Iunonem deam salutem pacemque orant.
Tum hospites in aedes Aquili senatoris conveniunt. Fortunatus hospites in *triclinium* ducit. Nunc domina servis signum dat: Servi
15 dominae parent, aquam et vinum in *triclinium* portant. Postea servi et servae hospitibus cibos et vinum praebent. Aquilio senatori convivium placet, quod hospites edunt[5], bibunt, gaudent. Servi
18 et servae hospitibus bene consulunt.
Post cenam Publi pater orationem habet: „Propinqui, amici, liberti: Vobis gratias ago, quod convivio gentis Aquiliae interestis. Publio
21 nunc toga virilis est. Itaque more maiorum Laribus sacrum facere cupimus, sicut debemus."

Alle Gäste gehen mit Publius und seinem Vater noch einmal ins Atrium zum Altar der Hausgötter. Cäcilia und Aquilia bringen mit Speisen gefüllte Schalen herbei. Nach einem gemeinsamen Gebet stellt Publius diese in das Lararium.

Bulla des Knaben. Gefunden in Pompeji. 1. Jh. n. Chr. Neapel, Museo Archeologico Nazionale.

1 salūtāre begrüßen
2 toga virīlis Toga des Mannes
3 bulla Amulett (das ein Kind vor Gefahren beschützen sollte; s. Abbildung oben)
4 convīva Gast
5 edere essen

1 Satzübergreifend vorerschließen
Konzentriere dich beim ersten Durchlesen von **T** auf die Verbformen. Welche Rückschlüsse auf die Textsorte kannst du ziehen? Überprüfe dein Ergebnis, indem du die Satzverbindungen (Konnektoren) beachtest: Überlege, was sie ausdrücken.

2 In dem Buch *Das Privatleben der Römer* von Joachim Marquardt heißt es zu diesem Fest: „Als die Grenze der gewöhnlichen Jugendbildung gilt das vollendete 17. Jahr, mit welchem das Mannesalter und die Verpflichtung zum Kriegsdienst beginnt. ... Hatte der Knabe die körperliche Reife erreicht, so trat er durch einen feierlichen religiösen Akt, zu welchem ein besonderes Fest, die Liberalia, am 17. März bestimmt war, aus dem Knabenstande aus. Er legte vor den Laren des Hauses die Zeichen seiner Kindheit, die Kindertoga und die bulla, ab und bekleidete sich mit der toga virilis. ... Nach einem Opfer im Hause wurde er von seinem Vater oder Vormund in Begleitung von Verwandten und Freunden auf das Forum geführt und in die Bürgerlisten eingetragen, zu welchem Zwecke er seinen vollständigen Namen erhielt. Den Beschluss der Feier machte ein Opfer auf dem Capitol, eine Bewirtung der Freunde."
Welche Ereignisse, die du aus dem Zitat von Marquardt erfährst, sind neu für dich? Vergleiche die Ereignisse mit deiner Konfirmation oder Firmung.

Römisches Alltagsleben

Ü

Syrus et Davus agitatores (Wagenlenker) sunt. Equos amant. Itaque equis cibum (Futter) portant. Equi in circo currunt. Senatores in circo clamant: „Syrus victor est. Syro praemium est." Sed liberi clamant: „Equi victores sunt. Equis praemium est."

A Bestimme bei folgenden Verbformen die Konjugationsklasse:
cupit – scis – vocat – debes – audit – dubitamus – remanent – oramus – bibimus – venimus – capio – gero – ducunt – attingunt – convenis – aspicit – dicis – ridetis – cogitatis – facit – habent – iubes

B Capite!
Bilde zu den folgenden Verbformen die entsprechenden Formen von capere:

habes	habet	debent
damus	videtis	respondete
colo	mitte	inducimus

C Übersetze elegant:
1. Senatori aedes sunt. 2. Iunoni templa sunt.
3. Senatori Trebius, Quintus, Gnaeus liberi sunt.
4. Rabirio mercatori equi sunt.

D Ein Bäcker hat vor dem Backen Buchstaben in seine Brote eingeritzt, die – in der richtigen Reihenfolge gelesen – lateinische Aufforderungen ergeben:

E 1 oder 2?
Nach manchen Verben kann neben dem Akkusativobjekt auch ein Dativobjekt stehen. Manche Verben sind auch mit nur einem Akkusativobjekt zufrieden. Entscheide, welche der folgenden Verben zwei Objekte, welche nur eines bei sich haben.

Beispiel: Lucius schenkt Atia (Dativobjekt) einen goldenen Ring (Akkusativobjekt).
mittit – exspecto – das – portate – praebet – relinquimus – videt

F Bestimme die farbig markierten Satzglieder und übersetze.
1. Aulus et Gaius cum Publio amico in forum properare volunt. 2. Servi hospitibus Aquili cibos et vinum portant. 3. Gens Aquilia in templo deos salutem orat. 4. Servilius senator cum libertis in basilicam contendit.

G Irrläufer gesucht!
Notiere ihn und begründe deine Entscheidung.
1. convivium – victorum – filium – templum
2. genti – paci – sorori – liberti
3. senatore – salute – turbae – foro
4. clamorum – uxorum – morum – servorum

H Sprachparallelen erkennen
Im **Lateinischen** und **Italienischen** sind die Infinitive der a-Konjugation oft gleich, z. B. stare, dare, amare, portare, dubitare, orare; manchmal weichen sie nur leicht voneinander ab, z. B. i. entrare, chiamare. Suche weitere Beispiele dafür, dass lateinische Verben im Italienischen weiterleben.

I Wortbildung nutzen
Wie entstehen Wörter? Beispiel: spectare: betrachten, hinsehen ➔ specta-tor: derjenige, der betrachtet (Zuschauer)
Ergänze dementsprechend die Liste:

audire:	?	➔ audi-tor:	?
laudare:	?	➔ lauda-tor:	?
currere:	?	➔ cur-sor:	?

Solche Substantive für „Täter" findet man häufig unverändert im Englischen: *spectator, cursor*. Im Französischen haben sich die Wörter leicht verändert: *spectateur, curseur*.

J Einige Buchstaben dieser Botschaft sind verschmiert und unleserlich. Fülle die Lücken und übersetze.

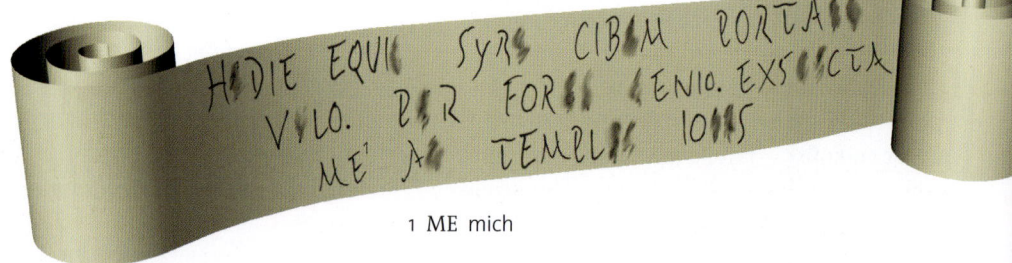

1 ME mich

Endlich volljährig!

Wohnen in der Subura

Z In der Subura, einem Stadtteil von Rom, der in der Nähe des Forums liegt, wohnen und arbeiten die ärmeren Einwohner der Stadt. Servius, der 14-jährige Sohn des Händlers und Wirtes Quintus Rabirius, erzählt:

Parentes in Subura tabernam cum pergula[1] habent. In taberna non tantum vinum, oleum[2], olivas[3] vendimus, sed etiam cenas paramus. Pater vinum oleumque vendit; tum amphoras[4] cum Optato servo ad aedificia senatorum porto. Mater cum sorore in culina[5] laborat et cenas parat. Homines[6] etiam in taberna cenare[7] volunt; tum Rabiria soror cenas ad mensas portat.

1 taberna cum pergulā Laden mit einem Verschlag (in dem die Familie des Besitzers lebte)
2 oleum Öl
3 olīva Olive
4 amphora großer Tonkrug
5 culīna Küche
6 homō, hominis Mensch
7 cēnāre: zu cēna

1 Römische Lebensverhältnisse bewerten
Stelle die Lebensbedingungen der Bewohner der Subura denen der reichen Römer gegenüber, die du bisher kennengelernt hast.

taberna in Pompeji.

Du hast schon einiges über das Leben in der Stadt im Peristylhaus (S. 27) und in einem Mietshaus (vgl. **Z**) gehört. Viele Menschen lebten aber nicht in der Stadt, sondern auf dem Land. Dort gab es zahlreiche **Gutshöfe (vīllae rūsticae)**, die überall ähnlich aufgebaut waren.
Diese Landgüter mussten einerseits ihren Besitzern entsprechenden Wohnkomfort bieten, andererseits auch das Auskommen ihres Herrn erwirtschaften. Viele Stadtrömer besaßen mehrere Landgüter, die von Verwaltern, die gewöhnlich Sklaven waren, bewirtschaftet wurden.

Rekonstruktion eines römischen Gutshofes (vīlla rūstica) bei Perl-Borg (Saarland).

Römisches Alltagsleben

Differenziert üben II

Auf S. 41 findest du Übungsmöglichkeiten zu verschiedenen Schwerpunkten, die dir das Übersetzen des lateinischen Textes erleichtern sollen. Suche dir mindestens drei Übungen aus, deren Schwerpunkt dir noch Schwierigkeiten bereitet, und erledige sie *vor dem Übersetzen* von **T**.

In amphitheatro

T Heute möchte Publius seinem Freund Philippus, der aus Griechenland bei ihm zu Besuch ist, etwas typisch Römisches zeigen und nimmt ihn mit zu den Gladiatorenspielen im Amphitheater (amphitheatrum). Dabei begleiten die beiden Atia, Antonia und Aulus.

Publius Philippo ludos in amphitheatro ostendere vult. Itaque cum amicis amphitheatrum intrat. Ibi turba ludos iam exspectat. Nunc
3 gladiatores (!) et bestiae in arenam (!) currunt; turba gaudet.
Publius clamat: „Videte, amici, copiam bestiarum!"
Gladiatores nunc cum bestiis pugnant[1] et bestias necant[2]. Turba
6 gaudet, sed Atiae Antoniaeque ludi non placent: „Cur gladiatores bestias necant?" Publius amicis non respondet, quod nunc retiarius[3] arenam intrat.
9 Philippus: „Cur alius[4] gladiator gladium[5] habet, sed alius reticulum[6] tantum habet?" Aulus respondet: „Retiarius est." Diu pugnant, tandem gladiator retiarium superat[7], sed retiarium non necat.
12 Publius dicit: „Si[8] bene pugnant, turba gladiatores laudat."

1 pugnāre kämpfen
2 necāre töten
3 rētiārius Netzkämpfer
4 alius ... alius der eine ... der andere
5 gladius Schwert
6 rēticulum Netz
7 superāre besiegen
8 sī wenn, falls

Das Kolosseum, das größte Amphitheater der Antike, wurde 80 n. Chr. von Kaiser Titus mit hunderttägigen Spielen eröffnet, unter anderem mit Gladiatorenkämpfen, nachgestellten Seeschlachten und Tierhetzen. Im Kolosseum fanden ca. 50.000 Zuschauer Platz. Sein Umfang beträgt 527 Meter, die Höhe 48 Meter. Als Arena war das Kolosseum über 400 Jahre lang in Betrieb.

1 Wortschatz üben
Ordne jeder Vokabel die passende Bedeutung zu, präge sie dir dann ein. Lass dich abfragen.

cōpia – currere – dīcere – exspectāre – gaudēre – lūdus – mulier – clamare – ostendere – placēre – respondēre – turba – velle

Spiel – wollen – Frau – erwarten – laufen – Menschenmenge – sich freuen – laut rufen – Menge – gefallen – zeigen – antworten – sagen

2 Formen erkennen und bilden
Bilde die verlangten Formen:

a) gladiatores – Sg. – Dat. – Akk. – Gen. – Pl.
b) ludo – Pl. – Akk. – Sg. – Gen. – Pl. – Nom.
c) vult – 2. Pers. – Pl. – 1. Pers. – Sg. – Übersetzung

3 Präpositionen erkennen und bestimmen
Ordne die folgenden Präpositionen richtig zu und übersetze sie dann:

ante – de – cum – post – ad – apud – in

Präposition mit Akk.   Präposition mit Abl.

4 Satzglieder bestimmen
Übertrage folgende Sätze in dein Heft und bestimme die Satzteile:

a) Publius Philippo ludos in amphitheatro ostendere vult.
b) Cum amico amphitheatrum intrat.
c) Atiae Antoniaeque ludi non placent.

Nachstellung eines Gladiatorenkampfes.

5 Eine Übersetzungsmethode kennenlernen und anwenden

> Publius Philippo ludos in amphitheatro ostendere vult.
>
> Nunc gladiatores et bestiae in arenam currunt.

Lies die folgenden Erklärungen durch und probiere diese Methode an den beiden Sätzen aus.

a) Lege das erste Satzglied fest. Das kann das Subjekt, ein Adverbiale, … sein.
   Achtung: Das erste Wort im Satz ist nicht unbedingt das Subjekt!
b) Pendle zum Prädikat und prüfe anhand der KNG-Kongruenz, ob das Wort, das du für das Subjekt hältst, auch tatsächlich das Subjekt ist.
c) Übersetze nach dem ersten Satzglied das Prädikat – im deutschen Hauptsatz muss es an zweiter Stelle stehen.
d) Pendle vom Prädikat zurück und übersetze die restlichen Satzglieder der Reihe nach.

6 Mit grammatischen Fachbegriffen umgehen
Ordne die Fachbegriffe den lateinischen Wortformen zu. In einigen Fällen sind mehrere Lösungen möglich.

Nominativ – Infinitiv – Vokativ – Adverb – Dativ – Präposition – Maskulinum – Genitiv – Akkusativ – Femininum – Neutrum – Imperativ	videte – bestiarum – amphitheatrum – amice – amicae – cum – gladiator – placere – ludos – itaque – ludis – nunc – bene

Römisches Alltagsleben

Deutsche Texte lesen – römisches Leben verstehen

Interessensschwerpunkte formulieren

In den ersten Lektionen deines Lateinbuchs hast du erfahren, wo sich die Römer gerne aufhielten, welche Orte und Gebäude für ihren Tagesablauf wichtig waren.

Dabei bieten dir die deutschen Texte und die Abbildungen viele wichtige Sachinformationen. Natürlich kann dieses Buch nicht alle deine Fragen beantworten. Vielleicht möchtest du mehr über den Sport in den Thermen (Lektion 4) oder den Umgang der Römer mit Pferden (Lektion 2) erfahren. Hier bist du als Forscher gefragt; du musst nur wissen, wo du Informationen findest. Auch in Zeiten des Internets kann ein Buch da sehr nützlich sein.

Formuliere das Thema, das dich interessiert, möglichst genau, z. B. als Frage: „Welche antiken Thermenanlagen kann man heute noch in Rom besichtigen?"

● Formuliere Fragen zu den zwei Themen aus den Lektionen 5–7, die dich am meisten interessieren.

Informationsquellen beschaffen

Mache dich dann auf die Suche nach einem Buch oder mehreren Büchern zu diesem Thema. Verschaffe dir dazu Klarheit über Zugangsmöglichkeiten zu Büchern in deiner Nähe. Dazu kann die Schulbibliothek gehören, aber auch eine öffentliche oder private Bücherei. Informiere dich darüber, ob du das Buch nur vor Ort benutzen kannst oder ob du es mit nach Hause nehmen darfst. Die Bücher in Bibliotheken sind nach einem ganz speziellen System sortiert. Bitte das Personal der Bibliothek um Hilfe bei deiner Suche.

● Informiert euch über Bibliotheken in eurer Nähe und teilt euch gegenseitig mit: Wie sind die Bücher dort sortiert? Wie und wo findet man Bücher mit Informationen über die Antike?

Gemeinsam eine Handbibliothek erstellen (Projekt)

Das Forschen in Büchern nennt man Recherche. Wichtig für eine Recherche sind informative Bücher, z. B. Lexika.

Sucht Bücher, die euch bei der Erforschung des römischen Lebens hilfreich sein können. Sichtet diese Bücher und erstellt eine Liste wie die folgende:

Autor	Titel	Fundgrube für
Schwab, Gustav	Die schönsten Sagen des klassischen Altertums	Märchen und Sagen der Römer und Griechen
Macauly, David	Eine Stadt wie Rom	Zeichnungen einer Stadt und ihres Wachstums vom Dorf zur Metropole
…	…	…

Immer wenn ihr ein neues Buch findet, solltet ihr es der Liste hinzufügen. Vielleicht könnt ihr im Klassenraum die für euch wichtigsten Bücher in einem Regal sammeln, damit sie euch immer zur Hand sind. In diese Handbibliothek könnt ihr auch Bücher stellen, die ihr von zu Hause mitbringt.

Informationsquellen bewerten

Ihr könnt die Bücher eurer Handbibliothek noch genauer bewerten und diese Bewertung in das Buch legen. Das kann euren Mitschülern bei ihrer Bücherauswahl helfen. Eine solche Bewertung eines Buches nennt man Rezension.

● Schreibt zu je zwei Büchern auf Zettel eine kleine Bewertung. Bewertet den Nutzen, den das Buch für euch gehabt hat. Beurteilt, wie anschaulich und verständlich die Informationen dargeboten werden. Abschließend schreibt ihr, wem ihr dieses Buch empfehlen würdet.

Vom Hüttendorf zum Weltreich

Als kleines Dorf auf einem Hügel gegründet, wurde Rom die Hauptstadt eines riesigen Weltreichs. Bedeutende Gestalten der römischen Geschichte haben zu diesem erstaunlichen Aufstieg beigetragen.

1 Auf der Karte im hinteren Buchdeckel sind viele römische Provinzen eingetragen. Welche Staaten befinden sich heute auf dem Gebiet des ehemaligen Römischen Reiches?

Die römische Wölfin. Etruskische Bronzeplastik. Um 500 v. Chr. Rom, Musei Capitolini.

8

Die Stadt auf den sieben Hügeln – so wird Rom, auf hügeligem Gelände am Fluss Tiber gelegen, noch heute genannt.

Wie archäologische Funde zeigen, gab es die ältesten, von Hirten bewohnten Siedlungen bereits um 900 v. Chr. auf dem Palatin, der wegen seiner Nähe zum Tiber günstig gelegen war (vgl. dazu die Karte im vorderen Buchdeckel). Im Laufe der Zeit schlossen sich aus Gründen der Sicherheit die auf den Hügeln verstreuten Siedlungen zu einer Gemeinde zusammen.

In der Frühzeit übten vor allem die Etrusker im Norden Roms großen Einfluss auf die politische und kulturelle Entwicklung der Stadt aus: Der Forumsplatz entwickelte sich zum Zentrum mit den wichtigsten Gebäuden, und im 6. Jh. v. Chr. erhielt Rom unter König Servius Tullius einen ersten Mauerring.

Der Sage nach soll die Stadt Rom von den Zwillingsbrüdern Romulus und Remus im Jahre 753 v. Chr. gegründet worden sein. Den genauen Ort der künftigen Stadt am Tiber durfte Romulus bestimmen. Er wählte den Palatin, der somit der älteste Bezirk der Stadt Rom war.

1 Informiere dich über die Sage von Romulus und Remus. Welche Elemente der Geschichte kannst du auf dem Altarrelief identifizieren?

Die Sage von Romulus und Remus auf einem Altarrelief, gefunden in Ostia. 1. Jh. n. Chr. Rom, Museo Nazionale Romano.

G Publius et amicus aedes M. Aquili intraverunt. Caecilia rogavit:
„Ubi fuisti, Publi? Quid spectavistis, amici?"
3 Publius: „In foro fuimus. Primo tabernam intravimus; nam amicus munus emere cupivit. Denique cum amico ad Capitolium properavi; ibi templum Iovis spectare potuimus."

Ein Anfang mit Schrecken

T Als Romulus und Remus wegen der Stadtmauer in Streit gerieten, erschlug Romulus seinen Bruder. Wie ein Lauffeuer breitete sich die Kunde vom Brudermord aus. Auch der Hirte Faustulus – er hatte einst die von einer Wölfin gesäugten Knaben am Tiberufer gefunden und zu sich genommen – war Zeuge des Geschehens gewesen und eilte, so schnell er konnte, nach Hause zu seiner Gattin Acca:

Faustulus casam[1] intravit: „Acca, ubi es? Veni et audi de calamitate! Romulus Remum necavit!" Acca ad maritum: „Quid dicis, quid
3 audivi? Tibi[2] credere non possum."
Faustulus autem: „Crede mihi, uxor. Hodie cum comitibus ad montem Palatinum properavi. Etiam Romulus et Remus et multi-
6 tudo virorum Palatium petiverunt. Tum Romulus viros ad se vocavit et, ubi tacuerunt, orationem habuit: ‚Gaudeo, quod iter ad Palatium facere non dubitavistis. Hodie sacrum facere deisque
9 munera dare volumus; nam auxilio deorum casas bene munivimus. Nunc Palatium muro munire debemus. Tum sine periculo vivere possumus.' Viri verba Romuli clamore probaverunt et urbem
12 muro munire non dubitaverunt.
Subito autem Remus: ‚Ego tuum[3] murum rideo; murus enim tuus agmina hostium ab urbe certe non prohibet.' Statim murum
15 transiluit[4]. Tum Romulus per iram[5] telum corripuit et, o Acca, fratrem necavit. Remo adesse non potui."
Faustulus tacuit. Acca autem lacrimas tenere non potuit et clama-
18 vit: „O Faustule, frustra lupa[6] pueros in ripa Tiberis servavit et aluit, frustra tu Remum cum fratre domum portavisti, frustra Remo parentes fuimus! O Romule, cur fratrem necavisti?" Tum
21 Faustulus et Acca fleverunt filiique nece doluerunt.

1 casa Hütte
2 tibi dir
3 tuus dein
4 trānsilīre *(Perf. trānsiluī) m. Akk.* überspringen
5 per īram im Zorn
6 lupa Wölfin

Severino Baraldi: Der Zorn des Romulus. 20. Jh. Privatbesitz.

1 Vergleiche die Satzarten in den wörtlichen Reden Z. 1–3, 4–16 und 18–20. Welche Rückschlüsse auf den Inhalt des Gesagten kannst du ziehen?

2 Rekonstruiere vor der Übersetzung den Ablauf der Ereignisse, indem du aus der Rede des Faustulus (Z. 4–16) die Verbformen der 3. Pers. mit den zugehörigen Subjekten und Objekten heraussuchst und diese Kernsätze übersetzt.

3 Verschiedene Perspektiven ermitteln
Was könnte Remus zu seinem Handeln veranlasst haben? Warum reagiert Romulus so heftig auf das Verhalten seines Bruders?

4 Bildquellen verstehen
Formuliere lateinisch mit Hilfe einer Wendung aus **T**, welche Handlung auf dem Altarrelief auf S. 44 dargestellt ist.

5 Informationen beschaffen
Sucht im Internet unter den Stichwörtern *Romulus und Remus* oder *Gründung Roms* möglichst viele Informationen über die Zwillingsbrüder. Überprüft eure Ergebnisse anhand eines Lexikons und notiert ggf. Unterschiede.

Aus der Geschichte Roms

Beim römischen Fest der Saturnalien leisten sich auch die Sklaven Streiche, die sie sich sonst nicht erlauben dürften. Syrus überlegt, was er zusammen mit seinem Kumpan Davus anstellen könnte:
Primo dominum (Herr) e tablino (Empfangszimmer) in peristylium (Garten) voco. Ubi (sobald) dominum vocavi, Davus togam sumit et tablinum domini intrat. Ubi tablinum intravit, Davus sicut dominus servas servosque in tablinum vocat. Ubi servas servosque in tablinum vocavit, servis sicut hospitibus vinum et munera praebemus. Ubi vinum et munera praebuimus, etiam dominum in tablinum duco.

A Erstelle eine Tabelle mit vier Spalten (a-, e-, i-, konsonantische Konjugation).
Suche aus **T** alle Perfektformen heraus: Trage sie jeweils in die richtige Spalte ein; trenne dabei den Perfektstamm von der Endung ab. Schreibe die entsprechende Präsensform darunter.
Drei Formen lassen sich nicht einordnen. Welche? Wie heißt dazu jeweils der Infinitiv?

B Setze die Formen ins Perfekt:
sum – taces – flet – tenemus – potes – est – doletis – muniunt – dubito – petitis – sunt – vult – exspectas – nolunt – possunt

C Satzglieder abfragen
Bestimme die Satzglieder; gehe dabei vom Prädikat aus (vgl. Begleitband, S. 39 f.).
1. Romulus auxilio deorum Palatium munivit.
2. Romulus comitibus in Palatio murum ostendit.

D Setze die in Klammern stehenden Verben in die richtige Perfektform. Übersetze die Sätze dann:
1. Faustulus cum comitibus Tiberim (petere). 2. Subito viri (tacere): Voces (Stimmen) puerorum (audire). 3. Faustulus ad pueros accedere non (dubitare). 4. Diu pueros (spectare). 5. Denique viri fratres domum (portare). 6. Faustulus, ubi casam (Hütte) (intrare), Accam uxorem ad se (vocare). 7. Acca: „Ubi (esse), Faustule?" 8. Faustulus: „Ad Tiberim cum comitibus (properare). 9. Subito voces puerorum (audire). 10. Ecce: Fratres sunt. Domum eos (sie) (portare)." 11. Statim Acca pueros attingere et alere (cupere).

E Lernhilfen nutzen
1. Stelle bedeutungsähnliche Wortpaare und solche entgegengesetzter Bedeutung zusammen:
properare – parere – praebere – ante – emere – videre – velle – post – flere – aspicere – cupere – dare – vendere – dolere – iubere – contendere
2. Nenne jeweils ein Substantiv, das zur **Wortfamilie** der folgenden Verben gehört: clamare – amare – vocare – gaudere – necare
3. Welche **Fremdwörter** kennst du zu den folgenden Wörtern: capere – credere – frustra – posse

F Füge in die folgenden Sätze jeweils ein passendes Verbum im Perfekt ein. Übersetze die Sätze.
1. Viri Romulum Remumque ad casam (Hütte) Faustuli ? .
2. Acca fratres tenere et alere non ? .
3. Tandem pueris parentes ? .

G Lege eine Tabelle mit sieben Spalten für Abl. Sg., Dat. Pl., Vok. Sg., Vok. Pl., Gen. Pl., Akk. Pl. und Nom. Sg. an. Ordne die Formen ein.
Achtung: Einige gehören in mehrere Spalten.
amico – murorum – puellae – ludis – amice – senibus – munerum – lacrimas – senatores (2) – forum – pericula – uxore – oculos – serva (3) – bestiarum
Formuliere einfache lateinische Sätze, in denen die mehrdeutigen Wortformen vorkommen; gib an, aus welcher Spalte du sie für den jeweiligen Satz genommen hast.

H Wortschatz ordnen
1. Stelle aus Wortschatz 7 und 8 alle Substantive der 3. Deklination zusammen, die den Gen. Pl. auf -ium bilden. Mache diese Substantive im Gen. Pl. jeweils als Attribut von einem lateinischen Nomen abhängig und übersetze die Wendungen.
2. Suche aus Wortschatz 7 und 8 die Vokabeln mit drei oder vier deutschen Bedeutungen heraus und bilde zu jeder Bedeutung einen deutschen Satz, der in einen antiken Zusammenhang passt.
3. Erkläre die Fremdwörter mit Hilfe der lateinischen Herkunftswörter:
Aspekt – Pazifist – Aquarium – graziös – Interesse – Moral – Potenz – Kredit – Egoist – Frust

Ein Anfang mit Schrecken

Der Raub der Sabinerinnen

Nachdem Romulus die neugegründete Stadt befestigt hatte, wollte er für ihr Wachstum sorgen. Doch fehlten den Römern Frauen zur Gründung von Familien. Was tun in solcher Lage? „Wenn wir schon keine eigenen Frauen besitzen, so müssen wir eben unsere Nachbarn, die Sabiner, bitten, uns Frauen zu geben", dachte sich Romulus und sandte sogleich einen Boten zu den Sabinern. Die Sabiner aber waren nicht bereit, ihre Töchter und unverheirateten Frauen den Römern zur Heirat zu geben. Da griff Romulus zu einer bösen List ...

Römischer Silberdenar. 89 v. Chr. Auf der Vorderseite ist das Porträt des Sabinerkönigs Titus Tatius zu sehen. Neapel, Museo Archeologico Nazionale.

Romani[1] filias Sabinorum[2] vi[3] capere voluerunt. Itaque Sabinos ad convivium ludosque vocaverunt. Sabini cum puellis ad Romanos
3 venire non dubitaverunt et urbem sine armis[4] intraverunt. Subito Romani Sabinas petiverunt et corripuerunt. Sabini filias servare non potuerunt. Eo dolo[5] Romulus Romanis uxores paravit.
6 Sabini autem arma capere properaverunt et Romam[6] petiverunt. Sed urbem capere frustra cupiverunt. Denique filiae Sabinorum patres ad se vocaverunt: „Diu Romam armis petivistis; sed urbem
9 capere non potestis. Nos[7] nunc uxores Romanorum sumus, hic remanere volumus. Deponite igitur arma pacemque facite cum Romanis!" Paulo post Sabini arma deposuerunt: Tandem pax fuit.

1 Rōmānī, ōrum die Römer
2 Sabīnī, ōrum die Sabiner
  Sabīnae, ārum die Sabinerinnen
3 vī gewaltsam
4 arma, ōrum *n Pl.* Waffen
5 eō dolō durch diese List
6 Rōma Rom
7 nōs wir

1 Welche Szene ist auf dem römischen Silberdenar dargestellt?
Vergleiche damit, was auf den Euro- und Cent-Münzen verschiedener Länder abgebildet ist.

2 Der Name des Münzmeisters lautet L. Titurius Sabinus, dessen Abstammung wohl auf die Sabiner zurückzuführen ist: Woran sollten sich die Römer durch die Abbildung auf den Geldstücken – die ja in alle Hände gelangten – stets erinnern?

3 Rezeptionszeugnisse kennenlernen
Welche Szene hat David in seinem Bild festgehalten? Erkläre, warum er sich ausgerechnet für die Darstellung dieses Moments entschieden hat.

Jacques-Louis David: Die Sabinerinnen. 1799. Paris, Musée du Louvre.

Aus der Geschichte Roms

9

Unter dem Einfluss der Etrusker, die sich als Kaufleute, Handwerker und Baumeister in Rom niederließen, verwandelten sich die ursprünglich bäuerlichen Siedlungen am Tiber in eine Großstadt. Die Römer haben von den Etruskern, die ihnen in Kultur und politischer Organisation überlegen waren, viel übernommen, so z. B. die toga als besonderes Kleidungsstück und das Rutenbündel (fascēs) als Zeichen der Macht (vgl. S. 55). Lange Zeit wurden in Rom zwei Sprachen gesprochen: Etruskisch und Latein. Dennoch kam es nicht zu einer Verschmelzung der beiden Völker. Seit dem Ende des 7. Jh.s v. Chr. herrschten in Rom etruskische Könige. Sie wurden von der römischen Bevölkerung allmählich als Fremdherrscher empfunden, die man loswerden wollte.

So kam es auch zu kriegerischen Auseinandersetzungen mit den Etruskern; dabei konnten die Römer der Übermacht der Feinde kein entsprechendes Heer entgegenstellen – Entschlossenheit und Opferbereitschaft mussten zwangsläufig zu ihren Waffen werden. Es war die Zeit der altrömischen Heldinnen und Helden, die sich mit Tapferkeit (virtūs) gegen die Feinde der jungen Stadt behaupteten. Die Römer bezeichneten diese Epoche fortan als die „gute alte Zeit".

Die Namen der heldenhaften Kämpfer dieser Zeit kannte im Rom der folgenden Jahrhunderte jedes Kind: Cloelia, Mucius Scaevola, Marcus Curtius und Horatius Cocles sind nur einige von ihnen. Sie dienten als leuchtende Vorbilder bei der Erziehung der römischen Jugend. So konnte man zum Beispiel auf dem Forum eine Bronzebüste des Horatius Cocles bewundern. In ihrem Schatten erzählte man den Heranwachsenden ehrfürchtig von seiner großer Heldentat am Pons Sublicius, der alten Tiberbrücke, und von Larcius und Herminius, seinen treuen Gefährten gegen die Etrusker.

Friedrich Brentel: Horatius Cocles. 1630. Straßburg, Musées de la Ville de Strasbourg.

G Sabini (Sabiner) in urbem veniunt.
Romani (Römer) Sabinos venire vident.
3 Postea Sabini Romanos filias corripere vident.
Propinqui Romanos Sabinas corripuisse audiunt.

Infinitiv Perfekt – Akkusativ mit Infinitiv (AcI)

Einer für alle

Der Pons Sublicius stellte den einzigen Zugang zur Stadt dar, der nicht durch die starke Stadtmauer gesichert war. Ein Angreifer musste lediglich über die Brücke gelangen und stand praktisch schon auf dem Forum.
Das wussten die Etrusker und eines Tages, als das römische Heer sich gerade in den Sabiner Bergen aufhielt, zogen sie mit einem Heer gegen Rom, in der Hoffnung, über die Brücke in die fast soldatenfreie Stadt marschieren zu können. Der Römer Mamercus war gemeinsam mit Horatius, Larcius und Herminius am Pons Sublicius postiert. Am Abend berichtet er in seiner Stammtaverne von seinen Erlebnissen:

In ripa Tiberis cum Horatio, Larcio Herminioque comitibus pontem defendere debui. Primum hostes videre non potuimus;
3 tum autem procul clamorem audimus, deinde Tuscos venire videmus, postremo hostes propius ad ripam fluminis accedere video. Ego quidem pontem statim relinquo – in urbem contendo. Etiam
6 comites mecum ad urbem currere puto. Ubi autem in munitione urbis fui, – vae![1] – comites adhuc in ponte stare video. Nunc certe scio amicos in periculo esse. Hostes aspiciunt amicos, amici
9 prospiciunt hostes. Tacent Romani, tacent Tusci.
Tandem Horatius per iram clamat: „Venite, Tusci! Nos[2] pugnare patriamque defendere cupimus." Hostes primum accedere dubi-
12 tant, tum autem tela capiunt. Scio comites pontem tenere non posse – nunc ne lacrimas quidem tenere possum, fiducia careo. Iam hostes amicos circumvenire volunt. Subito autem Horatium
15 clamare audio: „Defendite patriam, amici! Rescindite[3] pontem!" Horatius comites pontem rescindere iubet. Quid faciunt Larcius Herminiusque?
18 Horatio confidunt, parent, pontem rescindere instituunt. Horatium autem hostes gladio petere et cum hostibus pugnare video. Iam hostes Horatium necavisse puto.
21 Repente autem Horatium de ponte in aquas Tiberis desilire[4] video. Et statim pons corruit[5]. Tusci in ripa remanent. Horatius autem per flumen urbem petit. Tiberim deum Horatio et comitibus adfuisse
24 constat.
(nach Livius, Ab urbe condita)

Kopf eines etruskischen Kriegers. Bemalter Ton. 6. Jh. v. Chr. Rom, Museo Etrusco di Villa Giulia.

1 vae! o weh!
2 nōs wir
3 rescindere einreißen
4 dēsilīre herabspringen
5 corruere zusammenstürzen

1 Text sinnbetont vorlesen
Mamercus gerät beim Erzählen seiner Geschichte in große Aufregung. Überlegt, mit welchen Mitteln es Mamercus gelingt, bei seinen Zuhörern Spannung zu erzeugen. Übt dann den Vortrag und lest den Text einander vor.

2 Vergleicht die Tätigkeiten des Horatius Cocles, Larcius und Herminius mit dem Verhalten des Mamercus. Diskutiert, wer sich eurer Ansicht nach richtig verhält.

3 Position beziehen
Informiert euch über Cloelia, Marcus Curtius und Mucius Scaevola. Erklärt anhand der Geschichten, die sich um sie ranken, was die Römer unter „vorbildlichem Verhalten" verstanden. Vergleicht diese Römer mit euren Vorbildern und diskutiert, ob sie sich auch für euch als Vorbild eignen.

Weil er volljährig ist, muss Publius auch an Feldzügen teilnehmen. Nach einem Krieg feiern die Soldaten im Triumphzug den Sieg. Caecilia und Aquilius warten auf die Rückkehr ihres Sohnes:
Publius aedes intrat. Caecilia Publium intrare audit. Ad filium currit. Lacrimas tenere non potest. Tum Aquilium vocat. Aquilius venit. Aquilius videt Publium intravisse. Statim servis narrat (erzählt) Publium intravisse; iubet: „Parate cenam!"
Postridie (am folgenden Tag) Caecilia amicae narrat: „Diu filium exspectavi. Subito Publium intrare audivi. Tum Aquilium vocavi. Aquilius statim servis narravit filium intravisse. Servi cenam paraverunt."

A Bilde zu den Formen des Infinitiv Präsens die des Infinitiv Perfekt und umgekehrt.
probavisse – habere – narrare – tenuisse – noluisse – putare – munivisse – complere – voluisse – potuisse – deposuisse – cupivisse – esse

B 1. Von der Stadt aus blickt der Tavernenwirt Manius ängstlich auf die gegen Horatius vorgehenden Etrusker und hält sich entsetzt die Hände vors Gesicht. Übersetze:
„Vae (wehe) mihi! Video Tuscos iam per urbem properare! Video hostes iam tabernam petere! Video Tuscos iam vina e (aus) taberna corripere! Audio hospites iam flere! Horatium urbem defendere posse non puto."

2. Nach der Heldentat des Horatius ist er wieder beruhigt. Er weiß: Seine Befürchtungen sind nicht eingetreten. Ergänze seine Rede und übersetze:
„Tusci per urbem non properant. Host ? tabernam non pet ? scio. Tusc ? vina e taberna non corrip ? scio. Hosp ? non fl ? scio. Horati ? urbem defendere potuit."

C Lest die lateinischen Sätze aus Übung **B** 1 eurem Partner so vor, dass dieser die Wortblöcke, die den AcI bilden, abgrenzen und jeweils Akkusativ und Infinitiv markieren kann.

D Entscheide jeweils, welcher der beiden Sätze einen AcI enthält, und übersetze beide Sätze.

1. Amici Horatio adesse volunt.
   Romani Horatium pontem defendere volunt.

2. Romani urbem servare cupiunt.
   Horatius amicos pontem rescindere (einreißen) cupit.

3. Romani Horatium sciunt.
   Manius Mamercum flevisse scit.

4. Amici clamorem audiunt.
   Amici Tuscos clamare audiunt.

5. Mamercus hostes videt.
   Mamercus hostes ad pontem accedere videt.

E Übersetzungen prüfen
Welche Übersetzung ist richtig? Erkläre die Fehler in den falschen Übersetzungen.

1. Scimus Horatium urbem servavisse.

a) Wir wissen, dass Horatius die Stadt rettet.
b) Wir wissen, dass Horatius die Stadt gerettet hat.
c) Wir kennen Horatius, der die Stadt gerettet hat.

2. Uxores maritos lacrimas tenere non posse vident.

a) Die Frauen können sehen, dass ihre Ehemänner die Tränen nicht zurückhalten.
b) Sie sehen, dass Frauen und Männer ihre Tränen nicht halten können.
c) Die Ehefrauen sehen, dass ihre Männer die Tränen nicht halten können.
d) Die Frauen sehen mit Tränen, dass sich ihre Männer nicht zurückhalten können.

F Wortbildung nutzen
Mit Hilfe der Präpositionen kannst du die Bedeutung zusammengesetzter lateinischer Wörter (Komposita) selbst erschließen. Du kennst bereits ad und adesse – was bedeutet wohl ab-esse? Erschließe auch: ab-ducere, ad-ducere, de-ducere.

G Lateinische Sprichwörter kennenlernen
AUDI, VIDE, TACE,
SI TU VIS VIVERE IN PACE!

Einer für alle

Domenico Beccafumi: Die Flucht der Cloelia. 1530. Florenz, Galleria degli Uffizi.

Cloelia

Einige Zeit nach der Heldentat des Horatius Cocles beeindruckt eine junge Frau mit ihrer Tapferkeit: Cloelia, eine adelige Römerin, war dem mächtigen Etruskerkönig Porsenna zusammen mit anderen als Geisel gegeben worden. In einem unbeobachteten Moment aber entwich sie wieder nach Rom. Helvia, die Gattin des Wirtes Manius, berichtet, was sie bei der Rückkehr Cloelias auf dem Forum erlebt hat:

„Audite, viri! Mulieres in foro narraverunt[1] Cloeliam cum comitibus ab hostibus fugisse[2]. Subito Cloeliam per turbam properare et
3 ad matrem patremque accedere video. Viri et mulieres Cloeliam adesse gaudent; clamorem tollunt: ‚Cloelia vivit! Cloelia in urbe est!'
6 Repente autem nuntius[3] Tuscorum forum intrat. Statim turba tacet, nuntius autem clamat: ‚Romani, Cloeliam, obsidem[4] Tuscorum, in urbem fugisse scitis. Porsenna autem, rex[5] Tuscorum, Cloe-
9 liam fugisse non probat. Cloelia obses est; itaque ad Tuscos redire[6] debet.'
Parentes Cloeliae flent, nam filiam ad Porsennam mittere nolunt.
12 Cloelia autem diu tacet, postremo dicit: ‚Romani, certe matrem patremque amo, iram regis timeo[7]. Nunc autem calamitatem ab urbe prohibere et urbem relinquere debeo.'
15 Tum ad regem Tuscorum redit. Fortitudine[8] Cloelia pacem servavit. Audite, viri: Viros quidem fortitudinem ostendere semper dicitis. Nunc autem puellam fortitudine pacem servavisse videtis."

1 nārrāre erzählen
2 fugere (*Perf.* fūgī) fliehen
3 nuntius Bote
4 obses, idis *m* Geisel
5 rēx, rēgis *m* König
6 redīre zurückgehen
7 timēre fürchten
8 fortitūdō, inis *f* Tapferkeit

1 Helvia hat als Augenzeugin auf dem Forum nicht den Fortgang der Geschichte mitbekommen. Informiere dich darüber, was weiter geschah.

2 Römische Wertvorstellungen erkennen
Helvia bezeichnet wegen der Eigenschaft der fortitudo Cloelia als tapfer. Erkläre anhand des Textes, worin genau Cloelias Tapferkeit bestand.

Aus der Geschichte Roms

10

Sieben Könige herrschten über Rom. Auf Romulus, den ersten von ihnen, folgten der Sage nach Numa Pompilius, Tullus Hostilius und Ancus Marcius. Während diese römisch-sabinische Wurzeln hatten, waren die letzten drei römischen Könige, die Tarquinier, von etruskischer Abkunft. Das Kernland der Etrusker, deren Herkunft bis heute ungeklärt ist, umfasste das Gebiet zwischen den Flüssen Arno und Tiber. Es entsprach damit in etwa der heutigen Toskana, deren Name auf die Etrusker – lat. Tusci – zurückzuführen ist. Weil sie reiche Bodenschätze (Eisen, Kupfer, silberhaltiges Blei) besaßen und viel Seehandel betrieben, konnten die Etrusker ihre Macht weit nach Norden und Süden hin ausdehnen.

Als um 500 v. Chr. ihre einflussreiche Stellung in ganz Italien zu bröckeln begann und mit dem Etrusker Tarquinius Superbus ein skrupelloser Tyrann auf dem römischen Thron saß, suchten die Römer nach einer günstigen Gelegenheit, sich von Tarquinius und der Königsherrschaft zu befreien (siehe **T**).

1 Stellt die Orte zusammen, an denen heute bedeutende kulturelle Zeugnisse der Etrusker zu besichtigen sind.

G Ein Fremdenführer auf dem Forum:
Ecce forum Romanum! Forum magnum est.
Ibi multi viri, multae mulieres, multa aedificia sunt.
3 Spectate magnas basilicas, spectate magna templa deorum!
Hic videtis templum Vestae deae.
Vesta dea bona et magna est.

Adjektive a- und o-Deklination – Adjektiv als Attribut und Prädikatsnomen – Ablativ der Zeit

Das Maß ist voll

T Tarquinius Superbus, der siebte König Roms, ist bei den Römern wegen seiner grausamen Herrschaft zunehmend verhasst. Die Situation verschärft sich, als Lukretia, die Frau des aus einer bedeutenden Familie stammenden Collatinus, von Tarquinius' Sohn Sextus überfallen und vergewaltigt wird. Lukretia, die – obwohl unschuldig – ihre Ehre für immer verloren sieht, weiß keinen anderen Ausweg, als sich selbst das Leben zu nehmen. Im Wohnort der Lukretia ist die Empörung so groß, dass L. Iunius Brutus, ein Freund des Collatinus, mit einer großen Schar junger Männer bewaffnet nach Rom zieht.

Prima luce Brutus cum multis viris Romam petivit et forum occupavit. Romani Brutum et comites forum occupare audiverunt.
3 Voces et arma et multitudo virorum Romanos terruerunt. Homines statim ad forum properaverunt, quod causam clamoris cognoscere voluerunt. Ubi de scelere filii regis et de sorte misera
6 Lucretiae audiverunt, iram non iam tenuerunt.
Tum Brutus magna voce: „Lucretiam", inquit, „semper Collatino marito uxorem bonam fuisse scitis; Lucretiam semper deos colu-
9 isse scitis. Sextus autem Tarquinius multa nocte cubiculum¹ Lucretiae petivit – nunc propter iniuriam Sexti Tarquini morte Lucretiae dolemus. Expellite tandem gentem superbam Tarquiniorum! Sce-
12 lera mala regis non ignoratis. Num de nece Servi Tulli², num de sanguine multorum virorum bonorum dicere debeo? Si tuti a sceleribus et iniuriis esse vultis, expellite regem malum et totam
15 gentem Tarquiniorum, liberate tandem urbem a magno periculo!"
Et Romani et Collatini³ verba Bruti probaverunt. Tarquinii autem iram hominum timuerunt et Romam relinquere properaverunt.
18 Ita Tarquinius Superbus rex ultimus Romanorum fuit.
(nach Livius, Ab urbe condita)

Der sog. Brutus Capitolinus. Das Bronzeporträt wird oft als Lucius Iunius Brutus gedeutet. 3.-1. Jh. v. Chr. Rom, Konservatorenpalast.

1 cubiculum Schlafraum
2 Servius Tullius: Vorgänger des Tarquinius, den dieser hatte töten lassen
3 Collātīnī, ōrum die Collatiner

1 Vorerwartungen formulieren
Beschreibe mit Hilfe der Informationen in der Einleitung sowie der Schlüsselwörter (petere, occupare, terrere, properare, audire, iram non iam tenere) einen möglichen Handlungsverlauf sowie die Stimmung in Z. 1–6.

2 Welche Charaktermerkmale der Tarquinier werden im zweiten Abschnitt (Z. 7–18) von **T** genannt? Stelle die entsprechenden Substantive mit ihren Adjektiv- und Genitivattributen in einer Tabelle zusammen. Ordne die Wendungen einem Sachfeld zu und beziehe sie auf die Überschrift.

3 Inhalte veranschaulichen
Stelle grafisch – z. B. durch Pfeile – dar, in welchem Verhältnis die in **T** genannten Personen zueinander stehen.

4 Sprachliche Mittel untersuchen
Welche Verbformen herrschen in der Rede des Brutus (Z. 7–15) vor? Was bewirken diese Verbformen bei den Zuhörern?

5 Wie stellst du dir Brutus bei seiner Rede (Z. 7–15) vor? Fertige eine ausdrucksstarke Zeichnung an, die Brutus in dieser Situation zeigt.

6 Als nach außen sichtbares Symbol für die unumschränkte Herrschergewalt des Königs gab es verschiedene Zeichen, wie z. B. Purpurgewand und Goldkranz. Daneben konnte sich der König in der Öffentlichkeit von zwölf Amtsdienern, den Liktoren, begleiten lassen (vgl. S. 55). Sie trugen Rutenbündel (fasces) bei sich, aus denen Beile herausragten. Wofür konnte das Beil Symbol sein?

Aus der Geschichte Roms

10

Ü Mamercus cum amico bono disputat (diskutiert): Mamercus: „Amici boni hospitibus dona dant." Amicus autem respondet: „Amici bonis hospitibus dona dant."

A Suche alle Adjektive aus **T** heraus und bestimme, in welcher der beiden Funktionen (attributiv oder prädikativ) sie jeweils verwendet werden. Schreibe sie in eine getrennte Liste.

B Übersetze die Sätze. Bestimme jeweils den Gebrauch des Adjektivs.
1. Hic videtis multos deos et deas Romanorum.
2. Scitis Romanos multos deos coluisse.
3. Dei boni sunt, nam hominibus adsunt.
4. Homines boni iram deorum non timent.

Götterstatuetten aus dem Weißenburger Silberschatz. 2. Jh. n. Chr. Weißenburg, Römermuseum.

C Wähle aus den gegebenen Adjektiven aus und ergänze die Lücken. Übersetze dann:

multa – multi – multae – prima
1. In foro Romano ? mercatores et ? tabernae sunt. 2. Itaque iam ? luce homines forum petunt. 3. Sed etiam ? templa et aedificia fori homines delectant.

bonum – magna – multis
1. Lucius Atiam amicam ? donis delectare vult. 2. Sed Atia Lucium non semper laudat, nam non ? dona amat, sed amicum ? .

D Bilde jeweils die entsprechende Perfektform: potestis – prohibemus – petunt – estis – vult – fles – doleo – tacent – complet – cupitis – deponis – servare – colere – timet – liberamus – cognoscis – alit – sunt – auditis – corripis

E Verändere bei den Ausdrücken den Kasus oder den Numerus nach folgendem Schema:

Nom.Sg. → Pl. → Abl. → Dat. → Sg. → Abl. → Gen. → Pl. → Akk. → Sg.

uxor bona   magnum iter
homo miser   amicus bonus

F Vokabeln sichern
Du hast schon mehrere leicht verwechselbare Vokabeln gelernt. Aus den folgenden unvollständigen Wörtern kannst du durch die Ergänzung zweier unterschiedlicher Buchstaben jeweils zwei verschiedene Vokabeln machen:
t?tus – n?m – mo?s – mu?us – n?x – ?ox – ?ons – i?a

G Fortleben des Lateinischen erkennen
1. Man nennt die Sprachen, die sich im Laufe der Jahrhunderte aus dem Lateinischen entwickelt haben, romanische Sprachen. Stelle eine Liste der romanischen Sprachen zusammen.
2. Nenne zu den folgenden Wörtern jeweils das lateinische Herkunftswort. Welche der hier genannten Sprachen gehört nicht zu den romanischen Sprachen?

frz. *porte*	rum. *portal*
engl. *to prove*	sp. *probar*
sp. *vivir*	port. *viver*
it. *buono*	frz. *bon*
engl. *sign*	frz. *signe*
port. *paz*	engl. *peace*
sp. *hombre*	it. *uomo*
frz. *défendre*	engl. *to defend*
it. *vedere*	rum. *vedea*

H Lateinische Sprichwörter kennenlernen
1. HOMINES SUMUS, NON DEI.
2. ET SERVI HOMINES SUNT.

Das Maß ist voll

I Sachfelder bilden
Stelle aus T 9 und 10 Wörter zusammen, die zum Sachfeld „Kampf/Krieg" gehören. Gliedere die Vokabeln nach ihren Wortarten.

J Wörter systematisch lernen
1. Stelle aus Wortschatz 10 Wörter und Wendungen zusammen, die Gegensätze ausdrücken.
2. Sortiere die Verben nach Konjugationsklassen.
3. Welche Gemeinsamkeit der meisten Substantive der 3. Deklination fällt auf?
4. Stelle fünf Vokabeln zusammen, die du dir besonders leicht über Fremdwörter merken kannst.

Menenius Agrippa

Z Nach der Vertreibung des Tarquinius lag die Macht nicht mehr bei einem Einzelnen, sondern verteilte sich auf die wenigen führenden römischen Adelsfamilien, die Patrizier (patriciī, ōrum). Sie bekleideten die höchsten Ämter des Staates. Die Plebejer (plēbēī, ōrum), die den größten Teil der Bevölkerung Roms ausmachten, blieben dagegen von jeglicher Macht ausgeschlossen. Aus Protest gegen diese Ungerechtigkeit zogen diese schließlich zu Beginn des 5. Jh.s v. Chr. aus der Stadt aus. Dem Patrizier Menenius Agrippa gelang es jedoch, sie zur Rückkehr nach Rom zu bewegen …

Ubi Menenius Agrippa in monte Sacro[1] fuit, plebeios ad se vocavit et oravit: „Venite Romam[2], viri boni! Facite pacem cum patriciis!
3 Tota urbs in magno periculo est, nam tuti ab hostibus non iam sumus." Sed plebei: „Patricios iniurias facere scimus. Patricios homines superbos esse videmus. Hominibus autem superbis non
6 paremus!" Tum Menenius: „Et patricii et plebei urbem defendere debent. Credite mihi, viri boni! Audite fabulam[3] …"

Menenius erzählte den Plebejern die Geschichte vom Magen und den Gliedern: Die Glieder wollten einst dem Magen nichts mehr zuführen, weil dieser immer nur nahm, aber nie etwas gab. Als aber infolge des Hungerns eine Schwächung des gesamten Körpers eintrat, sahen die Glieder ein, dass auch der Magen eine wichtige Funktion hatte, und gaben ihm fortan wieder zu essen.

Tum plebeis placuit Menenio parere Romamque petere.
9 Ita Menenius urbem servavit.
(nach Livius, Ab urbe condita)

1 mōns Sacer Heiliger Berg (Zufluchtsort der Plebejer)
2 Rōmam nach Rom
3 fābula Geschichte

1 Analysiere die Verbformen, die Menenius verwendet, im Gegensatz zu denen, die die Plebejer benutzen. Was kannst du daraus schließen?

2 Mit welchem Argument will Menenius die Plebejer zur Rückkehr bewegen (Z. 1–7)?

3 Die Plebejer verstanden, was Menenius ihnen sagen wollte. Du auch? Übertrage die Geschichte vom Magen und den Gliedern auf die Verhältnisse in Rom.

Bronzestatuette eines römischen Liktors mit den fasces. *Um 20 v. Chr. London, British Museum.*

Aus der Geschichte Roms

11

Der gefürchtetste Feind der Römer war der karthagische Feldherr Hannibal. Nachdem sein Vater Hamilkar gefallen war, wählte das Heer 221 v. Chr. unter großem Jubel dessen Sohn Hannibal zum Nachfolger als Heerführer. Er war gerade einmal 26 Jahre alt! Im Verlauf des Zweiten Punischen Krieges (218–201 v. Chr.) fügte er den römischen Truppen in mehreren Schlachten furchtbare Niederlagen zu – und brachte damit Rom an den Rand des Abgrunds.

Hannibal hatte von klein auf als Soldat beim Heer gelebt. In jungen Jahren war er mit seinem Vater nach Spanien gezogen und hatte sich dort sogleich bewährt.

Er war beliebt unter den Soldaten und von allen geachtet:

„Sie kannten keinen Feldherrn, dem sie mehr vertrauten, für den sie mehr wagten. Er war äußerst kühn, wenn es galt gefährliche Aufträge zu übernehmen. Keine Anstrengung konnte seinen Körper ermüden und seinen Mut besiegen.

Gleich groß war seine Ausdauer in Hitze und Kälte. Viele haben ihn gesehen, wie er zwischen Wachen und Soldatenposten auf der Erde schlief, oft nur mit einem Militärmantel zugedeckt. Als Erster zog er in den Kampf, als Letzter verließ er die beendete Schlacht."

Mit solch bewundernden Worten bedachte ihn selbst der römische Historiker Livius.

Antike Quellen berichten aber auch, dass Hannibal von seinem Vater zum ewigen Hass auf die Römer erzogen wurde. Als er neun Jahre alt war, soll er feierlich – mit erhobener Hand vor dem Altar des höchsten karthagischen Gottes Baal stehend – geschworen haben, niemals einen guten Gedanken an die Römer zu verschwenden und erst dann Ruhe zu geben, wenn das feindliche Rom endgültig besiegt sei.

John Leech: Hannibals Schwur. Karikatur um 1850.

G Romani, ubi Collatinos (die Collatiner) viderunt, in forum cucurrerunt et ita dixerunt:
„Cur ad nos venistis, Collatini? Cur arma cepistis?"
3 „Num Romani vobis iniurias fecerunt?"
„Cur tu, Brute, Collatinos in urbem duxisti?"
„Deponite arma, viri! Nos cum amicis pugnare non cupimus."
6 Tum Brutus accessit et de sorte Lucretiae dixit.

Perfekt (-s-, Dehnung, Reduplikation, ohne Stammveränderung) – Personalpronomen

Hannibal ante portas

Hannibal hielt seinen Schwur und setzte den Kampf seines Vaters Hamilkar gegen Rom mit aller Anstrengung fort. Im Jahr 218 v. Chr. überquerte er von Spanien aus völlig überraschend mit dem gesamten Heer die vereisten Alpen und stand plötzlich in Italien. Die Römer leisteten Widerstand, doch vergeblich: Nach mehreren Niederlagen gegen die Punier verloren sie schließlich bei Cannae 216 v. Chr. trotz zahlenmäßiger Überlegenheit fast das gesamte Heer. Der Weg nach Rom war für Hannibal frei.

Uxores Romanorum, postquam Hannibalem legiones Romanas vicisse et pepulisse audiverunt, totam urbem vocibus suis compleverunt. In forum cucurrerunt et de sorte sua narraverunt.
Uxor quaedam[1]: „Di[2] boni, adeste mihi miserae! Cuncti filii mei in agmine nostro steterunt, cum hoste pugnaverunt, patriam defenderunt. Num filios amisi?" Alia autem uxor: „Cur tu te miseram vocas? Tibi dei multos filios dederunt – et maritum tuum in urbe mansisse nos quoque animadvertimus. Ego autem maritum non iam habeo mihique unus filius vivus restitit. Non solum tu, sed etiam nos saluti virorum nostrorum timemus[3]!"
Etiam senatores statim in curiam convenerunt, cum consulibus de sorte urbis consuluerunt: Unus e senatoribus ita dixit: „Hannibal magnis laboribus milites elephantosque[4] per Alpes in Italiam duxit, multa oppida cepit, legiones nostras vicit, milites Romanos expulit – nunc certe Romam contendere instituit et caput nostrum capere cupit. Nobis autem opes non iam sunt. Magna calamitas nos premit. Equidem ita censeo: Aperite portas victori!" Censor autem respondit: „Ego vero sententiam tuam non probo. Hannibal nos proelio vicit, sed victor belli non est. Moenia Romae alta sunt. Cuncti Romani urbem armis servare debent!"

(nach Livius, Ab urbe condita)

1 quaedam eine
2 dī ~ deī
3 timēre *m. Dat.* fürchten um
4 elephantus: vgl. Bild

Innenbild einer kampanischen Schale. 3. Jh. v. Chr. Rom, Museo Etrusco di Villa Giulia.

Hannibal verzichtete aber auf einen Angriff gegen Rom.

1 Thematik erschließen
Informiert euch zunächst mit Hilfe der deutschen Einleitung über die Vorgeschichte von **T** und stellt dann Vermutungen darüber an, über welches Thema nun in Rom diskutiert wird.

2 Textstrukturen erkennen
Ermittle vor der Übersetzung, welche Personen in den beiden Abschnitten von **T** sprechen und über welche Personen sie reden; beachte dazu vor allem die Eigennamen und die Substantive.

3 Szenisch darstellen
Stellt die Situation der uxores im ersten Abschnitt von **T** in einem Standbild dar.

4 Zu welcher Zeile aus **T** passt das Tellerbild?

5 In welche zwei Lager waren die Senatoren gespalten? Wie lassen sich beide Haltungen begründen (Z. 11–21)? Welche Haltung zu diesen Standpunkten könnten die uxores einnehmen?

6 Ergebnisse kooperativer Arbeit präsentieren
Sammelt Argumente für und gegen die Kapitulation der Römer. Orientiert euch dabei an den unterschiedlichen Standpunkten der Senatoren in **T**. Arbeitet eure Argumente zu einer kleinen Rede aus. Wählt einen Redner, der sie vorträgt.

11

> Quintus tristis (traurig) est. Marcus: „Quid est?" Quintus: „Puellam amo." Marcus: „Bene est. Cur tristis es?" Quintus: „Ego puellam amo, sed puella me non amat. Ego puellae dona do, sed puella mihi nihil (nichts) dat. Ego semper de puella cogito, sed puella numquam de me cogitat."

A Schreibe alle neuen Perfektformen aus **T** heraus. Gib jeweils den Infinitiv an und bilde die entsprechende Präsensform.

B Zerlege die folgenden Formen in Perfektstamm und Endung. Gib an, welche Perfektbildung vorliegt, und nenne den Infinitiv Präsens. Übersetze die Formen.
mansimus – risisti – convenerunt – pepulit – vidistis – fecimus – aspexisti – animadverti – dedistis – expulerunt – restitit – reliquerunt – accessi – veni – misit

C Lateinische Sprichwörter kennenlernen
1. ALIUD EST DICERE, ALIUD FACERE.
2. LABOR OMNIA VINCIT. omnia alles
3. VENI, VIDI, VICI.

D Mehrdeutige Formen bestimmen
Welche der folgenden Formen können sowohl Perfekt als auch Präsens sein? Bestimme jede Form:
respondit – defendi – reliquit – venit – vidit – animadvertit – narravisti – instituunt

E Sprachenvergleich nutzen
Welche Wörter gehören zusammen?

amicus	italienisch	sempre
	deutsch	*sehen*
videre	französisch	homme
	deutsch	*Tempel*
homo	italienisch	amico
	deutsch	*eintreten*
semper	italienisch	tempio
	deutsch	*Freund*
templum	spanisch	entrar
	deutsch	*Mensch*
intrare	französisch	voir
	deutsch	*immer*

F Vervollständige die Sätze, indem du jeweils eine passende Subjunktion und ein passendes Prädikat auswählst. Übersetze die Sätze.
Subjunktionen: ubi – postquam – si – quod
Prädikate: vicit – aspexerunt – duxit – volumus

1. Multi Hannibalem magnum hostem vocant, ___?___ milites elephantosque per Alpes ___?___.
2. Milites Romani, ___?___ elephantos ___?___, saluti suae timuerunt (fürchten um).
3. ___?___ Hannibal magno proelio legiones Romanas ___?___, multi senatores portas urbis aperire voluerunt.
4. Alii senatores autem: „___?___ Romam servare ___?___, urbem defendere debemus."

G Setze die folgenden Formen passend in den Text ein und übersetze:
vos – nobis – magnos – mihi – nos

Milites Hannibalis: „Quo (wohin) ___?___ ducis, Hannibal? Iam multos comites amisimus!" Hannibal militibus respondet: „___?___ labores non ignoro. ___?___ per montes Alpium in Italiam duxi. Credite ___?___: Italia ___?___ patet!"

H Irrläufer gesucht! Übersetze auch alle Formen:
1. moenia – oppida – sententia – itinera
2. tacete – audi – arma – vince – credite
3. repente – ripam – subito – statim – circiter

I Wortfelder erkennen
Führe jeweils drei Begriffe zu einem Wortfeld zusammen und gib jedem Wortfeld eine passende Überschrift:
arma – aqua – mater – sacrum – taberna – deus – thermae – hostis – pater – pecunia – templum – mercator – victor – frigidarium (Kaltwasserbad) – liberi

J Sachfelder bilden
Stelle aus Wortschatz 10 und 11 Vokabeln zu den Sachfeldern „Kampf / Krieg" und „Sprache / Sprechen" zusammen. Strukturiere jeweils die Vokabeln nach ihrer Wortart.

K Bildquellen erschließen
Hannibals Übergang über die schneebedeckten Alpen stellte für die damalige Zeit eine unglaubliche militärische Leistung dar. Bis heute versuchen Forscher den genauen Weg Hannibals nachzuzeichnen.
1. Welcher Punkt des Feldzugs ist auf dem Bild rechts erreicht? Woran erkennst du dies?
2. Wie wirkt Hannibal, wie wirken seine Soldaten auf den Betrachter? Gib eine kurze Beschreibung.

L Sprachparallelen nutzen
Lateinische Verben der a-Konjugation (-are) enden im **Französischen** auf -er (Aussprache: ē); viele Verben der i-Konjugation (-ire) enden im Französischen auf -ir.
1. Bilde demnach die französischen Infinitive zu portare, liberare, venire und munire.
2. Welche lateinischen Infinitive stecken in den französischen Verben *narrer* und *aimer*?

Kurt Miller: Hannibal Crossing the Alps. 2008.

Interview mit Hannibal

Z Ein junger Mann führt ein fiktives Interview mit Hannibal zur Zeit des Zweiten Punischen Krieges zwischen Rom und Karthago (Carthāgō, inis *f*). Es geht vor allem um die Hintergründe seines spektakulären Feldzugs über die Alpen …

Adulescens: „Magno cum agmine militum et multis cum equis elephantisque Carthaginem reliquisti, Hannibal. Nunc in Italiam
3 venisti, sed multa arma, bestias, milites amisisti. Cur magnis cum laboribus iter per Alpes fecisti?" Hannibal: „Romanos terrere volui: Agmen per Alpes duxi, cunctos hostes vici, multa oppida cepi.
6 Nunc Romani nos timent, nunc Italia nobis patet." Adulescens: „Militesne tibi semper paruerunt?" Hannibal: „Ita est. Equidem magnos labores belli suscepi[1] – sicut[2] milites mei. Itaque me amant
9 mihique parent." Adulescens: „Cur Romanos armis petitis?" Hannibal: „Romani cum legionibus Italiam relinquere et terras alienas[3] petere non dubitant. Etiam Carthaginem capere cupiunt; itaque
12 Romanos vincere debeo."

1 suscipere *(Perf.* suscēpī*)* auf sich nehmen – 2 sīcut wie – 3 terrae aliēnae fremde Länder

Hannibal. Marmorskulptur von François Girardon. 17. Jh. Paris, Musée du Louvre.

1 Aussagen bewerten
Wie sieht sich Hannibal selbst? Gehe bei deinen Überlegungen von den Verbformen in seinen Äußerungen aus.

Aus der Geschichte Roms

„Du verstehst zu siegen, Hannibal. Den Sieg zu nutzen aber verstehst du nicht!" So soll ein karthagischer Offizier zu seinem Feldherrn Hannibal gesagt haben. Dieser hatte nämlich trotz all seiner Siege in Italien nicht die Eroberung Roms in Angriff genommen. Nach jahrelangem Kleinkrieg setzten schließlich 204 v. Chr. römische Truppen unter dem Kommando des Publius Cornelius Scipio nach Afrika über. Hannibal, der seit dem Sieg bei Cannae keine entscheidenden Erfolge mehr erzielen konnte, musste daraufhin Italien unbesiegt verlassen und zur Verteidigung seiner Heimat nach Afrika zurückkehren.

Zwei Jahre später gelingt Scipio bei Zama der entscheidende Sieg über das punische Heer. Karthago, die große Rivalin, ist besiegt. Scipio wird in Rom begeistert empfangen und als großer Held gefeiert. In den folgenden Jahren bekommt er die höchsten politischen Ämter und erringt weitere militärische Erfolge.

Doch die Neider lassen nicht lange auf sich warten und verwickeln Scipio in Prozesse, sodass er schließlich Rom verlassen muss. 183 v. Chr. stirbt er auf seinem Landgut in Kampanien.

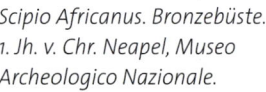

Scipio Africanus. Bronzebüste. 1. Jh. v. Chr. Neapel, Museo Archeologico Nazionale.

G Certe iam audivistis de Hannibale,
   qui milites suos in Italiam duxit,
3 cuius milites Italiam intrare non dubitaverunt,
   cui milites semper paruerunt,
   quem Romani diu timuerunt.
6 Romanos diu terruit Hannibal,
   de quo certe iam audivistis.
   Multa oppida Italiae Hannibalem (hostes) non prohibuerunt.
9 Quem (Quos) ubi viderunt, statim portas aperuerunt.

Relativpronomen – Relativsatz als Attribut – Relativer Satzanschluss

Wer besiegte Hannibal?

Aulus und Titus müssen in der Schule ein Referat über den berühmten Feldherrn Scipio halten.

Aulus: „Vos iam de Publio Cornelio Scipione, qui magnus imperator Romanus fuit, audivistis. Quem Africanum appellamus, quia Poenos, quorum patria Africa est, subiecit.
Imprimis Hannibal, imperator Poenorum, cuius elephanti[1] homines etiam in Italia terruerunt, milites Romanos multis proeliis vicit. Itaque non erramus, si dicimus Hannibalem magnum hostem populi Romani fuisse. Scipio denique Hannibalem, quem Romani timuerunt, superare potuit. Quis nescit Scipionem victoria sua Romam a magno periculo servavisse? Senatores igitur Scipioni triumphum[2] decreverunt, quo virtutem et facta imperatoris laudaverunt. Neque tamen Scipioni, qui populum Romanum servavit, in urbe manere licuit. Propter crimen falsum[3], quo senatores Scipionem accusaverunt, Romam reliquit."
Tum Titus: „Vobis de familia Scipionis narrare volo. Scipioni uxor clara fuit, filia imperatoris Luci Aemili Paulli. Etiam Cornelia, filia Scipionis, clara fuit. Multi dicunt Corneliam, cui duodecim[4] liberi fuerunt, exemplum bonae uxoris matrisque fuisse. Quae post mortem mariti non desperavit, sed familiam sola curavit. Imprimis Tiberio et Gaio[5] filiis semper consiliis bonis adesse studuit."
Magister[6] multa, quae pueri de vita Scipionis narraverunt, laudat.
Tum dicit: „Munus vestrum est cuncta, quae audivistis, repetere[7]."
Denique pueros dimittit. Qui gaudent, nam ad thermas contendere volunt.

1 elephantus: *vgl. Fw.*
2 triumphus Triumphzug (Siegeszug durch die Stadt zum Kapitol)
3 crīmen falsum: *Scipio wurden von seinen Gegnern Bestechung und Unterschlagung von Geld vorgeworfen.*
4 duodecim zwölf *(nur drei Kinder überlebten)*
5 Tiberiō et Gāiō: *gemeint sind Tiberius und Gajus Gracchus (s. Eigennamenverzeichnis)*
6 magister Lehrer
7 repetere wiederholen

1 Römische Wertvorstellungen erkennen
Scipio Africanus galt als Ideal eines vorbildlichen Römers. Erkläre, ausgehend von **T**, durch welche Eigenschaften und Leistungen sich aus der Sicht der Römer ein solches Vorbild auszeichnet.

2 Beschreibt die Büste Scipios (S. 60). Überlegt, welche Charaktermerkmale hervorgehoben werden sollen. Zu welcher Zeit, in welcher Situation seines Lebens könnte die Büste entstanden sein? Nehmt Informationen aus **T** zu Hilfe.

3 Personen charakterisieren
Erstellt anhand der Informationen aus **T** jeweils ein Porträt des Scipio und der Cornelia. Ergänzt die Informationen durch weitere Quellen.

4 Auch Cornelia galt als Vorbild. Welche ihrer Eigenschaften machten sie in den Augen der Römer zu einer vorbildlichen Frau?

Severino Baraldi: Der Feldherr Scipio trifft den Feldherrn Hannibal. 20. Jh. Privatsammlung.

Aus der Geschichte Roms

> Maritus Terentiae cum hoste pugnavit. Terentia maritum, qui cum hoste pugnavit, amisit. Amicus Terentiam, cuius maritus mortuus (tot) est, visitat (besucht) et de sorte mariti narrat. Tum amicus uxori epistulam (Brief) mariti dat. Terentia, cui amicus epistulam mariti dat, lacrimas non tenet.
> Terentia epistulam legit (liest). Maritus in epistula, quam Terentia legit, multa de filio filiaque scripsit (hat geschrieben). Terentia filium filiamque, de quibus pater multa scripsit, vocat. De sorte patris narrat.

A Schreibe alle Relativpronomina aus **T** heraus. Nenne jeweils das Bezugswort. Was unterscheidet die Relativpronomina in Z. 2, 17 und 22 von den übrigen?

B Wandle die Sätze nach dem folgenden Muster um. Übersetze dann.
Beispiel: Philippus tabernam intrat (Philippus vinum emere cupit). Philippus, qui vinum emere cupit, tabernam intrat.

1. Thermae magnae sunt (Lucius thermas intrat). 2. Lucius gaudet et ridet (Amici Lucii iam adsunt). 3. Lucius mercatores non videt (Mercatores turbam appellant). 4. Atia hodie ad forum properat (Atia est amica Lucii). 5. Ibi Atia amicas videt (Cum amicis semper tabernas intrat). 6. Postea cum Lucio equos spectat (Equi in Circo Maximo currunt).

C Ergänze die Lücken durch einen relativen Satzanschluss. Übersetze dann.
1. Ad Tiberim Faustulus Romulum et Remum aspicit. ___?___ lupa (Wölfin) servavit et aluit. 2. Faustulus pueros Accae uxori dat. ___?___ statim Romulum et Remum tenet et liberos suos vocat. 3. Postea Remus murum Romuli ridet. ___?___ subito fratrem petit et necat.

D Lateinische Sprichwörter kennenlernen
1. MULTUM, NON MULTA.
2. QUOD LICET IOVI, NON LICET BOVI.
bovī dem Rind

E Bilde zusammenhängende Sätze, indem du wie im folgenden Beispiel jeweils einen zweiten Satz zum AcI machst. Übersetze dann.
Senator narrat: „Hannibal milites per Alpes in Italiam duxit." → Senator Hannibalem milites per Alpes in Italiam duxisse narrat.
1. Senator dicit: „Imperator Poenorum legiones nostras vicit."
2. Mulieres Romanae putant: „Hannibal certe caput nostrum contendere cupit."
3. Senator alius censet: „Hannibal victor belli non est."

F Mehrdeutige Verben erschließen
1. Marcus forum petit. Hostes urbem armis petunt. 2. Acca pueros ad se vocat. Acca pueros liberos suos vocat. 3. Amici adsunt. Amici mihi adsunt.

G Was gehört zusammen?
1. rege   A. tuae
2. imperatorum   B. ultimo
3. iter   C. multos
4. moenibus   D. clarorum
5. patrem   E. magnum
6. virtutis   F. altis
7. sortes   G. miseras
8. viros   H. nostrum

H Kasusrektion beachten
cibo carere – keine Nahrung haben
Stelle nach diesem Beispiel drei Wendungen mit Verben zusammen, die im Deutschen einen anderen Objektskasus haben als im Lateinischen.

I Entschlüssle den folgenden Spruch und erkläre seinen Sinn:

MULTOS TIMET QUEM MULTI TIMENT

Wer besiegte Hannibal?

J Substantivierung beachten
Achte bei der Übersetzung insbesondere auf die Bedeutung der Adjektive und Pronomina.
1. Multa de Romanis narro. 2. De bonis et malis cogitamus. 3. Patrem suos amare scimus. 4. Cuncti victoria gaudent. 5. Audivimus nostros bene pugnavisse. 6. Multi miseris adsunt.

K Bedeutungsentwicklung beachten
Wörter verändern häufig ihre Bedeutung, weil sich die Sache ändert, die sie bezeichnen.
Schreibe alle Mitglieder der **familia** der Aquilier auf, die du in den Lektionen 5 bis 7 kennengelernt hast. Was steht in deinem Geschichtsbuch über die römische familia? Vergleiche damit, welche Leute zu deiner Familie gehören.

Rekonstruktionszeichnung von Karthago im 2. Jh. v. Chr.: Die Größe der Stadt war gewaltig; dreimal so groß wie Rom zählte sie über 150 000 Einwohner. Welchen Eindruck musste die Stadt auf den Betrachter machen? Beschreibe ihr Aussehen.

Rom oder Karthago?

Z Der einflussreiche Politiker Marcus Porcius Cato warnte die Römer nach Scipios Sieg über die Punier vor verfrühter Freude.

Postquam Scipio Poenos in Africa vicit, senatores Romani facta victoris multis verbis laudaverunt: „Virtus tua, qua hostem vicisti,
3 sine exemplo est." „Tu Poenos, qui magno cum agmine militum nostros petiverunt, non solum in Africa, sed etiam uno proelio superavisti." „Audivimus ne elephantos quidem te terruisse, quos
6 Poeni secum¹ duxerunt."
M. Porcius Cato autem ita dixit: „Cur Scipio in Africa non remansit, cur Carthaginem² non petivit, cur caput Poenorum non delevit³,
9 cur Hannibalem, imperatorem Poenorum, non cepit? Qui non solum vivit, sed iam de novo⁴ bello cogitat. Dum⁵ Carthago muros habet, victoria paceque gaudere nobis non licet.
12 Ceterum censeo Carthaginem esse delendam!"
(Im Übrigen meine ich, dass Karthago zerstört werden muss.)

1 sēcum mit sich
2 Carthāgō, Carthāginis *f* Karthago
3 dēlēre *(Perf.* dēlēvī*)* zerstören
4 novus, a, um neu
5 dum solange

1 Zeige, wie sich die Bewunderung der Senatoren u. a. in den Satzarten widerspiegelt. Mit welchen sprachlichen Mitteln unterstreicht Cato seine Kritik?

2 Fasse die Aussagen der Senatoren und Catos jeweils in zwei oder drei sachlich berichtenden Sätzen zusammen. Vergleiche dann damit die sprachliche Ausgestaltung in **Z**.

13

Die Beziehung zwischen Julius Cäsar und Kleopatra, der letzten Königin Ägyptens, war schon für die Zeitgenossen wie auch für die Nachwelt ein vieldiskutierter Gesprächsstoff. Dies lag vor allem daran, dass beide in ihrer Art faszinierende Persönlichkeiten waren.

Gajus Julius Cäsar wurde 100 v. Chr. geboren und stammte aus einer der angesehensten Adelsfamilien. 59 v. Chr. wurde er Konsul. Um seine ehrgeizigen Ziele durchzusetzen, war ihm beinahe jedes Mittel recht. So eroberte er in den Jahren 58 bis 51 v. Chr. Gallien und dehnte den römischen Machtbereich weit nach Norden aus. Zu dieser Zeit stand er in Rom in höchsten Ehren, doch hatte er sich durch sein rücksichtsloses Vorgehen auch viele Feinde gemacht. Es kam zum Bürgerkrieg zwischen Cäsar und Pompejus, dem neben Cäsar mächtigsten Mann in Rom, der schließlich mit der Niederlage des Pompejus und dessen Flucht nach Ägypten endete, wo er durch Verrat ermordet wurde (48 v. Chr.).

Bei der Verfolgung seines Gegners gelangte auch Cäsar nach Ägypten, wo er in Alexandria auf Kleopatra traf, die mit ihrem Bruder Ptolemaios im Streit um die Herrschaft in Ägypten lag. Der gleichermaßen skrupellosen wie faszinierenden Kleopatra gelang es, Cäsar für sich zu gewinnen: Dieser stellte sich nicht nur im Streit um den Thron auf ihre Seite, sondern ging auch eine Beziehung zu ihr ein. Sie schenkte ihm einen Sohn mit Namen Kaisarion und folgte Cäsar 46 v. Chr. nach Rom, das sie jedoch nach dessen Ermordung (15. 3. 44 v. Chr.) wieder verließ.

Auch in den folgenden politischen Auseinandersetzungen spielte sie eine wichtige Rolle, bis sie schließlich im Jahr 30 v. Chr. Selbstmord beging.

Szenenbild aus dem Zeichentrickfilm „Asterix und Kleopatra". Frankreich / Belgien 1968.

G Antonia und Atia warten auf dem Forum. Antonia will Atia ihren neuen Freund vorstellen: Ubi Titus est? Subito Antonia eum videt. Antonia gaudet: „Adest!" Sed Atia eum non cognoscit; itaque rogat: „Ubi est?"
3 „Nonne vides eum puerum, qui ante basilicam stat? Nunc Titus ad puellas accedit et Antoniae flores (Blumen) dat. Antonia erubescit (errötet). Atia autem Titum spectat. Titus magnus, fortis, nobilis est. Vox eius Atiae placet, oculi eius rident. Titus oculos suos in
6 Atiam convertit. Tum etiam Atia erubescit.

Cäsar im Banne Kleopatras

T Anstatt sich weiter um seine Gegner zu kümmern, hatte Cäsar, der Sieger über Pompejus, nur noch Augen für Kleopatra, die schöne Königin der Ägypter. In Rom begann man sich Sorgen zu machen.

Magnum numerum hominum in forum convenire videmus; de Caesare atque Cleopatra verba vehementia faciunt:
3 – Num is vir, qui imperatoribus pristinis virtute praestitit, propter eam mulierem in Aegypto manere vult? Num ea, quae audimus, vera sunt? Etsi multi potentem, omnes pulchram eam vocant,
6 mulier est. Num mulier plus valet quam potentia imperatoris fortis? Num id credere licet? Victorem totius Galliae mulieri parere puto.
– Multi te, imperator nobilis, servum Cleopatrae vocant; nam cum
9 apud reginam[1] es, ei placere studes eamque magnis donis delectas. Ita facile ei est te in Aegypto tenere. Aegyptum relinquere non vis, quamquam fratrem Cleopatrae[2] vicisti pacemque iam paravisti.
12 – Num Caesar morte Pompei contentus est? Nonne omnia consilia inimicorum perspicit? Nonne bellum novum et celere, nonne victoriam celerem inimicorum timet? Ii magnas copias parare
15 instituerunt, dum Caesar cum Cleopatra nave iter per Nilum facit.
– Num monumenta Aegypti apud Caesarem plus valent quam victoriae? Caesar, si patriam servare et imperium temperare vult,
18 statim discedere ex Aegypto debet.
– Cleopatra Caesarem et corpore pulchro et ingenti copia auri aliisque illecebris[3] sibi adiunxit. Omnia, quae facit, timere
21 debemus, quia non solum regnum Aegypti, sed etiam Romam tenere studet. Multis e nuntiis conicio: Ea mulier non Caesarem amat, sed potius eius potentiam.

Königin Kleopatra VII. Philopator (69–30 v. Chr.). Marmorbüste mit Resten einer Goldgrundierung im Haar. Um 30 v. Chr. Berlin, Antikensammlung.

1 rēgīna Königin
2 frātrem Cleopatrae: Ptolemaios XIII., der die Römer in Alexandria angreifen ließ
3 illecebra Verlockung

1 Der Text gliedert sich in vier Abschnitte (Z. 1–2 / Z. 3–11 / Z. 12–18 / Z. 19–23). Fasse kurz den Inhalt jedes Abschnittes zusammen.

2 Argumente beurteilen
Die Vorwürfe gegenüber Cäsar betreffen sowohl ein persönliches Fehlverhalten Cäsars als auch mögliche Gefahren für den Staat. Ordne die in **T** genannten Vorwürfe diesen beiden Bereichen zu. Welche hältst du für schwerwiegender?

3 Welche Vorstellungen darüber, wie sich ein Mann, vor allem ein bedeutender Politiker und Feldherr, gegenüber Frauen verhalten soll, werden aus den Vorwürfen gegenüber Cäsar deutlich?

4 Text und Bildquellen vergleichen
Der Historiker Christian Meier schreibt in seinem Cäsar-Buch über Kleopatra:
„Sie war nicht eigentlich schön, wenn man nach den überlieferten Porträts urteilen darf, die Nase in der Tat beachtlich, an der Spitze etwas eingebogen, die Lippen sehr voll. Aber sie muss Cäsar bezaubert haben … Kleopatra war aber zugleich eine hochgebildete Frau, sprach viele Sprachen wie ihre Muttersprache. Sie war politisch von überragender Klugheit, verschlagen, zu jeder Intrige fähig. Bestrickend seien ihre Umgangsformen gewesen, unwiderstehlicher Reiz sei von ihr ausgegangen und habe jeden in seinen Bann geschlagen. Alle ihre körperlichen Vorzüge stellte sie in den Dienst ihrer Politik."

a) Welche Informationen über Kleopatra stimmen mit **T** überein? Was erfährst du darüber hinaus über Kleopatra?
b) Vergleiche die Büste Kleopatras mit der Comic-Zeichnung (S. 64): Gib die Unterschiede an. Erkläre sie.

Aus der Geschichte Roms

Titus – das war der gut aussehende neue Freund von Antonia (vgl. **G**, S. 64). Auch Atia, der Freundin Antonias, hatte er bei der ersten Begegnung gut gefallen.
Atia semper de Tito cogitat, postquam eum in foro vīdit. Sed Titus, quia Antoniam amat, de Atia non cogitat. Itaque Atia dolet.
Lucius cum Atia circum visitat (besucht). Sed Atia, ubi in circum venerunt, Antoniam et Titum videt. Quamquam (obwohl) Lucius multa de equis et de praemiis narrat, ea amicum non audit. Lucius, dum narrat et narrat et narrat …, Antoniam et Titum accedere non videt. Qui, ubi accesserunt, Atiam et Lucium salutant (grüßen). Atia erubescit (errötet). Tum Antonia, quae circum amat, cum Lucio equos spectat. Sed Titus, quod circum non amat, cum Atia homines, qui in circo sunt, spectat et ridet. Atia gaudet.

A Suche den Irrläufer:
1. doni – genti – vehementi – multo – altae – viro – saluti
2. potentium – tutum – vocum – carminum – insidiarum
3. moenia alta – tota gens – magna voce – reges boni

B Dekliniere im Singular und Plural.

   vir nobilis   oratio vehemens
         ingens periculum

C Fremdsprachige Texte erschließen
Erschließe den Inhalt des folgenden italienischen Textes zum Forum Romanum. Welche lateinischen Wörter erkennst du? Welche Wörter, die du noch nicht gelernt hast, kannst du erschließen?
Ecco il Foro Romano. Vediamo il centro politico, religioso, economico, giudiziario e sociale della Roma antica. Questi sono i pochi resti dei tempi, basiliche, archi trionfali e della curia, la sede del senato Romano.

D Verbinde die Aussagen sinnvoll. Ergänze auf der linken Seite eine der angegebenen Subjunktionen. Übersetze die Sätze dann.
quod (quia) – cum – postquam – dum – etsi – quamquam – si – ubi

1. ___?___ Romani de scelere filii regis audiverunt,
2. ___?___ lupa (Wölfin) pueros servavit et aluit,
3. ___?___ Scipio Hannibalem in Africa vicit,
4. ___?___ pueri bene respondent,
5. ___?___ tuti ab insidiis esse vultis,
6. ___?___ inimici novas copias paraverunt,

a) Faustulus eos Accae uxori dedit.
b) iram non iam tenuerunt.
c) magister (Lehrer) eos laudat.
d) tamen Caesar apud Cleopatram mansit.
e) Tarquinios superbos expellere debetis.
f) Romani eum Africanum appellant.

E Füge die Infinitive passend ein und übersetze:
delectavisse, amare, praestare
1. Homines Caesarem cunctis imperatoribus ___?___ dicunt.
2. Homines Caesarem Cleopatram donis ___?___ dicunt.
3. Homines Cleopatram non Caesarem, sed eius potentiam ___?___ dicunt.

F Wortfamilien zusammenstellen
Suche „Mitglieder" der gleichen Wortfamilie zu imperium, vocare, scire, mittere, labor, nex, orare, libertus und clamare.
Das Register kann dir ggf. helfen. Bestimme auch die Wortart der einzelnen Wörter.

G 1. Sortiere nach folgenden Gesichtspunkten:
a) Präpositionen mit Akk.
b) Präpositionen mit Abl.
c) Adverbien
in – ante – e/ex – in – sine – certe – per – ad – bene – a/ab – de – post – vero – pro – propter – subito – hodie – apud – cum – post

2. Erkläre die Bedeutung der folgenden Wörter:
prowestlich – Exminister – postmortal – abnormal

H Wortfelder zusammenstellen
Suche aus **T** 13 Adjektive, die sich wegen ihrer gleichen oder ähnlichen Bedeutungen zu Synonympaaren zusammenstellen lassen. Dein Banknachbar hilft dir dabei.

Cäsar im Banne Kleopatras

Karl von Piloty: Die Ermordung Cäsars. 1865–1867. Hannover, Niedersächsisches Landesmuseum.

Die Ermordung Cäsars

Nach dem Sieg über Pompejus benahm sich Cäsar wie ein Alleinherrscher. Mehr und mehr Stimmen in Rom erhoben sich daher gegen seine Macht:

„Caesar, cuius ingentem potentiam timemus, regnum capere vult."
„Tarquinius rex ultimus non fuit: Nam Caesar rex novus esse
3 cupit." „Quod si prohibere volumus, Caesarem necare debemus."

Schließlich in der Senatssitzung des 15. März 44 v. Chr. …

Senatores, postquam in curiam convenerunt, Caesarem exspecta-
verunt. Qui curiam petere dubitavit, quod Calpurnia uxor eum
6 verbis vehementibus monuit[1]: „Ea nocte somnium[2] me terruit:
Te mortuum[3] vidi. Mane hic, Caesar, quia saluti tuae timeo[4]!"
Paulo post Brutus senator ad aedes Caesaris venit eumque rogavit:
9 „Ubi es, Caesar? Cur in curiam non venis? Senatores te exspectant."
Quamquam Calpurnia maritum tenere studuit, is denique cum
Bruto curiam petivit. Quam dum Caesar intrat, senatores surrexe-
12 runt eumque salutaverunt[5].
Unus e senatoribus … *(nach Sueton, Divus Iulius)*

1 monēre mahnen, warnen
2 somnium Traum
3 mortuus, a, um tot
4 timēre *m. Dat.* fürchten um
5 salūtāre begrüßen

1 Vollende den letzten Satz auf Deutsch. Betrachte dazu das Bild oben:
Was sollte der Senator, der unmittelbar vor Cäsar kniet, tun?
Wie ist Cäsar schließlich ermordet worden? Beschreibe die Beteiligten.

Aus der Geschichte Roms

14

Reisen auf See war in der Antike immer ein Wagnis. Da die Schiffe nur geringen Tiefgang hatten, konnten sie leicht kentern.

Zwar gilt das Mittelmeer als ruhiges Meer; aber bei Stürmen können doch hohe und gefährliche Wellen entstehen. Die antiken Seefahrer scheuten das Kreuzen auf offenem Meer und fuhren in Sichtweite der Küste. Gefährlich war das Reisen zur See auch wegen der Seeräuber, die zwischen den zerklüfteten Ufern lauerten, um die Schiffsladungen zu rauben und die Passagiere zu versklaven. Oft wurden Menschen auch als Geiseln genommen, um Lösegeld von den Angehörigen zu erpressen.

Im Jahre 67 v. Chr. sah sich der Senat in Rom gezwungen, den tüchtigen Feldherrn Pompejus mit dem Oberbefehl über das gesamte Mittelmeer zu betrauen. Pompejus hatte sich bereits militärischen Ruhm erworben, vor allem bei der Bekämpfung des römischen Feldherrn Sertorius, der in Spanien eine gefährliche Revolte gegen Rom angezettelt hatte, und bei der Niederschlagung des von Spartakus angeführten Sklavenaufstandes. Pompejus wurde auch der neuen Aufgabe gerecht: In nur drei Monaten wurde er Herr der Lage und befreite das Reich von der Plage der Seeräuber.

1 Informiere dich und erkläre folgende Fachbegriffe:
Galeere – Rammsporn – Triere – Enterbrücke

2 Beschreibe die Situation auf dem Bild. Mit welchen Gefahren mussten Matrosen, Soldaten, Passagiere und Ruderer rechnen?

Severino Baraldi: Seeschlacht. Aquarell. 20 Jh. Privatbesitz.

G 1. Iter facere pulchrum est.
Apud Romanos iter facere pulchrum non erat.
3 Ii, qui hodie iter faciunt, pauca (wenige) solum pericula timent.
Romani, qui iter faciebant, multa pericula timebant.
Itaque sine comitibus itinera non faciebant.
6 2. Prima luce Publius ad forum ibat. Subito Marcum amicum vidit; eum adiit: „Quo (wohin) is, Marce?" Marcus: „In circum ire cupio. I mecum, Publi!" Tum in circum ierunt. Marcus: „Ecce, equus patris mei! Is equus et celer et fortis est." Publius: „Eum (equum) et
9 celerem et fortem esse scio. Neque omnes equi tam (so) celeres sunt."

Pompejus und die Piraten

Auf einer Schiffsreise nach Athen waren der Senator Lucius Caesius Bassus und seine Tochter Caesia von Piraten gefangengenommen worden. Publius Fundianus Secundus, der Sohn eines Geschäftsfreundes, der sich während der Reise in die schöne Caesia verliebt hatte, war nicht unter den Gefangenen, die gefesselt im dunklen Bauch des Piratenschiffes lagen. War er bei dem Überfall der Piraten umgekommen? Plötzlich hören die Gefangenen entsetzte Schreie vom Deck des Schiffes:

„Adite! Videte! Naves Romanas adire video! Adeste! Periculum ingens nobis instat!" Statim omnes piratae ad puppim[1] ruunt. Quid vident? Profecto naves celeres classis Romanae adeunt et piratis instant; eorum navem cingunt. Iam milites fortes Romanorum in navem piratarum transeunt. Nonnullos piratas in undas eiciunt, ceteros necant. Plerique piratae perierunt, ut senator eiusque filia postea audiverunt.
Subito unus e militibus: „Inite in alveum[2]! Sumite praedam et liberate captivos!" Statim milites Romani in alveum inierunt et captivos reppererunt; nonnulli Bassum senatorem cognoverunt. Qui narrat se filiamque nave iter in Graeciam fecisse; nunc gaudet milites Romanos sibi adfuisse.

1 puppis, is Achterdeck (Plattform am Ende eines Schiffes, wo sich das Steuerruder befand)
2 alveus (Schiffs-)Bauch
3 gubernātor, ōris Steuermann

Sogleich führen die Soldaten den Senator zu ihrem Kommandanten, dem berühmten Gnaeus Pompejus. Aufgeregt erzählt der Senator, wie sich der Überfall der Piraten und die Gefangennahme ereignet haben:

„Nox erat atra, nautae quiescebant. Neque venti adversi neque Neptunus nos magnis undis terrebat. Ego ad puppim ibam, diu ibi sedebam, gubernatorem[3] observabam. In tuto esse existimabamus et finem itineris cupiebamus. Repente unus e nautis clamavit. Navem aliam ostendit, quae magna celeritate per mare volabat navemque nostram adibat: ‚Sunt piratae feri; qui nos capere cupiunt.' Quamquam nautae navem nostram e periculo servare studebant, tamen piratae armati navem ceperunt et nos superaverunt. Me filiamque meam scelerati secum in navem suam duxerunt; eos etiam pecuniam nostram rapere animadverti. Nunc captivi eramus. Sed tu, Pompei, nos e periculo eripuisti."
Pompeius respondet: „Non facile erat piratas superare. Sed is vir nobilis, quem hic videtis, nobis adfuit: Publius Fundianus Secundus."

Publius erzählt, dass der Piratenüberfall in Sichtweite der Küste stattgefunden habe, sodass er sich – den Göttern sei Dank – an Land habe retten können; mit Hilfe der Küstenbewohner sei er einen Tag später zur Flotte des Pompejus gelangt, die in der Nähe vor Anker gelegen habe. Pompejus sei über seinen Hinweis, in welche Richtung die Piraten gefahren seien, sehr erfreut gewesen und habe tags darauf mit mehreren Schiffen die Verfolgung aufgenommen.

Römischer Silberdenar. Sextus Pompeius ließ die Münze zu Ehren seines Vaters 44/43 v. Chr. prägen. Neapel, Museo Archeologico Nazionale.

Aus der Geschichte Roms

1 Tempusprofil erstellen
Welches Tempus herrscht in den einzelnen Textabschnitten vor (ausgenommen die wörtliche Rede)? Überlege, welchen Einfluss die Tempora und die Zeitadverbien auf die Spannungskurve des Textes haben. Versuche, die Spannungskurve mit Hilfe von Stichwörtern und Zeilenangaben nachzuzeichnen.

2 Tempusfunktionen unterscheiden
Überprüft, mit welchem Tempus im lateinischen Text jeweils das Folgende ausgedrückt wird:
- Beschreibung der Situation
- Erzählung
- Spannung
- andauernde Handlung

> Titus Antoniam exspectat; diu exspectat – vinum bibit. Antonia non adest. Tum Atia intrat et ad Titum accedit ...
> Später schreibt Titus Antonia einen Brief:
> „Diu te exspectabam. Vinum bibebam. Sed tu non aderas. Subito Atia intravit et ad me accessit. Diu in taberna eramus. Atia multa narrabat. Etiam alii hospites Atiam narrare audiebant. Tum Atia me in theatrum (!) ducere cupivit. Statim tabernam reliquimus. Multa nocte domum veni."

A Ein ungewöhnlicher Dialog:
„Ire debes." - „Ire nolo." - „Debes. I!" - „Cur tu non is?" - „Saepe (oft) iam ibam." - „Sed ego heri (gestern) ii." - „Tace! Nunc ego eo." - „Exspecta me! Una (zusammen) imus." Tum eunt.

B Setze in die angegebenen Tempora:
imus (Impf./Perf.)   transeo (Impf./Perf.)
adibant (Präs./Perf.)   inistis (Präs./Impf.)

C Lege eine Tabelle mit drei Spalten für Präsens, Imperfekt und Perfekt an und ordne die Formen ein:
valebam – instat – occupavit – cogitabat – gaudebat – eratis – miserunt – erant – interest – studet – superabamus – necavistis – probamus – damus – praebetis – servant – admittebam – surgis – consulo – cupiebas – vivunt – defendi – fuit – vidistis – capiebas

D Welche Form passt nicht in die Reihe?
1. parabam – eram – victoriam – quiescebam
2. gaudent – consulunt – sunt – probabant
3. initis – comitis – mittitis – narratis – estis
4. dubitat – liberat – laborat – probat – manebat
5. exemplo – cognosco – neco – transeo – sum

E Verwandle die Formen in der angegebenen Weise:
1. video – 2. Pers. Pl. – Impf. – Sg. – 3. Pers. – Pl. – Präs. – 2. Pers. – Sg. – Impf.
2. surgunt – 1. Pers. – Impf. – Sg. – Präs. – 2. Pers. – Impf. – Pl. – Präs.
3. perspicis – Pl. – Impf. – 3. Pers. – Sg. – Präs. – Pl. – Impf. – 1. Pers.
4. est – Pl. – 2. Pers. – Impf. – Sg. – 1. Pers. – Pl. – Präs. – 3. Pers. – Impf.
5. statis – Sg. – Impf. – 3. Pers. – Pl. – Präs. – Sg. – 1. Pers. – Impf. Pl.

F Wer ist mit welchem Pronomen gemeint?
1. Piratae virtute sua se servare volunt.
2. Nam piratae se viros fortes esse existimant.
3. Etiam Romani eos fortes esse existimant.
4. Tamen piratae se perire sciunt.

G Wortarten ordnen
Welche Form kommt von einem Substantiv, welche von einem Verb? Welche Formen sind zweideutig?
1. venti – venit 2. servo – serva 3. captiva – capita – capit – cupit 4. clamare – clamorem – clarum

H Lateinische Sprichwörter kennenlernen
1. IMPERIUM SINE FINE DEDI.
2. TE HOMINEM ESSE MEMENTO!
3. SAPIENS OMNIA SUA SECUM PORTAT.

mementō bedenke – sapiēns der Weise

I Wortschatz strukturieren
Gliedere die Lernvokabeln aus Wortschatz 14 nach den folgenden Gesichtspunkten: Adjektive, Verben (nach der Art der Perfektbildung – Komposita von ire), Substantive (nach Deklinationsklassen). Was bleibt übrig?

J   Fremdwörter erklären
Erkläre die *kursivgedruckten* Wörter im folgenden Quiz:
1. Für wen ist ein *Omnibus*? 2. Was macht ein Detektiv, wenn er Leute *observiert*? 3. Warum steht auf manchem LKW ein Schild mit der Aufschrift *Transit*?

K   Wortschatz vorentlasten
1. Suche aus **Z** die Verben, die öfter als einmal vorkommen, und kläre ihre Bedeutung(en).
2. Stelle die Komposita von ire zusammen, die in **Z** auftreten; nenne jeweils die Bedeutung und bestimme die Form.

Herkules besiegt den Riesen Cacus

Z Herkules (lat. Herculēs, is) ist berühmt geworden durch die zwölf „Arbeiten", die er verrichten musste. Unter anderem hat er in Spanien Geryon, einen gewalttätigen Riesen mit drei Oberkörpern, im Kampf besiegt. Als Beute nahm Herkules dessen große Rinderherde mit und trieb diese auf einem beschwerlichen Landweg über Südfrankreich bis nach Italien.

Hercules postquam Alpes transiit, eo loco¹, ubi postea Romulus urbem Romam condidit², mansit et quievit. Ibi Cacus vivebat,
3   qui erat latro³ sceleratus. Dum Hercules quiescit, Cacus ad eum adiit et nonnullos boves⁴ Herculis in speluncam⁵ suam duxit. Boves autem retro⁶ ibant, quia Cacus eos caudis⁷ duxit. Ibi se
6   tutum esse putabat. Postridie⁸ Hercules boves non iam vidit. Primo boves reperire non poterat, quia vestigia⁹ boum eum fefellerunt¹⁰. Subito autem voces boum audivit.
9   Nunc facile erat in speluncam inire et latronem superare. Homines, qui in ea regione¹¹ vivebant, postquam Cacum perisse audiverunt, illuc convenerunt et virum fortem
12 laudaverunt. Tum Hercules boves secum duxit et in Graeciam rediit¹².

(nach Livius, Ab urbe condita)

1 locus Ort – 2 condere *(Perf.* condidī*)* gründen – 3 latrō, ōnis Räuber – 4 bovēs, boum *m* Rinder – 5 spēlunca Höhle – 6 retrō rückwärts – 7 cauda Schwanz – 8 postrīdiē einen Tag später – 9 vestīgium Spur – 10 fallere *(Perf.* fefellī*)* täuschen – 11 regiō, ōnis Gegend – 12 redīre zurückgehen

1   Stellt lateinische Adjektive zusammen, mit denen ihr Herkules und Cacus charakterisieren könnt.

2   Informiert euch über weitere Herkules-Sagen und stellt sie in Kurzreferaten vor.

3   Was hat die Menschen zu allen Zeiten wohl an Herkules fasziniert? Berücksichtige auch die Abbildung.

Herkules tötet Cacus. Marmorgruppe von Baccio Bandinelli. 1534. Florenz, Piazza della Signoria.

Aus der Geschichte Roms

Differenziert üben III

Du findest hier drei Texte, die auf Fabeln des römischen Dichters Phädrus zurückgehen. Die Texte sind aufsteigend nach Schwierigkeitsgrad angeordnet. Entscheide dich, welchen der drei Texte du bearbeiten möchtest.
Eines haben alle Fabeltexte gemeinsam: Ihnen fehlen eine passende Überschrift und die für eine Fabel wichtige Lehre bzw. Moral. Füge beides deiner Übersetzung hinzu.

Fabeln des Phädrus

T1 bietet kurze Sätze und greift auf geläufige Vokabeln zurück. Die Zeichnungen unter dem Text helfen dir zum Verständnis.

> Wiederhole vor der Übersetzung folgende Vokabeln:
> aspicere – complēre – contentus – cōpia – corpus – fīlius – ingēns – nōnne – repente – respondēre – rogāre – labor

Ad aquam rana magnum bovem aspexit.
Rana dixit: „Ego magna non sum;
3 sed ingens corpus bovis habere cupio."
Tum rana aere[1] se complevit et filium ad se vocavit.
Rana: „Responde, mi fili[2]! Egone corpus bovis habeo?"
6 Quod filius negavit[3].
Iterum[4] rana aere se complevit.
Filium rogavit: „Nonne mihi nunc corpus bovis est?"
9 Quod filius iterum negavit.
Rana verbis filii contenta non fuit.
Itaque ingenti labore se inflat[5].
12 Repente autem copia aeris eam rupit[6].

1 āēr, āeris *m* Luft
2 mī fīlī *Vok.* mein Sohn
3 negāre verneinen
4 iterum erneut
5 īnflāre aufblasen
6 rumpere *(Perf.* rūpī*)* zerreißen

2

besteht zwar aus etwas längeren Sätze, bietet aber durch die Anordnung Hilfestellungen.

> Wiederhole vor der Übersetzung folgende Vokabeln:
> altus – iter – is, ea, id – scelerātus – corripere – prīmō – contentus – amittere

Duo[1] muli iter in montem altum faciebant:
Unus pecuniam portabat;
3 eius autem comes magnos saccos hordei[2] tantum portabat.
Subito homines scelerati eum mulum,
     qui pecuniam portabat,
6 petiverunt, paene[3] necaverunt, pecuniam corripuerunt.
Comes primo vulnera[4] amici spectavit et curavit.
Deinde dixit:
9 „Contentus sum et gaudeo,
     quod non pecuniam, sed hordeum porto;
nam neque saccos amisi
12   neque vulneribus doleo."

1 duo zwei
2 hordeum Gerste
3 paene beinahe
4 vulnus, vulneris *n* Wunde

3

enthält am Ende Lücken, die in der deutschen Übersetzung gefüllt werden müssen.

> Wiederhole vor der Übersetzung folgende Vokabeln:
> nāvis – volāre – cupere – vehemēns – īnstāre – plērīque – solus – cēterī – perīre

In nave, quae per mare volabat, multi homines erant, qui patriam petere volebant. Iam insulam[1], quam adire cupiebant, viderunt.
3 Subito autem venti vehementes et magnae undae navi hominibusque institerunt. Denique nautae clamaverunt:
„Nobis in nave remanere non licet. Relinquite navem!"
6 Plerique statim pecuniam et omnia, quae secum habebant, corripuerunt; tum magno cum onere[2] in aquam 🟦.
Simonides autem poeta[3] navem sine ullo[4] onere reliquit.
9 Is solus ad insulam 🟦; ceteri perierunt.
Postea 🟦 Simonidem 🟦: „Cur non 🟦?"
🟦 autem respondit se omnia sua semper secum portare.

1 īnsula Insel
2 onus, oneris *n* Last
3 poēta Dichter
4 ūllus irgendein

Aus der Geschichte Roms

Lateinische Texte lesen – Textmerkmale analysieren

Textsorten bestimmen
Die Römer schauten oft und gerne in die Vergangenheit: Die Sitte der Vorfahren (mos maiorum) sollte der Maßstab ihres Handelns sein. Auch die Texte in diesem Lateinbuch drehen sich vorrangig um die Vergangenheit. In ihnen herrschen daher auch die Tempora der Vergangenheit vor.
Man kann Texte über die Vergangenheit in zwei Gruppen unterteilen:

1 Es gibt Texte über historische Personen und Ereignisse. Man nennt sie auch nicht-fiktional, weil die Inhalte nicht erfunden, sondern real sind.
Merkmale: Genaue Personen-, Orts- und Zeitangaben.

2 Es gibt Sagen, Legenden und Mythen, von denen oft nur der Kern oder ein Teil wahr ist. Die meisten dieser fiktionalen Texte sind erfunden.
Merkmale: vage oder fehlende Orts- und Zeitangaben. („Es war einmal vor langer, langer Zeit, … weit, weit weg …")

Texte der Gruppe 1 müssen nicht zwingend ganz der Wahrheit entsprechen. Sie wollen jedoch glaubhaft erscheinen.

Viele Texte unseres Buches lassen sich einer der beiden Gruppen zuordnen. Manchmal ist die Zuordnung auch strittig.

● Ordne die Texte 8 **T** bis 13 **T** den zwei Gruppen zu. Notiere dazu alle Personen-, Orts- und Zeitangaben aus den Texten und ihren Begleittexten und beurteile die Genauigkeit dieser Angaben.

Sprachen vergleichen
● Sammelt Gemeinsamkeiten und Unterschiede im Tempusgebrauch des Deutschen, Englischen und Lateinischen.
● Stellt die Ergebnisse übersichtlich zusammen und überprüft sie zusammen mit eurem / eurer Deutsch- und Englischlehrer / in.

Attribute erkennen und ihre Funktion beschreiben
Einem Vorbild müssen durch den Verfasser eines Textes genaue Eigenschaften zugewiesen werden. Dazu dienen unter anderem Attribute.

● Überprüfe mit Hilfe des Begleitbandes (S. 27, 28, 40, 48, 54), wie in der lateinischen Sprache Attribute ausgedrückt werden können.
● Ordne in die folgenden Sätze die Attribute richtig ein.
● Beschreibe die Funktion, die diese Attribute in Bezug auf die jeweilige Person haben.

1 Cloelia ❓ viris virtute praestitit.
2 Scipio ❓ Romam servavit.
3 Menenius verbis ❓ plebeios (!) oravit.
4 Romulus filius ❓ fuit.
5 Romani Horatium virum ❓ appellaverunt.

A dei
B quem Romani Africanum appellaverunt
C claris
D quae in urbe non remansit
E potentem magnumque

Position beziehen
Diskutiert die Frage, ob man durch das Lesen und Hören von Taten vorbildlicher Menschen selbst ein besserer Mensch werden kann.

Herkules im Kampf mit einem Kentauren. Griechische Vasenmalerei. 6. Jh. v. Chr. Paris, Musée du Louvre.

Wie nahe kommen wir den Göttern?

In den folgenden Lektionen erfahrt ihr, wie nach Auffassung der antiken Menschen das Leben vom Wirken der Götter geprägt war, wie und mit welchen religiösen Handlungen man dieses Wirken der Götter erforschte und zu beeinflussen versuchte.

① **Verschafft euch Bilder von antiken Tempeln. Beschreibt und zeichnet einen römischen Tempel. Fertigt den Grundriss eines römischen Tempels an. Bastelt allein oder mit anderen ein Modell.**

① **Jupiter:** oberster aller Götter und Herrscher des Himmels
② **Juno:** Gemahlin Jupiters, Göttin der Frauen und der Geburt
③ **Minerva:** Göttin der Weisheit und des Handwerks
④ **Mars:** Gott des Krieges
⑤ **Neptun:** Gott des Meeres und des Wassers
⑥ **Apollo:** Gott des Lichtes und der Künste
⑦ **Venus:** Göttin der Liebe und Schönheit
⑧ **Diana:** Göttin des Mondes und der Jagd
⑨ **Merkur:** Götterbote, Gott des Handels und der Reise
⑩ **Amor:** Gott der Liebe, Sohn der Venus und des Mars

15

Als der römische Kaiser Augustus herrschte, hatte Rom eine lange Zeit grausamer Bürgerkriege hinter sich. In dieser Zeit erbitterten Streits und Kriegs zwischen den Bürgern hatten viele Wertvorstellungen und Tugenden der Römer – Treue, Frömmigkeit, Pflichterfüllung und Bereitschaft zu harter Arbeit – scheinbar ihre Gültigkeit verloren.

Augustus wollte diese Werte wiederbeleben; deshalb förderte er Dichter, die in ihren Werken von Menschen erzählten, die genau diese Werte verkörperten. Einer der Dichter, den Augustus besonders förderte, war Vergil. Er verfasste die „Äneis".

Dieses Epos – eine groß angelegte Verserzählung in zwölf Büchern – berichtet von den Taten des trojanischen Helden Äneas, der zum Stammvater der Römer werden sollte. Vergil schildert den Weg des Äneas aus dem zerstörten Troja in eine von den Göttern geweissagte neue Heimat. Nach Jahren der Irrfahrt gelangt er mit seinen Schiffen zunächst nach Afrika. Dido, die Königin Karthagos, nimmt ihn und seine Gefährten freundlich auf und verliebt sich in Äneas. Auf Geheiß Jupiters muss er Karthago jedoch verlassen. Nachdem er sogar in die Unterwelt hinabgestiegen ist, wo sein toter Vater Anchises ihm seine Zukunft und die spätere Größe Roms offenbart, erreicht er schließlich Italien: die von den Göttern bestimmte neue Heimat. Nach langen Kämpfen gelingt es ihm, die einheimischen Latiner zu besiegen und mit ihnen Frieden zu schließen. Auch die Göttin Juno, die Ehefrau des Jupiter, die Äneas immer feindlich gegenüberstand, erkennt ihn nun als Stammvater der Römer an.

Die „Äneis", in der auch die Herrschaft des römischen Volkes verherrlicht wird, wurde zur Nationaldichtung der Römer und beeinflusste die europäische Dichtung über Jahrhunderte hinweg.

1 Stelle Vermutungen darüber an, weswegen die „Äneis" für das römische Selbstverständnis so wichtig wurde.

Gian Lorenzo Bernini: Äneas rettet seinen Vater aus dem brennenden Troja. 1618. Rom, Galleria Borghese.

G Piratae naves Romanas adire viderant.
Naves Romanae celeriter aderant.
3 Quamquam piratae vehementer se defendebant, milites Romani fortiter pugnabant et plerosque piratas necabant.
Nam piratae senatorem Romanum scelerate corripuerant et in navem suam duxerant.

Plusquamperfekt – Adverb

Äneas folgt dem Willen der Götter

T Jupiter schickt Merkur nach Karthago, um Äneas zum Aufbruch zu mahnen.

Mercurius statim de caelo ad Aeneam pervenit; eum pulchram vestem Punicam gerere vidit, quam Dido ei libenter donaverat.
3 Itaque nuntius Iovis ad Aeneam celeriter accessit: „Audi, Aeneas! Iuppiter me misit, te monet: Quid hic facis? Cur eo loco te tam improbe geris? Cogita de fato tuo! Hic iucunde vivere tibi non licet.
6 Relinque Carthaginem; nam Italiam petere debes. Posteris tuis illic novam patriam para!"
Verba Mercuri Aeneam vehementer terruerunt. Itaque vir pius, qui
9 imperio Iovis semper paruerat, consilium cepit fugam petere et e regionibus Punicis discedere. Statim comites ad litus vocavit, eos classem et arma parare iussit.
12 At Dido, quae consilia Aeneae iam animadverterat, eum verbis flectere temptavit et dixit: „Cur me tam turpiter fallis? Cur fugere properas, cur tam crudelis es? Nunc dolum tuum perspexi!"
15 Postquam Dido diu tacuit, tristi voce adiecit: „Tibi nimis credidi; nam te amavi."
Aeneas autem, quem Mercurius de fato monuerat, graviter
18 gemuit[1]: „Numquam tibi conubium[2] promisi. Cogita deos vitam meam regere! Iuppiter, pater deorum hominumque, me novam patriam quaerere iussit. Etiam Troiam non mea sponte reliqui.
21 Anchises pater in somno me per mare in Italiam ire monuit. Desine me teque querelis[3] tuis vexare[4]: Italiam non mea sponte peto."
(nach Vergil, Aeneis)

1 gemere *(Perf.* gemuī*)* seufzen
2 cōnūbium Ehe, Heirat
3 querēla Klage
4 vexāre quälen

1 Textinhalt wiedergeben
Finde heraus, welche Entscheidung Äneas nach der Mahnung durch Merkur trifft (Z. 8–11) und welche Konsequenz diese Entscheidung für ihn und Dido hat (Z. 12–16).

2 Verschiedene Perspektiven entwickeln
Untersuche, wie Dido und Äneas die Situation aus ihrer jeweiligen Sicht bewerten (Z. 12–23). Wie drücken sie ihre Wertung aus?

3 Äneas muss sein Schicksal, das die Götter ihm mitteilen, auf sich nehmen.
Erkläre anhand von **T**, was es für einen Menschen bedeuten kann, den Willen der Götter zu erfüllen.

Giovanni Battista Tiepolo: Merkur erinnert Äneas an seine Bestimmung. Fresko in der Villa Valmarana, Vicenza. 1757.

Der Mensch und die Götter

Ü

Puella cum patre iter in Graeciam faciebat. Subito piratae navibus celeribus adierunt. Naves piratarum celeriter navem patris cinxerunt. Piratae puellam capere studebant. Pater puellae fortis non erat; piratae autem fortiter pugnabant. Pater improbus puellam reliquit. Scelerate filiam piratis dedit et ipse (selbst) fugit.
Viele Jahre später: Pater improbus, qui filiam reliquerat, iter in Graeciam faciebat. Piratae adierunt et navem eius celeriter cinxerunt. Tum filia, quam pater piratis dederat, e nave piratarum in navem eius transiit.
Patri dixit: „Quamquam me reliquisti, tibi gratus (dankbar) sum! Nam unus e piratis nunc maritus meus est. Is me amat et semper fortiter me defendit." Pater tacebat.

A Welches Zeitverhältnis tritt zwischen lateinischen Haupt- und Gliedsätzen auf, in denen Plusquamperfekt verwendet wird? Untersuche die Sätze von **T**.

B Stelle alle Adverbien aus **T** zusammen und ordne sie nach ihrer Bildungsweise.

C „Adverbienwerkstatt"
Bilde zunächst zu den folgenden Adjektiven den Genitiv. Schneide dann die Endung ab, damit du den Wortstamm erhältst, und klebe die richtige Adverbendung an.

ver i

ver e

verus	gravis	vehemens
fortis	celer	improbus
crudelis	clarus	pulcher
turpis	contentus	iucundus

D Ganz genau!
Die Aussagen von Satz 1–4 werden von Satz zu Satz genauer. Durch welche sprachlichen Mittel wird dies erreicht?
1. Bassus: „Publio gratias ago, quod filiam servavit."
2. Bassus: „Publio adulescenti gratias ago, quod filiam meque servavit."
3. Bassus: „Publio, adulescenti nobili, gratias ago, quod filiam meque fortiter servavit."
4. Bassus: „Publio, adulescenti nobili, gratias ago, quod vitam filiae et vitam meam fortiter servavit."

E Irrläufer gesucht!
1. clamoris – hominis – capitis – ventis
2. celeri – omni – clari – ingenti
3. secum – navium – virtutum – victorum
4. pulchre – contente – bene – mare

F Wortarten unterscheiden
Setze in die folgenden Sätze die richtige Form (Adjektiv oder Adverb) ein und übersetze dann:
1. Romani urbem ___?___ (fortis) defendebant.
2. Romani se urbem ___?___ (potens) habere putabant.
3. Amicus meus ___?___ (vehemens) me monuit.

G Übersetze. Achte dabei auf das Zeitverhältnis.
1. Legiones, quas Pompeius in provinciam (!) duxerat, multa bella gerebant.
2. Munus, quod mihi dederas, mihi non placuit.
3. Amicae, quae Romam iam viderant, Claudiae forum ostenderunt.

Trojanisches Pferd. Nachbildung. In Troja steht heute dieses neue hölzerne Pferd. Kinder können über eine Leiter in das Innere des großen Holzpferdes klettern und griechische Eroberer spielen.

78 Äneas folgt dem Willen der Götter

H Wortbildung und Sprachenvergleich nutzen

Was bedeuten die Adjektive in den folgenden Wendungen? Wenn du die Adjektive dir bekannten lateinischen Verben zuordnest, kannst du die Ausdrücke leicht übersetzen:
1. hostis terribilis 2. aedes stabiles 3. amica amabilis 4. periculum incredibile
Was bedeutet also das Suffix -bilis bzw. -ilis?
Du findest es in vielen Fremdwörtern (Stabilität, Immobilien), auch in unserer Adjektivendung -bel, z. B. passabel, plausibel, praktikabel, miserabel, akzeptabel.
Auch in Fremdsprachen taucht das Suffix auf:
Italienisch: *portabile, incredibile, terribile, impossibile*
Englisch: *portable, incredible, terrible, impossible*
Finde mindestens drei weitere Fremdwörter bzw. fremdsprachliche Vokabeln, die so gebildet sind.

Das hölzerne Pferd

Z Nach fast zehn Jahren Krieg sind die Griechen eines Morgens von der Küste Trojas verschwunden. Die Trojaner meinen, dass die Feinde endlich die Belagerung Trojas aufgegeben haben. Sie entdecken am Strand ein hölzernes Pferd. Eifrig beraten sie, was mit diesem zu geschehen habe. „Verbrennen!", schreien die einen, andere wollen das Pferd den Göttern weihen.

Postquam Troiani¹ diu de equo ligneo² consuluerunt, eum in urbem ducere ibique collocare³ decreverunt. Putaverunt enim Graecos⁴ equum deis reliquisse. Laocoon⁵ solus, sacerdos⁶ Neptuni, dolum Graecorum perspexit. Ex urbe ad litus cucurrit et magna voce clamavit: „Discedite! Fugite! Quidquid id est, timeo Danaos et dona ferentes."

(Was auch immer es ist, ich fürchte die Griechen, auch wenn sie Geschenke bringen.)

Vix⁷ verba dixerat, cum gemini angues⁸ ad litus celeriter pervenerunt, Laocoontem eiusque filios petiverunt, eos crudeliter necaverunt. Troiani Laocoontem pro verbis suis poenam miseram solvisse⁹ putaverunt. Tum vehementer equo gaudebant.

(nach Vergil, Aeneis)

1 Trōiānī, ōrum die Trojaner
2 ligneus, a, um hölzern
3 collocāre aufstellen
4 Graecī, ōrum die Griechen
5 Lāocoōn, Lāocoōntis Laokoon
6 sacerdōs Priester
7 vix kaum
8 geminī anguēs zwei Schlangen
9 poenam solvere *(Perf.* solvī*)* eine Strafe erleiden

1 Rezeptionsdokumente kennenlernen
Welcher Augenblick des **Z**-Textes ist in der Laokoongruppe eingefangen? Welche Gefühle spiegeln sich in den Gesichtern?

Laokoongruppe. Römische Marmorkopie einer Bronzefigur aus Pergamon (um 140 v. Chr.), gefunden in Rom in den Ruinen eines Kaiserpalastes. Rom, Vatikanische Museen.

16

Apollo, Gott der Weisheit und Weissagung. Innenbild einer griechischen Trinkschale. Um 460 v. Chr. Delphi, Archäologisches Museum.

Den Willen der Götter zu kennen war bei Griechen und Römern nicht nur wichtig, um den Göttern gehorchen zu können (vgl. **L 15**). Wer den Willen der Götter erforschte und deutete, konnte auch versuchen, daraus Informationen über die Zukunft zu erlangen: Man glaubte, dass die Götter in Erscheinungen, Träumen, vielfältigen Zeichen und Orakeln den Menschen ihren Willen offenbarten. Das bekannteste Orakel befand sich im griechischen Delphi, einem besonders wichtigen Heiligtum des Gottes Apollo. Der große Tempelbezirk von Delphi war ein Zentrum der griechischen Welt. Die Priester des Tempels wussten, was in den entferntesten griechischen Städten geschah. Ihre Ratschläge hatten großen Einfluss. Die griechischen Städte führten sogar Kriege, um die Priesterschaft von Delphi zu beschützen – und zu kontrollieren.

Man glaubte, dass der Gott Apollo durch eine Priesterin, Pythia genannt, zu den Menschen spreche. Die Fragesteller übergaben den Apollopriestern ihre Bitten; diese trugen sie dann der Pythia vor. In Ekstase gab die Pythia unverständliche Laute von sich, aus denen die Priester oftmals zweideutige Antworten formulierten. Natürlich zeigten sich die Besucher des Orakels durch großzügige Geschenke erkenntlich.

1 Informiere dich über die Schätze des Museums von Delphi, um dir eine Vorstellung vom Reichtum und von der Bedeutung des Heiligtums und seiner Priester in der Antike zu machen. Die Homepage des Museums kannst du leicht finden.

G „Quid facis, Claudia? Contendis-ne domum?" „Forum peto, Cornelia. Sed postea amicam conveniam et cum ea domum ibo." „Quis te conveniet, Claudia?" „Iulia aderit et me
3 vestibus novis ornabit." „Etiam ego vestes probare volo. Tum nos omnes thermas adibimus." „Ibi iam alii amici amicaeque erunt. Qui ad me accedent et vestes meas laudabunt." „Certe, si vestes ostendes. Itaque forum petere propera!"

Futur – Interrogativpronomen – Wort- und Satzfragen

Wer deutet den Willen der Götter?

Die Perser beherrschten vom Orient aus ein riesiges Reich. Weil sich griechische Städte in Kleinasien, der heutigen Türkei, dem Perserkönig nicht fügten, wollte er ganz Griechenland unterwerfen. Er mobilisierte ein riesiges Heer und eine riesige Flotte. Die griechische Stadt Athen wollte sich widersetzen und beschloss, das Orakel von Delphi zum bevorstehenden Krieg zu befragen:

Athenienses[1] legationem Delphos miserunt. Legati, postquam templum Apollinis intraverunt, sacerdotes interrogaverunt:
3 „Persae[2] civitatem nostram capere student. Civitatemne ab hostibus servabimus – an omnes peribimus? Quo modo hostes superabimus? Quis nobis aderit? Quos deos adire debemus?
6 Quando dei tandem Persarum superbiae finem facient? Magna est cura patriae."
Et Pythia eis sortem dedit: „Fugite ex urbe vestra! Nam hostes
9 urbem et templa capient. Mars crudeliter omnes necabit."
Legati, qui animo defecerunt, Pythiam iterum adierunt. Tristes orabant: „Audi supplicia nostra! Iterum da nobis oraculum! Aliter
12 e templo numquam exibimus." Tum Pythia: „Iterum oraculum vobis dabo ostendamque sortem vestram: Urbem ipsam ab hostibus non defendetis. Sed murum ligneum[3] hostes non superabunt."
Denique legati domum redierunt.

1 Athēniēnsis, is *m* Athener, Einwohner von Athen
2 Persae *m* die Perser
3 ligneus hölzern, aus Holz
4 cōnscendere besteigen

Die Athener stritten nun darüber, wie dieser Orakelspruch aufzufassen sei. Einige plädierten dafür, sich auf die Burg zurückzuziehen. Ein seit ewigen Zeiten dort wucherndes Dornengestrüpp – eine hölzerne Mauer – werde die Feinde aufhalten. Aber es gab noch eine andere Deutung:
15

Themistocles, vir nobilis, iam antea Athenienses multas naves aedificare atque classem parare iusserat. Is vir nunc orationem cla-
18 ram habuit: „Nonne oraculum intellegitis? Num omnes perire vultis? Apollo ipse nos patriam relinquere et naves conscendere[4] iubet. Navibus igitur hostem vincemus; auxilio deorum ac virtute vestra
21 patriam ab hostibus liberabitis. Persae Graeciam relinquent. Gloria Athenarum erit ingens." Ita Themistocles animos Atheniensium confirmavit. Qui statim urbem relinquere navesque viris armatis
24 complere statuerunt. In proelio naves celeres Atheniensium magnas naves Persarum cinxerunt. Persarum classis in undis periit, ut Themistocles prospexerat.

(nach Herodot, Historien)

Die Pythia, die Priesterin des delphischen Apoll, erteilt ein Orakel. Griechische Vasenmalerei. Um 440 v. Chr. Berlin, Antikenmuseum.

1 Aussageabsicht erkennen
Untersuche die Rede des Themistokles in der Volksversammlung (Z. 18–22): Wie gelingt es ihm, die Athener von seiner Deutung zu überzeugen?

2 Das Orakel von Delphi zu deuten hatte nicht nur mit Frömmigkeit, sondern auch mit Politik zu tun: Suche im Text nach Hinweisen darauf.

3 In 15 **T** hast du erfahren, welche Haltung Äneas in der Erzählung des Dichters Vergil gegenüber dem Willen der Götter einnimmt. In 16 **T** erzählt der Historiker Herodot, wie die Athener mit den Prophezeiungen des Orakels umgehen. Vergleiche die Haltung des Äneas mit der Haltung, die die athenischen Gesandten und Themistokles einnehmen.

Der Mensch und die Götter

Mercurius Aeneam monuit: „Cur hic iucunde vivis? Cur vestibus Punicis gaudes? Cur posteris novam patriam non paras? Relinque Carthaginem! Non hic, sed in Italia bene vives. Ibi patria nova gaudebis. Ibi etiam posteris patriam parabis. Gens tua potens erit."
Aeneas respondit: „Deis semper parui. Etiam nunc pareo semperque parebo. Carthaginem relinquam et Italiam petam."

A Wortbildung nutzen
Erkläre die Bedeutung der **Komposita** aus der Bedeutung des Präfixes und des Verbum simplex:
ad- (hinzu-, dabei-) ad-ire, ad-mittere
dis- (auseinander-) di-mittere, dis-cedere
ex- (heraus-) ex-pellere, ex-spectare, e-ripere
con- (zusammen-) con-venire, con-vocare
re- (zurück-, wieder-) re-vocare, red-ire, re-stare
per- (hindurch-) per-spicere, per-venire

B Setze die folgenden Präsensformen ins Imperfekt und Futur:
sumus – habes – ducitis – animadvertitis – vinco – ades – eunt – scit – adiciunt – sedemus – it – perimus – cingis – dubitant

C Verbformen analysieren
Ordne die folgenden Formen in deinem Heft nach den Tempora (Präs., Impf., Fut., Perf.):
veniunt – terruisti – transibat – estis – probabimus – capient – respondent – surgebatis – rapit – amiserunt – intelleget – dolebo – parat – iussit – deposuistis – attingemus – erat
Ergänze zu jeder Form die anderen drei Tempora.

D Zwei Besucher eines Theaterstücks haben nur noch Plätze in der letzten Reihe bekommen. Einer der beiden ist kurzsichtig und lässt sich von seinem Begleiter das Geschehen beschreiben.
Er fragt zuerst: „Quid vides?" Schreibe die weiteren Fragen auf, mit denen er die in den Antworten farbig markierten Wörter erfragt:
1. Mulierem tristem video. 2. Magna voce clamat, quia patriam non iam videt. 3. Mulier tristis flammas(!) amoris prohibere non potest. 4. Pater mulieri bona consilia dat.

E Konjugiert zu dritt:
1. intellego et intellexi et intellegam
2. redeo et redii et redibo
3. adicio et adieci et adiciam
4. fallo et fefelli et fallam
5. sedeo et sedi et sedebo

Der heilige Bezirk von Delphi. Modell im Archäologischen Museum von Delphi.
Über die Heilige Straße gelangte man – vorbei an den Schatzhäusern der griechischen Staaten – hinauf zum Tempel des Apollo. Dort begrüßte eine Inschrift über dem Eingang die Besucher mit den Worten: „Erkenne dich selbst!"
Im Allerheiligsten des Tempels, das Laien unzugänglich war, saß Pythia auf einem Dreifuß über einer Erdspalte, aus der äthylenhaltige Gase austraten. Die Dämpfe, so vermutet man, versetzten Pythia in einen Rauschzustand, in dem sie die Orakelsprüche des Gottes verkündete.
Oberhalb des Tempels liegt das Theater. Dort fand der musische Teil der Pythischen Spiele statt, die alle vier Jahre zu Ehren des delphischen Apollo veranstaltet wurden. Der sportliche Teil der Wettkämpfe wurde im noch weiter hangaufwärts gelegenen Stadion ausgetragen.

König Krösus missversteht ein Orakel

Croesus, rex Lydorum[1], se esse beatissimum[2] omnium hominum putabat. Nam multas et magnas regiones vicerat. Tamen Solon philosophus[3], qui hospes Croesi fuerat, regi dixerat: „Nemo[4] ante mortem beatus[5] est."

Das wiederum hatte Krösus, der über sagenhaft großen Reichtum verfügte, dem Gast nicht glauben wollen. Vielmehr vergrößerte er durch weitere Eroberungen seine Macht.

Croesus ne Persarum[6] quidem copias timebat, qui erant Lydorum propinqui: „Persas vincam. Antea autem legatos Delphos petere et Pythiam rogare iubebo."
Et Pythia Croeso respondit: „Si Halyn fluvium[7] transibis, magnum regnum delebis[8]." Croesus iis verbis gaudebat; nam cogitabat: „Si Halyn transibo, Persas vincam."
Itaque cum militibus Halyn fluvium transiit et proelium cum Persis iniit. Sed Persae copias Lydorum celeriter superaverunt. Croesum captivum ad Cyrum, regem Persarum, duxerunt. Cyrus milites suos Croesum flammis[9] dare iussit.
Tum Croesus verba Pythiae intellexit: Halyn fluvium transierat – et regnum suum deleverat. Et sortem suam doluit, quia cognovit: Nemo ante mortem beatus est.

(nach Herodot, Historien)

1 Lȳdī, ōrum die Lyder
2 beātissimus der glücklichste
3 philosophus: vgl. Fw.
4 nēmō niemand
5 beātus glücklich
6 Persae, ārum *m* die Perser
7 Halys *(Akk.* Halyn*)* fluvius der Fluss Halys (kleinasiatischer Grenzfluss zwischen Lydien und Persien)
8 dēlēre *(Perf.* dēlēvī*)* vernichten
9 flamma: vgl. Fw.
flammīs dare: vgl. dazu das Vasenbild

1 Antike Wertvorstellungen erkennen und beurteilen
Stimmt ihr der These „Nemo ante mortem beatus est" (Z. 18 f.) zu? Diskutiert zunächst mit eurem Banknachbarn, dann in der gesamten Klasse darüber.
Überlegt, wie ein Leben aussähe, das konsequent nach dieser Einstellung geführt wird.

2 Textsorte erkennen
Vergleiche diese Geschichte mit den Fabeln des Phädrus (S. 72 f.)

König Krösus auf dem Scheiterhaufen. Rotfigurige griechische Vase. Um 500 v. Chr. Paris, Musée du Louvre.

Der Mensch und die Götter

17

Aberglaube gibt und gab es zu allen Zeiten und in allen Kulturkreisen – bei den Römern genauso wie in unserer heutigen Lebenswelt. Offensichtlich ist die Verbreitung abergläubischer Vorstellungen beinahe unabhängig davon, zu welchen Erkenntnissen Naturwissenschaft und Psychologie gekommen sind. Jeder von uns kennt „magische Formeln" und „Regeln" wie die folgenden:

- Der Trainer der siegreichen Mannschaft hat schon drei Wochen lang seinen Pullover nicht gewechselt.
- „Toi, toi, toi!" sagen die Schauspieler vor der Premiere.
- Am Freitag, dem 13., gehe ich keinen Schritt aus dem Haus!
- Bei einer Klassenarbeit bringe ich immer mein Maskottchen mit.
- Die Eishockey-Spieler rasieren sich alle nicht, solange ihr Team im Play-off steht.
- Wenn man sich in einer Gruppe begrüßt, soll man sich nicht über Kreuz die Hände reichen.

1 Sind die aufgeführten Vorstellungen für dich einsichtig? Welche davon sind für dich wichtig?

2 Was ist Aberglaube?
Versucht eine Definition, auch unter Berücksichtigung des folgenden antiken Beispiels:
Die Medusa (links) war eine schreckliche Sagengestalt. Denn wer in die wahnsinnigen Augen ihres von Schlangen umrahmten Gesichtes blickte, erstarrte zu Stein. Warum trugen Soldaten Schilde mit dem Medusenhaupt? Warum war auf Haustüren das Medusenhaupt angebracht?

Michelangelo Merisi, genannt Caravaggio: Das Haupt der Medusa. Um 1598/99. Florenz, Galleria degli Uffizi.

G Amicae Iuliam donis delectant.
Iulia ab amicis donis delectatur.
3 Amicae: „Te muneribus delectamus. Tu a nobis delectaris."
Iulia: „Ego a vobis donor. A vobis donari pulchrum est.
Quotiens (wie oft) a vobis iam donabar!
6 Etiam parentes donis vestris delectantur.
Saepe (oft) parentes et ego donis vestris delectabamur.
Sed nunc vos a me donabimini."

Passiv (Präsens, Imperfekt, Futur)

Keine Angst vor Gespenstern

In der römischen Kaiserzeit, in der der überlieferte Glaube an die Götter immer mehr in den Hintergrund trat, kamen überall abergläubische Vorstellungen auf; auch gebildete Menschen waren nicht frei davon. So wurden fantastische Gespenstergeschichten kritiklos verbreitet, wie uns der Brief des Schriftstellers Plinius an seinen Freund Sura (Anfang 2. Jh. n. Chr.) zeigt:

C. Plinius Surae suo salutem dicit.
Incredibile est, quod tibi narrabo: Antiquis temporibus erant
3 Athenis aedes amplae, sed infames[1]. Nam tempore nocturno ibi sonus[2] ferri et vinculorum audiebatur.
Mox etiam senex ignotus videbatur, qui vincula gerebat. Omnes,
6 qui iis in aedibus vivebant, noctes terribiles[3] fuisse contendebant. Nam a monstro e somno excitabantur. Iterum atque iterum ii, qui illic vivebant, aedes relinquebant.
9 Quondam venit Athenas Athenodorus philosophus. Cui omnia narrantur, sed: „Neque perturbor neque perterreor", inquit, „immo vobis promitto: Vos a monstro liberabimini." Et aedes conducit.
12 Iubet nocte se solum in aedibus relinqui. Etiam servi dimittuntur. Primo erat silentium; deinde ferrum et vincula moveri audit. Tum videt monstrum. Quod e tenebris procedit et signa dat. Athenodo-
15 rus a sene ignoto in peristylium[4] ducitur, ubi monstrum subito abest. Postridie[5] philosophus effodi[6] eum locum iussit, ubi monstrum abierat. Ibi ossa[7] et vincula inveniebantur. Postquam ossa rite
18 sepeliri[8] sivit, aedes a monstro liberae erant.
Nunc te interrogo: Tune monstra esse putas – an potius ea de fabula rides? Equidem iterum atque iterum fabulis miris commo-
21 veor et terreor. Etiamne tu talibus fabulis permoveris et timore[9] caperis?
Equidem credo iis, a quibus tales fabulae confirmantur.
Vale! *(nach Plinius, Epistulae)*

1 īnfāmis, e berüchtigt
2 sonus Geräusch
3 terribilis, e schrecklich
4 peristȳlium Innenhof
5 postrīdiē am nächsten Tag
6 effodere aufgraben
7 os, ossis *n* Knochen
8 rīte sepelīre ordnungsgemäß bestatten
9 timor, ōris Furcht

1 Text vorerschließen
Lies den Text abschnittsweise durch und versuche, dabei möglichst viele inhaltliche Informationen in Stichworten festzuhalten. Unbekannte Vokabeln kannst du mit Hilfe von Fremd- und Lehnwörtern (z. B. monstrum, fabula, antiquus), englischen oder französischen Vokabeln (z. B. mirus, movere, silentium) sowie mit deinen Kenntnissen über die Bildung von Komposita erschließen.

2 Die Überschrift hat kein Satzzeichen. Überlege, welches man setzen könnte, und begründe deine Entscheidung.

3 Stelle alle Merkmale zusammen, an denen man erkennt, dass **T** ein Brief ist. Worin unterscheidet sich ein römischer Brief von einem Brief, wie wir ihn abfassen würden, oder von einer E-Mail?

4 Tempusfunktionen unterscheiden
Untersuche die Verwendung der Tempora in Z. 2–18. Überlege, weshalb ab Z. 9 wiederholt Präsensformen auftreten.

5 Text hinterfragen
Welche Gewährsleute nennt Plinius für seine Geschichte? Sammle die Stellen, an denen sich Plinius direkt oder indirekt auf Gewährsleute berufen kann. Was könnte Plinius, einen gebildeten Vertreter der Oberschicht, zu seinem abschließenden Urteil bewogen haben?

Der Mensch und die Götter

Piratae navem mercatoris capere cupiunt. Paulo post navis a piratis capitur. Piratae mercatorem et nautas necare volunt. Sed mercator et nautae a piratis non necantur. Nam filia mercatoris, puella pulchra, piratas verbis flectere studet. Profecto piratae verbis flectuntur. Piratae pecuniam rapiunt et in navem suam portant. Sed tum puella quoque a piratis rapitur et in navem ducitur. Puella clamat: „Vae! A piratis rapior et in navem ducor! Quis me servabit?" At piratae rident: „Tu non servaris – tu numquam servaberis." Puellam secum duxerunt.
Postea autem dux (Anführer) piratarum eam liberare et Romam mittere voluit. Itaque puellam liberari et Romam mitti iussit.
Setze die Geschichte auf Deutsch fort; benutze dabei das Passiv.

A Schreibe aus **T** alle Verbformen im Präsensstamm (Präsens, Imperfekt, Futur) (ausgenommen Formen von esse und Komposita von esse) heraus und setze sie in das andere Genus verbi (Aktiv bzw. Passiv). Zu welchen Verben gibt es kein Passiv?

B Ordne im Heft: Welche Formen sind Aktiv, welche Passiv?
superabimur – excitatur – occupaberis – invenimus – terreri – ignoras – ornor – dabatur – muniuntur – appellabaris – vincentur – conducit – cognoscimur – pugnatis – ducitur – responde – ostendi – reperire
Bestimme anschließend die Formen und übersetze sie.

C Bilde eine Formenreihe in der angegebenen Person im Aktiv und Passiv für Präsens, Imperfekt und Futur:

Beispiel: vocare (3. Pers. Sg.)
Aktiv: vocat – vocabat – vocabit
Passiv: vocatur – vocabatur – vocabitur

capere (1. Pers. Sg.), monere (2. Pers. Pl.), decernere (3. Pers. Sg.), audire (1. Pers. Pl.)

D Ordne die deutschen Übersetzungen zu.
du lobst – du lobtest – du wurdest gelobt – du wirst gelobt werden – du wirst loben – du wirst gelobt
laudas – laudabas – laudabis – laudaris – laudabaris – laudaberis

E Wo wird in den Sätzen ein Täter genannt, wo eine Ursache und wo keines von beiden?
1. Fabula mira narratur. 2. Ceteri fabulis miris terrentur. 3. Ego non terreor. 4. Neque ea fabula, quae narratur, terreor. 5. Quae fabula ab amico meo narratur. 6. Amicus a monstro non terretur. 7. Itaque ea fabula ab amico hospitibus narratur. 8. Ita hospites delectantur.

F Ermittle die Passivformen und übersetze sie ins Lateinische; die dazu benötigten lateinischen Verben stehen alle im Wortschatz 16 und 17:
er wird veranlasst – sie werden vorrücken – ich werde erlauben – wir werden gefunden werden – sie wurden angeworben – es wird behauptet – ihr werdet bemerken – ihr werdet bemerkt – du wirst ermutigen – du wirst ermutigt

G Äneas im Passiv. Übersetze:
Mercurius ad Aeneam mittitur. Aeneas a Mercurio monetur. Aeneas verbis Mercuri terretur. Postea comites ad litus vocantur. Aeneas: „Regiones Punicae a nobis relinquentur. Patria nova a nobis quaeretur."

H Sprachen vergleichen
Bringe die folgenden französischen Verbformen von *faire* (lat. facere) und *finir* (lat. finire *beenden*) in die richtige Reihenfolge. Begründe jeweils, worauf sich deine Entscheidung stützt.
ils font – nous faisons – je fais – tu fais – vous faites – il fait
nous finissons – tu finis – vous finissez – je finis – il finit – ils finissent

I Wortbildung nutzen
In den Wortschätzen 15–17 finden sich mehrere Komposita mit den Präfixen per-, pro- und con- / com-. Stelle sie zusammen und ermittle so, was die Präfixe jeweils ausdrücken.

J Passiv treffend wiedergeben
Passiv: In Griechenland wurde oft das Orakel von Delphi befragt.
→ **unpersönlich:** In Griechenland befragte **man** oft das Orakel von Delphi.

Passiv: Krösus wurde getäuscht.
→ **reflexiv:** Krösus täuschte sich.

Erprobe die unterschiedlichen Wiedergabemöglichkeiten des Passivs:

Die Perser planen einen Krieg. In Griechenland ist man ratlos. Itaque Pythia interrogatur.
Das Orakel gibt eine bedrohliche Antwort: „Urbs non defendetur." Wie reagieren die Athener? Homines verbis Pythiae terrentur. Nam verba Pythiae non intelleguntur. Themistokles will das Orakel deuten. Consilium eius in foro auditur. Nach dem Sieg über die Perser ist die Freude groß. Homines victoria delectantur.

K Lateinische Sätze bilden
Notiert in Anlehnung an **T** fünf sinnvolle lateinische Sätze. Als Hilfe sind auch die deutschen Entsprechungen angegeben, allerdings nicht in der richtigen Reihenfolge.

aedes relinquebant – amplae aedes – antiquis temporibus – audiebatur – erant Athenis – ii, qui illic vivebant – incredibile est – iterum atque iterum – tempore nocturno ibi – qui vincula gerebat – quod nunc narrabo – sed infames (berüchtigt) – senex videbatur – sonus (Geräusch) ferri et vinculorum

aber berüchtigt – befand sich in Athen – das Geräusch von Eisen und Ketten – verließen das Haus – der Fesseln trug – diejenigen, die dort lebten – ein alter Mann wurde gesehen – ein stattliches Haus – es wurde gehört – immer wieder – in alter Zeit – zu nächtlicher Zeit dort – unglaublich ist – was ich jetzt erzählen werde

Der Feind soll verflucht sein!

Z Obwohl die Römer schon geglaubt hatten, dass ihre Herrschaft in Mittelitalien gefestigt sei, kam es im Jahr 340 v. Chr. zu einem Krieg gegen die Stämme der Latiner. Wieder einmal stand alles auf dem Spiel. Die beiden Konsuln Decius Mus und Titus Manlius zogen in die Schlacht. Vorher opferten die beiden römischen Feldherren den Göttern, wie es üblich war. Doch offensichtlich reichte das nicht aus:

Nam uterque[1] imperator nocte in somno vidit virum, qui dixit: „Ex altero[2] populo deis debentur milites, ex altero debetur imperator.
3 Unius populi imperator et se et legiones hostium deis devovebit[3]; cuius populo erit victoria."

Bronzemodell einer Schafsleber mit einer genauen Einteilung der verschiedenen Deutungsbereiche. 3. Jh. v. Chr. Piacenza, Museo Civico.

Da die Opferschauer, die aus den Eingeweiden der geschlachteten Tiere die Zukunft deuteten, die Träume der Konsuln bestätigten, verabredeten die beiden Konsuln, dass derjenige mit seinem Opfertod die Götter umstimmen solle, dessen Legionen vor dem Feind weichen würden.

Et Latini[4] et Romani proelium inierunt. Diu Latini a militibus
6 Romanis prohibebantur. Tum autem legiones Decii fugere coeperunt[5]. Decius Romanos nunc perire et ab Latinis vinci intellexit. De somnio[6] cogitavit et magna voce clamavit:
9 „Iane[7], Iuppiter, Mars pater, Quirine[8], Bellona[9], Lares, vos adeo: Date populo Romano victoriam et exstinguite[10] hostes! Quibus verbis me atque legiones hostium deis devoveo."
12 Decius statim hostes petivit. Denique Decius necatur, hostes autem a militibus Romanis vincuntur.
(nach Livius, Ab urbe condita)

1 uterque jeder von beiden
2 alter – alter
   der eine – der andere
3 dēvovēre weihen
4 Latīnī die Latiner
5 coepērunt sie begannen
6 somnium Traum
7 Iānus: Gott des Ein- und Ausgangs
8 Quirīnus: Name des zum Gott erhobenen Romulus
9 Bellōna: Kriegsgöttin, Schwester des Mars
10 exstinguere vernichten

18

Die politische Ordnung der römischen Republik löste sich seit ca. 130 v. Chr. mehr und mehr auf. Immer häufiger übten einzelne mächtige Politiker und Feldherren größeren Einfluss aus als die Gemeinschaft der vornehmen Römer im Senat. Zu diesen Feldherren gehörten auch Cäsar und Pompejus. Nach dem Tod Cäsars setzte sich dessen Adoptivsohn, der spätere Kaiser Augustus, in blutigen Bürgerkriegen gegen seine politischen Gegner durch (Schlacht bei Aktium, 31. v. Chr.) und suchte dann die Verständigung mit dem Senat.

Er herrschte unangefochten als Princeps („Erster im Senat") und wahrte den Schein, dass die vornehmen Senatoren die Geschicke des Staates mitbestimmten. 27 v. Chr. wurde ihm vom Senat der Ehrentitel Augustus („der Erhabene") verliehen. Dieses Datum gilt als Beginn der römischen Kaiserzeit. Augustus brachte Rom eine lange Epoche des Friedens und Wohlstands.

Um das Handeln des Augustus auch religiös zu rechtfertigen, rückte man den Herrscher in die Nähe der Götter. Äneas war nicht nur der Stammvater der Römer, sondern auch Ahnherr der Familie der Julier, der Augustus angehörte. Da Äneas als Sohn der Venus galt, konnte eine göttliche Abkunft des Kaisers gefeiert werden.

Die „Gemma Augustea". Auf dem um 10 n. Chr. entstandenen Schmuckstück wird die Herrschaft des Augustus dargestellt. Wien, Kunsthistorisches Museum.

1 Antike Bildquellen verstehen
Ordne die folgenden Erklärungen den Figuren auf dem Bild zu: • Römischer Adler, Vogel des obersten Gottes Jupiter • Neptun, bärtiger Meeresgott • Tellus, Erdgöttin; mit Kindern und einem Füllhorn voller Früchte, Symbolen für die Fruchtbarkeit • Ökumene, Göttin, die für alle friedlich zusammenlebenden Völker steht; hält einen Eichenkranz über das Haupt des Augustus • Tiberius, Sohn des Augustus, mit Lorbeerkranz, steigt von einem Triumphwagen herab • Germanicus, Neffe des Kaisers, ein erfolgreicher Heerführer • Victoria, geflügelte Gottheit des Sieges, lenkt den Triumphwagen des Tiberius • Roma, Göttin, die für die Stadt Rom steht; bewaffnet, tritt auf Waffen der Gegner Roms • Augustus, mit nacktem Oberkörper (wie Götter); mit Priesterstab in der Hand; tritt auf Waffen der Gegner Roms.

2 Erfindet ein Gespräch, in dem zwei Römer darüber streiten, wie Augustus sich auf dem Edelstein darstellen lässt.

G
Athenienses (die Athener) legatos ad oraculum miserunt.
Legati ab Atheniensibus ad oraculum missi sunt.
3 Legati, postquam ab Atheniensibus Delphos missi sunt, templum Apollinis intraverunt.
Legati ab Atheniensibus Delphos missi templum Apollinis intraverunt.
Postea ea, quae Pythia dixerat, a sacerdotibus narrata sunt.

Von Venus zu Augustus

Seit den Zeiten des Gajus Julius Cäsar, des Adoptivvaters des Augustus, wurde in Rom wieder oft die Geschichte erzählt, dass Venus, die Göttin der Liebe, die Urmutter der gens Iulia, der Familie von Cäsar und Augustus, sei.

Iuppiter, pater deorum, iterum atque iterum feminas mortales amabat – et cum compluribus mortalibus amore coniungebatur[1].
3 Tum Iuno, uxor Iovis, saeviebat[2], Venus autem filia ridebat. Itaque Iuppiter ira commotus est. Pater ira commotus filiam virum mortalem amare iussit.
6 Is vir – filius regis Troianorum, cui nomen erat Anchises – primo sole a patre in campos missus erat, ubi oves pascebat[3]. Venus invenit Anchisam, virum pulchrum, in campis et statim amore capta
9 est. Dea amore capta auro et vestibus pulchris se ornavit. Nunc vestibus pulchris ornata Anchisam adiit. Is pulchritudine[4] incredibili feminae perturbatus eam deam esse censuit. Itaque vir pius
12 religione et officio permotus dixit: „Dea ignota! Libenter aram tibi ponam. Supplex semper aram tuam adibo et sacra tibi dabo. Tu autem respice preces meas: Civibus oppidi mei imperare volo."
15 Sed Venus, quod virum pulchrum amabat et cum eo amore coniungi cupiebat, negavit se deam esse. Anchises – verbis eius primo perturbatus – paulatim gaudio ac desiderio[5] motus est.
18 Mox vir fortis desiderio motus cum dea amore coniungebatur. Postea Anchises a Venere e somno excitatus est. Nunc dea viro excitato ostendit se
21 Venerem esse: „Gens tua a deis delecta est. Me enim concepisse[6] filiumque tuum gerere tibi aperio. Nomen filii Aeneas erit.
24 Aeneam nymphis mandabo, quae eum instruent. Quinto[7] anno filium tibi ostendam. Tu autem gaudio permotus filium
27 tuum fortem esse videbis. Gloriam tuam et gloriam totius gentis augebit.
Tibi autem non licebit hominibus nuntiare
30 Venerem deam viro mortali filium peperisse. Aliter Iuppiter te interficiet. Respice iram deorum!"

(nach dem Homerischen Hymnus an Aphrodite)

1 amōre coniungī *Pass.* sich in Liebe verbinden
2 saevīre wütend sein, toben
3 ovēs pāscere die Schafe weiden lassen
4 pulchritūdō: *zu* pulcher
5 dēsīderium Verlangen
6 concēpisse *Perf.* schwanger sein
7 quīntus, a, um der fünfte

Annibale Carracci: Venus und Anchises. Um 1600. Rom, Palazzo Farnese.

1 Untersuche, welche Vorstellung von göttlichen Wesen diesem Mythos zugrunde liegt.

2 Text- und Bildquellen vergleichen
Beschreibe die Darstellung des Anchises in den unterschiedlichen Abschnitten dieser Geschichte und vergleiche sie mit seiner Darstellung auf dem Gemälde.

3 Überlege, welche Teile des Mythos von Venus und Anchises Kaiser Augustus besonders geschätzt hat und welche nicht.

4 Informiere dich darüber, wie der Dichter Vergil in seinem Heldenepos über Äneas, den Urahn der Römer, dessen Vater Anchises darstellt.

Ü

Serva cenam parat. Filius a patre vocatur. Sed filius non venit, quamquam a patre vocatus est. Tum serva, quae filium a patre vocatum esse audivit, adit. Nunc filius a serva vocatur. Filius a serva vocatus statim venit.
Post cenam serva a filio vocatur. At serva, quamquam a filio vocata est, non venit. Tum pater servam vocat. Serva a patre vocata statim venit. Pater: „Cur a filio vocata non venisti?" Serva: „Num filius cenam mihi paravit?"

Äneas opfert den Penaten. Relief von der Ara Pacis Augustae in Rom. 9 v. Chr.

A Schreibe aus **T** alle PPP-Formen heraus und überlege, ob du im Deutschen besser wörtlich, mit Relativsatz oder Adverbialsatz übersetzt.

B Bilde das PPP zu den folgenden Verben: accusare – mittere – interficere – augere – censere – movere – perturbare – respicere – vocare – debere – instruere – habere – audire

C Verwandle ins Passiv. Die Auflösung der ersten Sätze hilft dir:
1. Claudius amicum exspectavit. – Amicus a Claudio exspectatus est.
2. Amicos delectavimus. – Amici a nobis delectati sunt.
3. Senator patrem accusaverat. – Pater ...
4. Mulierem vidisti.
5. Hostes milites superaverant.
6. Ii omnes interfecerunt.
7. Amicus me excitavit.

D Füge zu den *kursivgedruckten* Substantiven die passenden Partizipialausdrücke hinzu:

a) ab imperatore vocati
b) ab imperatore datum
c) vocatos
d) oratione excitatis

1. *Milites* statim conveniunt.
2. Imperator *milites* oratione excitat.
3. Mox omnes *signum* audiunt.
4. Paulo post imperator cum *militibus* hostes petit.

E Satzstrukturen analysieren
Gehe bei der Analyse der Sätze (unten) folgendermaßen vor:
1. Markiere zuerst das Nomen, auf das sich das Partizip bezieht.
2. Isoliere dann den Partizipialblock (durch Einklammern): Dazu gehören das Partizip und die vom Partizip abhängigen Ergänzungen (meistens zwischen Partizip und Beziehungswort).
3. Übersetze den Satz ohne den Partizipialblock.
4. Übersetze den Partizipialblock. Überprüfe dabei, ob du am sinnvollsten wörtlich, mit Relativsatz oder mit Adverbialsatz (weil, nachdem, ...) übersetzen kannst.
5. Übersetze den ganzen Satz.

1. Anchises a patre in campos missus oves pascebat (Schafe weiden). 2. Anchises a Venere in campis visus deae placuit. 3. Venus amore capta vestibus pulchris auroque se ornavit. 4. Anchises Venerem vestibus pulchris auroque ornatam vidit et auro perturbatus est. 5. Anchises auro perturbatus feminam ignotam deam esse censuit. 6. Vir pius religione permotus feminae aram ponere et sacra facere voluit. 7. Venus amore mota negavit se deam esse.

F Wortschatz erarbeiten
1. Ordne die neuen Verben aus Wortschatz 18 nach Konjugationsklassen, dann alle Verben aus 18 **T** nach der Art der Perfektbildung.
2. Stelle aus 18 **T** ein Sachfeld „Religion" zusammen.

Prometheus hilft den Menschen

Prometheus vom alten Göttergeschlecht der Titanen hatte die Menschen erschaffen; dies ärgerte die Olympischen Götter, weil sie von den Menschen nicht beachtet wurden:

Dei decreverunt: „Homines peribunt. Eos interficiemus." Itaque Prometheus deos adiit et cum iis de officiis hominum et de religione consuluit; denique promisit: „Dei ab hominibus colentur. Homines in aris deis sacra facient. Et dei ab hominibus culti eos servabunt iisque aderunt." Quod a deis probatum est.
Prometheus autem superbia commotus deos fefellit: Magnum taurum¹ necavit. Dimidium² tauri necati deis promisit.

Prometheus hatte aber nach der Zerstückelung des Tieres zwei Haufen aufgeschichtet: Auf die eine Seite legte er die guten Fleischstücke und bedeckte sie mit dem unappetitlichen Magen, auf die andere Seite legte er die kahlen Knochen, die er sorgfältig mit den üppigen Fettschichten bedeckte. Jupiter, der allwissende Göttervater, durchschaute diesen Betrug. Trotzdem ging er auf Prometheus' List ein und wählte im Namen der Götter den Teil, der mit Fett bedeckt war; das bedeutete aber für künftige Opfer, dass die Götter jedes Mal Fett und Knochen, also die ungenießbaren Teile eines Opfertieres, erhalten sollten, dass aber die Menschen beim Opfermahl zu Ehren der Götter die Fleischstücke verzehren durften.

Iuppiter autem dolum malum Promethei vindicare³ voluit. Itaque Prometheo dixit: „Nos ab hominibus colemur. Homines nobis sacra facient. Sed propter superbiam tuam homines ignem⁴ non habebunt. Homines ignem habere non sinam." Et Prometheus ea verba Iovis probavit. Tum autem clam⁵ solem⁶ adiit; a sole ignem cepit et hominibus dedit. Tum homines igne a Prometheo donati multum valebant: Igne confirmati bestiis imperabant. Sed Iuppiter ira commotus Prometheum in monte Caucaso⁷ in vinculis esse iussit.

Lange Zeit musste der gefesselte Prometheus grausame Qualen ertragen; denn täglich flog ein Adler, der Vogel Jupiters, herbei und fraß von seiner Leber; und Tag für Tag wuchs die Leber wieder nach. Erst Herkules befreite Prometheus von seinen Qualen.

1 taurus Stier
2 dīmidium Hälfte
3 vindicāre rächen, bestrafen
4 īgnis, is Feuer
5 clam heimlich
6 sōl, sōlis Sonne
7 mōns Caucasus Kaukasusgebirge

1 Funktion des Mythos kennenlernen
Mythen bieten oft Erklärungen für unerklärliche Phänomene. Welche Phänomene werden durch den Prometheus-Mythos erklärt?

Die Titanen Atlas und Prometheus. Griechische Vasenmalerei. Um 560 v. Chr. Rom, Vatikanische Museen.

Der Mensch und die Götter

19

Die Götter für sich günstig zu stimmen war wichtiger Bestandteil der römischen Religion. Die Menschen meinten durch Opfer, Geschenke, Gebete und Gelübde den Göttern zu gefallen. Das galt nicht nur im Privatleben, sondern auch in wichtigen Staatsangelegenheiten, vor allem im Krieg.

Vor einem Krieg vollzog der Feldherr (imperator) feierliche Gelübde. Nach einem siegreichen Feldzug wurde den Göttern am Ende eines festlichen Triumphzugs auf dem Kapitol gedankt, wo die wichtigsten Götter des Staates verehrt wurden.

Neben dieser religiösen Funktion bekam der Triumphzug immer größere Bedeutung für den Feldherrn selbst, der bei diesem Spektakel seine eigenen Leistungen für den Staat vor dem ganzen Volk prächtig zur Schau stellen konnte. Deshalb musste der Triumphzug, solange die Senatoren die wichtigsten Männer im Staat waren, auch vom Senat genehmigt werden.

Im Jahre 168 v. Chr. war es dem römischen Feldherrn L. Aemilius Paullus in der Schlacht bei Pydna endlich gelungen, König Perseus von Makedonien entscheidend zu besiegen. Dieser hatte sein Reich immer weiter ausgedehnt, woraufhin sich viele griechische Städte und kleinasiatische Fürstentümer an Rom um Hilfe gewandt hatten. Und Rom half tatkräftig und mit Erfolg.

Die Beute, die den Römern in die Hände fiel, war so gewaltig, dass die römischen Bürger fortan keine Steuern mehr bezahlen mussten. Livius und andere antike Historiker berichten, dass in Rom an drei aufeinanderfolgenden Tagen 250 Wagen mit erbeuteten Statuen und Gemälden im Triumphzug mitgeführt wurden; 3000 Männer sollen 750 Gefäße mit Silbergeld, außerdem Schalen, Krüge und Becher getragen haben; natürlich fand auch eine Parade der siegreichen Truppen mit dem Feldherrn und den Gefangenen statt.

G Et Caesar et Maiestix erant duces (Anführer) potentes.
Hic Gallis (Gallier) imperabat, ille imperium Romanum regebat.
3 Hunc multi propter virtutem laudant, illius virtus a Romanis laudatur.
Huic Asterix et Obelix aderant, ille quondam haec dixit: „Veni, vidi, vici."
Haec res a Romanis nobis narratur.
6 Hanc rem (De hac re) Romani nobis narrant.

Der Triumph des Paullus

Omnes fere cives in vias conveniunt, ubi praeclarum spectaculum videre possunt. Imprimis in foro magna est turba hominum, qui
3 et victorem ducem et regem captum spectare volunt.
Nimio gaudio permotus unus e turba haec verba fecit: „Mox venient et ad Capitolium ibunt." Ad haec alius dicit: „Cur non in
6 foro triumphi finem facient?"
Cui ille respondet: „Res ita se habet: Deis quoque, non solum mortalibus debetur triumphus. Nam hos bella gerere, illos autem
9 victoriam dare credimus. Hanc rem iam maiores nostri intellexerunt. Itaque Paullus, postquam illud bellum feliciter confectum est, in Capitolio deis gratias populi Romani publice aget."
12 Iam incedunt hostiae[1] a sacerdotibus ductae. Tum homines, qui triumphum spectant, multis rebus delectantur: Praeda hostium victorum ostenditur. Clamant: „Ecce, haec signa aurea et mar-
15 morea[2], illa arma ex aere facta, illae tabulae pictae[3], illae vestes regiae. Spectate et haec et illa! Tanta pecunia, tantum argentum, tantum aurum, tantum aes! Has omnes res Paullus victor nobis
18 praebet. Ecce, barbari a Romanis subiecti sine spe salutis in servitutem ducuntur!"
Deinde rex captus ante victorem ducitur. Hic auro
21 purpuraque[4] fulget[5], ille in vinculis it. Huius dignitas a duobus filiis augetur, qui post patrem eunt; illius miseriam augent filii simul cum patre capti. Ita cives
24 uno die et res secundas et adversas hominis nobilis spectant. Tum transit agmen longum equitum et legionum, dum turba clamat: „Io triumphe[6]!"

(nach Livius, Ab urbe condita)

1 hostia Opfertier
2 marmoreus marmorn
3 pictus bemalt
4 purpura Purpur
5 fulgēre glänzen
6 Iō triumphe! Hurra, Triumph!

Kaiser Tiberius auf dem Triumphwagen. Silberbecher von Boscoreale. 1. Jh. n. Chr. Paris, Musée du Louvre.

1 In Z. 12 ff. kannst du die Aufstellung des Triumphzuges nachvollziehen. Notiere die Signalwörter, die den Hinweis auf die Reihenfolge des Zuges geben, und führe die Personen an, die im jeweiligen Abschnitt auftreten.

2 Textinhalt veranschaulichen
Fertigt ein Plakat an, auf dem die Aufstellung des Triumphzuges deutlich wird.

3 Was soll die Gegenüberstellung Sieger – Besiegte in Z. 20–25 bewirken? Wie wird sie auch sprachlich betont?

4 Verfolge auf der Karte der Stadt Rom im Buchdeckel den Weg des Triumphzuges, der vom Marsfeld über den Circus Flaminius, das Velabrum und die Via Sacra auf das Forum führte.

Wo endet der Triumphzug? Wie wird dies in **T** begründet? Erkläre, weshalb das Thema „Triumphzug" zur Sequenz „Römische Religion" gehört.

5 Bildquellen verstehen
Beschreibe, welche Einzelheiten du auf dem Becher erkennen kannst. Welcher Teil des Triumphzuges ist hier zu sehen? Stelle Bezüge zu **T** her.

6 Mit der eigenen Lebenswelt vergleichen
Auch heute werden zu verschiedenen Anlässen öffentliche Feiern veranstaltet, die einem antiken Triumphzug ähnlich sind. Welche Feiern kennst du und zu welchen Anlässen werden sie begangen? Vergleiche sie mit einem antiken Triumphzug.

Der Mensch und die Götter

Anchises, pater Aeneae, et imperator Augustus gloriam Romanorum augebant. Ille Troiam, oppidum antiquum, ab hostibus defendit. Hic Romam, urbem nostram, templis ornavit. Aeneas, illius filius, posteris novam patriam paravit. Germanicus, huius nepos (Neffe), patriam Romanam ab hostibus defendit. Illi Venus dea regnum promisit. Huic civitas Romana propter salutem et pacem gratias egit. Illum Venus dea amabat. Hunc omnes deos amare homines putabant. Poetae (Dichter) antiqui haec omnia confirmant.

A Wer ist jeweils hic, wer ille? Achte darauf, dass du nicht durcheinanderkommst.

1. Quis nescit Asterigem et Obelicem?
2. Hunc propter staturam (Gestalt) ridemus, illum propter virtutem laudamus.
3. Huic est canis (Hund) nomine Idefix, illius auxilio multa pericula prohibentur.
4. Ille potu magico (durch den Zaubertrank) incredibilia facit, hic semper multa edere (essen) cupit.
5. De hoc et illo libenter narramus.

B Deklinationenwürfel
Jeder Würfel ist beschriftet mit Formen zweier Wörter. Auf den gegenüberliegenden Seiten stehen die entsprechenden Formen des anderen Wortes. Wie lauten diese?

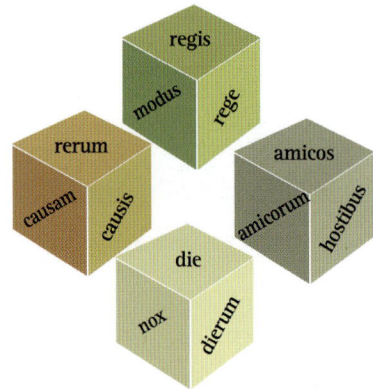

C Füge an Stelle der Ziffern die entsprechende Form von hic bzw. ille ein. Übersetze dann:

hae – haec – haec – haec – hanc – illa – illum

Multi homines in (1) vicum (Dorf) praeclarum Gallorum (!) convenerunt. Nam Maiestix mulieres placare (beruhigen) debet. (2) est Epona, uxor ducis. Et (3) est Barbula, quae (4) verbis movet. Nam Barbula huic inimica est, quia maritus Eponae in scuto (auf einem Schild) portatur, cum aedes relinquit. Dum (5) verbis illius dolet, Obelix adit et (6) dicit: „(7) mulieres delirant (spinnen)!"

D Markiere den Wortblock, der aus dem Partizip und der zugehörigen Ergänzung besteht. Übersetze dann das Participium coniunctum mit allen bisher gelernten Möglichkeiten:
Servi a domina vocati domum cucurrerunt.

E Übersetze die Sentenzen 2 und 3 und versuche nach dem folgenden Beispiel eine freiere Wiedergabe im Deutschen:

1. SINE CERERE ET BACCHO FRIGET VENUS.
   Ohne Ceres und Bacchus *friert* Venus.
   Ohne Wein und Brot ist die Liebe tot.

2. O TEMPORA, O MORES!
3. SERVA ME, SERVABO TE.

Suche für alle drei Sentenzen Beispiele aus deinem Erfahrungsbereich.

F Setze zu jedem PPP ein passendes Substantiv (im gleichen Kasus) und übersetze dann die Wendung:
permota – factum – victus – capta – confectum – interfecti

G Fremdwörter erklären
Welche Wörter kannst du aus dem Lateinischen herleiten?
„Auf dem Schulhof wurde die Misere publik gemacht. Aber das war keine Neuigkeit mehr, denn die Schüler dachten nicht daran, die Instruktionen des Rektors zu respektieren. Als Erstes wehrten sie sich gegen die Zensur der Schülerzeitung."

Der Triumph des Paullus

Cäsar – ein Gott?

Merkwürdig kommt es uns vor, dass einige bedeutende Römer „vergöttlicht" wurden; man glaubte also, dass sie unter die Götter aufgenommen worden seien. Von Cäsar wird nach seiner Ermordung, an der auch Brutus und Cassius beteiligt waren, Folgendes berichtet:

Primo Brutus et Cassius, postquam Caesarem cum amicis interfecerunt, corpus dictatoris[1] in Tiberim mittere volebant.
3 Tum autem Antonius et Piso, amici Caesaris, eos prohibuerunt et Caesarem publico funere efferri[2] iusserunt.
Quod senatores probaverunt; timebant enim iram populi, qui
6 dictatorem amaverat eiusque morte dolebat. Immo vero senatores Caesarem ut deum coli decreverunt.
Multi cives, qui in forum convenerant, funus[3] spectare studebant.
9 Antonius e Caesaris testamento[4] recitavit[5]. Ita cives permoti sunt; nam Caesar omnes cives post mortem suam trecentis sestertiis[6] donari iusserat. Postquam Antonius togam cruentam[7] de corpore
12 Caesaris movit, populus ad tribunal[8] contendit et dictatoris corpus flammis[9] dedit.
Alii mensas e tabernis mercatorum rapiebant et in flammas
15 eiciebant, alii argentum et aurum.
Denique multi cives ira commoti illos viros, qui Caesarem interfecerant, in viis necare studebant; sed Brutus eiusque
18 comites iam ex urbe fugerant.
Et ecce, multa nocte cometes[10] visus est. Ita omnes Caesarem a deis in caelum acceptum[11] esse putabant.
(nach Sueton, Divus Iulius)

1 dictātor, ōris Diktator
2 fūnere efferrī zu Grabe getragen werden
3 fūnus *n* Leichenbegängnis
4 testāmentum: *vgl. Fw.*
5 recitāre vortragen
6 trecentī sestertiī 300 Sesterzen (Silbermünzen)
7 cruentus blutig
8 tribūnal *n* Podium
9 flamma: *vgl. Fw.*
10 comētēs *m*: *vgl. Fw.*
11 in caelum acceptus in den Himmel aufgenommen

Römischer Denar mit dem Kometen Cäsars, dem sog. sidus Iulium. Um 19 v. Chr. Museum Kalkriese.

Marcus Antonius wiegelt vor dem Leichnam Cäsars das Volk auf. Szene aus der Verfilmung des Shakespeare-Dramas „Julius Cäsar". USA 1953.

Differenziert üben IV

Der folgende Text enthält einige Partizipialkonstruktionen. Diese sind in den ersten Sätzen des Textes noch markiert. Im weiteren Verlauf sollst du sie dann selbst erkennen.
Wer sich beim Participium coniunctum (PC) schon ganz sicher fühlt, kann gleich mit der Übersetzung von **T** beginnen.
Wer noch etwas Hilfe braucht, sollte zuerst die Aufgaben 1–3 bearbeiten. In diesen Aufgaben kannst du die Übersetzung der Partizipien, die in **T** vorkommen, vorbereiten. Die Aufgaben 4 und 5 solltest du nach der Übersetzung von **T** zur Vertiefung bearbeiten.

Die Kyklopen auf Sizilien

Äneas hat mit seinem Vater, seinem Sohn und anderen Einwohnern Trojas die brennende Stadt verlassen und sucht für alle eine neue Heimat. Nach einigen Monaten Fahrt landen sie an der Küste Siziliens. Als sie an Land gehen, stürzt ein junger Mann auf sie zu, der sich als Gefährte des Odysseus (lat. Ulixēs, is *m*) herausstellt und hier auf der Insel zurückgelassen worden ist. Er erzählt:

1. Postquam Troia capta est, Ithacam insulam[1], patriam [amatam], petere voluimus. 2. Sed ventis vehementibus ad insulam Siciliam acti sumus. 3. Comites [magna fame[2] commoti] in cunctis regionibus insulae frustra cibos quaerebant. 4. Tum speluncam[3] vidimus; eam intravimus et illic ingentem copiam ciborum invenimus. 5. [Magno gaudio moti] corpora cibis confirmabamus, tum [laboribus superati] quiescebamus.

6. Subito incredibili clamore perterriti vidimus magnum monstrum speluncam intrare. 7. Intelleximus id monstrum, cui unus tantum oculus erat, Polyphemum Cyclopem[4] esse. 8. Ego vidi eum duos comites delectos corripere, crudeliter interficere, denique devorare[5]. 9. Quamquam Polyphemum suppliciter precibus orabamus, tamen complures amici ab eo interfecti sunt. Omnem spem salutis amisimus. 10. At comites dolo Ulixis servati ad navem redire potuerunt. 11. Ego autem …

1 īnsula Insel
2 famēs, is *f* Hunger
3 spēlunca Höhle
4 Polyphēmus Cyclōps der Kyklop Polyphem
5 dēvorāre verschlingen

Die Blendung des Polyphem. Darstellung auf einer etruskischen Vase. 6. Jh. v. Chr. Rom, Museo Nazionale di Villa Giulia.

1 Übersetze das PC zunächst wörtlich, dann mit einem Relativsatz:
a) patriam amatam (Satz 1)
b) comites magna fame commoti (Satz 3)

2 Bestimme in Satz 5 und 6 jeweils das Bezugswort des PPP.

3 Schreibe aus den Sätzen 6–11 die PC heraus und übersetze zunächst wörtlich, dann mit einem Relativsatz und mit einem Adverbialsatz (*als, weil, …*).

4 Übersetze die Sätze nach dem folgenden Beispiel:

> **Troiani** a Graecis **superati sunt**.
> Die Trojaner sind von den Griechen besiegt worden.
>
> **Troiani** a Graecis **superati** urbem reliquerunt.
> a) Die Trojaner, die von den Griechen besiegt worden waren, verließen die Stadt.
> b) Nachdem die Trojaner von den Griechen besiegt worden waren, verließen sie die Stadt.

Adulescens ab Ulixe in insula (Insel) relictus est.
Aeneas adulescentem ab Ulixe in insula relictum invenit.

Comites a Polyphemo capti sunt.
Ulixes comites a Polyphemo captos servare non potuit.

Scelus a Polyphemo factum est.
Iuppiter scelus a Polyphemo factum intellexit.

5 Übersetze die folgenden Wendungen jeweils mit zwei verschiedenen Möglichkeiten:
a) tempus hodie amissum
b) serva ad dominam vocata
c) vox nocte audita
d) equus a milite servatus
e) auxilium diu exspectatum
f) res ab omnibus amata

Wenn du wissen möchtest, wie Odysseus und seine Gefährten sich aus der Höhle befreien konnten, betrachte aufmerksam das Bild.

Griechisches Vasenbild. Um 500 v. Chr. Karlsruhe, Badisches Landesmuseum.

Der Mensch und die Götter

Lateinische Texte lesen – Sprache und Inhalt bewerten

Texte als Quellen nutzen

In den vergangenen Lektionen hast du unter anderem Texte von Livius und Plinius gelesen. Die Texte dieser Autoren sind wichtige Quellen, aus denen wir unser Wissen über die Antike schöpfen.

- Betrachte die Texte von Plinius (17 **T**) und Livius (19 **T**) und bestimme die jeweilige Textsorte.
- Erkläre, welche Sorten lateinischer Texte für uns als Quellen besonders interessant sind.

Satzwertige Konstruktionen auflösen

Zur Bewertung einer Quelle ist die Beantwortung der Frage wichtig, ob der Verfasser selbst Zeuge der Ereignisse war. War er dies nicht, verweist er bisweilen auf andere Zeugen, die er die Ereignisse berichten lässt. Dazu dient unter anderem die indirekte Rede. Im Lateinischen verwendet man den AcI zur Wiedergabe von Aussagen in der indirekten Rede.

- Untersuche die folgenden Sätze schrittweise:
1 Markiere den AcI und übersetze den ganzen Satz.
2 Fasse die Aussage des AcI im Deutschen als eigenständigen Satz.
3 Versuche den AcI im Deutschen ohne dass-Satz wiederzugeben und so zu betonen, dass es die Aussage einer anderen Person ist.

1. Prometheus se deos fallere posse dixit. 2. Plinius monstra esse dicit. 3. Laocoon sacerdos hostes equum non deis reliquisse dixit. 4. Romani Caesarem deum factum esse dixerunt. 5. Homines se praeclarum spectaculum videre velle dicunt.

- Wenn der Verfasser eines lateinischen Textes eine indirekte Rede mit einem AcI wiedergibt, erlaubt dies kaum Rückschlüsse auf die Frage, wie der Autor des Textes das bewertet, was er referiert. Der AcI ist also eine relativ „neutrale" Form des Berichtens.
Überlege: Welche Möglichkeiten hast du beim Übersetzen ins Deutsche, die Glaubwürdigkeit einer Aussage zu bewerten?

Quellen analysieren und bewerten

Um die Glaubwürdigkeit einer Textquelle zu ermitteln und um die dahinterstehende Absicht zu erkennen, sollte man das Verhältnis des Textes zu den berichteten Ereignissen genau bestimmen:

→ In welchem zeitlichen Verhältnis steht der Bericht zu den berichteten Ereignissen?
→ War der Verfasser selbst Zeuge, Teilnehmer, Verursacher oder Betroffener der Ereignisse?
→ Sagt der Verfasser, woher er seine Informationen hat?
→ Welche Informationen über den Verfasser liegen dir vor?
→ In welcher Absicht wurde der Text verfasst? Möchte er den Leser z. B. sachlich informieren oder unterhalten?

- Analysiere den Text des Plinius über Gespenster (17 **T**) unter den genannten Kriterien und beurteile die Glaubwürdigkeit des Textes.

- Sucht im Internet, in Tageszeitungen und Zeitschriften Artikel zu ungewöhnlichen Phänomenen (z. B. UFO-Sichtungen, Gespenstererscheinungen) bzw. zu Ereignissen, die in anderen Ländern passiert sein sollen (!). Analysiert die Texte und beurteilt ihre Glaubwürdigkeit.

Magische Gemme aus grünem Jaspis. 3./4. Jh. n. Chr. Trier, Rheinisches Landesmuseum. Die Vorderseite zeigt einen hahnenköpfigen Dämon mit Schlangenfüßen. Auf der Rückseite stehen griechische Zaubernamen / Zauberworte. Warum hat der Besitzer den Stein wohl ständig bei sich getragen?

Was bestimmt den Menschen?

Wir wenden uns nun zeitlos interessanten Fragestellungen zu, die verschiedene Lebensbereiche betreffen und die in der Antike erstmals diskutiert wurden: Wer oder was bestimmt mein Schicksal? Wie lassen sich Naturerscheinungen erklären? Wie gehen wir mit Ideen und Einflüssen aus anderen Kulturen um? Solche im weitesten Sinne philosophischen Fragen wurden zunächst von den Griechen aufgeworfen, deren Vorstellungen dann auch die kulturelle Entwicklung der Römer wesentlich prägten.
Im 2. Jh. v. Chr. wurde Griechenland zur römischen Provinz Achaia und viele Griechen kamen als Kriegsgefangene nach Rom. Dadurch lernte man in Italien auch die kulturellen Errungenschaften der Griechen kennen. Im römischen Imperium entstanden Bauwerke nach griechischem Vorbild, vor allem aber wirkten die griechische Sprache und Literatur auf die Römer.
Man erzählte griechische Sagen, fasste Reden und philosophische Abhandlungen nach griechischem Muster ab und übertrug griechische Theaterstücke ins Lateinische. Dadurch lernten die Römer neue und spannende Geschichten kennen, sie wurden aber auch mit Fragestellungen konfrontiert, die die Erklärung der Welt und des Menschen betreffen.

Ein Blick in das 2009 neueröffnete Akropolis-Museum in Athen. Das Museum am Fuß der Akropolis beherbergt Hunderte unschätzbar wertvoller Kunstwerke der griechischen Antike.

20

John William Waterhouse: Narziss und Echo. 1903. Liverpool, Walker Art Gallery.

Die Mythen der Griechen haben einen besonders großen Einfluss auf die römische Kultur ausgeübt. Für die Römer der Frühzeit waren die Götter weniger menschlich handelnde Personen, sondern Mächte in der Natur. Unter dem Eindruck der griechischen Mythologie verändern sich diese Vorstellungen: Neue Götter werden in Rom verehrt und die Figuren des griechischen Mythos werden vielfach von römischen Autoren verarbeitet.
Abgesehen von ihrem hohen Unterhaltungswert sind die Mythen der Griechen aber auch in einem anderen Sinne ausgesprochen interessant: Sie erklären nämlich sehr anschaulich, welche Ursachen bestimmte Naturerscheinungen in der Welt haben, die den Menschen umgibt. Das einfachste Beispiel ist sicherlich der Blitz: Nach den heutigen Erkenntnissen der Physik handelt es sich um eine elektrische Entladung, nach der griechischen Mythologie sind es Feuerkeile, die Hephaistos (lat. Vulcanus), der Gott der Schmiede, anfertigt und die Zeus (lat. Iuppiter) als Waffe benutzt.
Der römische Dichter Ovid (43 v. Chr.–17 n. Chr.) hat in seinen „Metamorphosen" („Verwandlungen") viele Mythen ausgestaltet. Sein Werk und seine Geschichten sind bis heute berühmt.

G In foro Anna aspicit amicos triumphum spectantes.
Puella nomina amicorum vocans per turbam properat.
3 Subito amicos non iam videt.
Tandem pueri amicam magna voce clamantem aspiciunt et vocant:
„Veni, Anna, hic sumus!"
6 Anna gaudet, quod voces amicorum clamantium audit, et ad eos currit.
Tum pueri puellae multa interroganti omnia ostendunt.

Der Mythos von Narziss und Echo

Die Nymphe Echo war von Juno für ihre Geschwätzigkeit damit bestraft worden, dass sie immer nur die letzten Worte von dem wiederholen durfte, was vorher jemand gesagt hatte. In Echos Umgebung lebte Narziss, ein junger Mann, wunderschön, aber auch so stolz und unnahbar, dass er sich keinem anderen Menschen zuwenden wollte.

Quondam Echo, quae in silva vivebat, prope aspexit Narcissum bestias feras capientem. Ubi inter arbores vidit hunc iuvenem
3 pulchrum, amore accensa est. Per silvam et agros vestigia eius petens ab eo magis magisque amari cupiebat.
Sed cum eum appellare vult, natura hoc vetat.
6 Tum demum Narcissus eam audit adeuntem, sed non videt.
Itaque interrogat: „Quis adest?" – „Adest!" respondet Echo.
Narcissus verbum auribus accipit et puellam verbum
9 repetentem quaerit. Sed nihil videns: „Cur", inquit, „me fugis?" –
„Me fugis!" illa repetit.
Hic autem territus magna voce clamat: „Huc veni!" Et illa amore
12 ardens vocat vocantem. Ita Echo iuveni semper respondens tamen a Narcisso videri non potest.
Rursus Narcissus postulat: „Te videre volo!" – Et Echo: „Volo!"
15 Nunc puella iuveni pulchro occurrit.
Sed ille fugit fugiensque clamat: „Veto corpus meum a te tangi!"
Ita Echo a Narcisso fugiente repulsa est et in silvam se recepit.
18 Hinc sola vivebat in antro[1]. Amor tamen manebat – dolor crescebat. Tandem membra amantis solvuntur; manet vox.

(nach Ovid, Metamorphosen)

1 antrum Höhle

1 Texte sinnbetont vorlesen
Verteilt nach der Übersetzung die Rollen des Erzählers, des Narziss und der Echo. Lest dann **T** abschnittsweise vor. Die anderen beschreiben hierauf mit eigenen Worten, wie das Zusammentreffen von Echo und Narziss abgelaufen ist.

2 Text in ein anderes Medium umsetzen
Bildet Gruppen und erstellt eine Abfolge von Fotos zu der Geschichte. Hängt die fertigen Werke aus und vergleicht, bei welcher Gruppe die charakteristische Bewegung der beiden Hauptfiguren (Flucht – Verfolgung) am besten zu sehen ist.

3 In Ovids Werk nehmen die Hauptfiguren am Ende der jeweiligen Erzählung eine andere Gestalt an, sie verwandeln sich. Überlege dir unter diesem Gesichtspunkt ein mögliches Ende des Narziss.

Auch der Dichter Ovid lebt weiter: Das Hotel „Ovidius" in Venedig.

Auf der Suche nach Erklärungen

Der Mythos von Narziss und Echo

Ü Jupiter ist im Begriff, den Olymp zu verlassen; er sucht – wieder einmal – nach einem Liebesabenteuer: Seiner Frau Juno erzählt er, dass er im Gebirge auf die Jagd gehen will. Sie glaubt ihm aber nicht.

Iuppiter ridet. Deus ridens iterum dicit se in monte bestias capere velle. Sed Iuno marito non credit. Dea marito non credens eum in monte quaerit. Tum Iuno maritum aspicit cum nymphis pulchris se delectantem. Statim Echo nympha deae marito quaerenti occurrit (entgegenlaufen). Nympha multa verba faciens Iunonem diu tenet. Simul aliae nymphae iram Iunonis timentes fugiunt. Denique Iuno nympham garrulam (geschwätzig) punit (bestrafen).

A Das Kennzeichen für ein PPA (-nt-) findet sich manchmal auch in anderen Formen. Suche aus der folgenden Liste die Formen heraus, bei denen es sich um ein PPA handelt (Tipp: Bestimme zuerst die Lernform, d.h. Nom. Sg. oder Inf. Präs.). Die Anfangsbuchstaben dieser Formen ergeben einen Begriff aus der Geometrie (übrigens auch ein PPA).
argenti – terrente – ingentibus – ardentis – petunt – vehementia – nescientes – venti – contento – gerenti – exspectantium – adulescentium – nuntiantibus – tacens – contendent – exeuntem

B Ordne die Satzteile zu sinnvollen Sätzen und unterstreiche jeweils Partizip und Bezugswort:
1. amicos – cives – thermas – salutant (begrüßen) – intrantes
2. etiam mercatores – vident – multa agentes – in thermis
3. a Romanis – nos quoque – thermas – spectamus – instructas

C Sprachenvergleich nutzen
Im **Italienischen** findest du das lateinische PPA wieder: Wer ist wohl mit den folgenden Bezeichnungen gemeint? *l'amante, il credente, l'ignorante, il mittente, lo studente*

D Satzstrukturen analysieren
Du weißt schon von der Übersetzung des PPP, dass das Partizip durch die KNG-Kongruenz an sein Bezugswort angebunden ist. So ist es auch beim PPA. Markiere in den folgenden Sätzen das Bezugswort des Partizips und isoliere den Partizipialblock (durch Einklammern). Übersetze dann.

Narcissus et amici bestias capientes per campos et silvas properant. Subito iuvenis amicos non iam videt et eos quaerens solus ad stagnum (Teich) venit. Ibi in undis puerum pulchrum aquam bibentem aspicit. Iuvenis se faciem (Gesicht) suam videre nesciens hunc puerum aquam bibentem tangere cupit. Narcissus autem aquam tangens simul faciem pueri perturbat.

E Odysseus und Kalypso
Ulixes (Odysseus) per maria errans convenit nympham pulchram, cui nomen erat Calypso (Kalypso). Quae Ulixem amans per nonnullos annos virum apud se tenuit. Sed Ulixes ipse Penelopam uxorem amabat! Calypso animum Ulixis perspiciens tamen eum abire non sivit. Itaque Iuppiter ipse Mercurium ad nympham misit; qui ei vehementer flenti imperavit: „Ulixem dimitte!" Denique Calypso virum multis muneribus ornatum dimisit.

F Mythen erklären
Überlegt in Kleingruppen, was der Mythos von Narziss und Echo (**T**) dem Menschen erklären soll. Vergleicht damit den Mythos von Phaëthon (**Z**).

Franz von Stuck: Narziss betrachtet sein Spiegelbild. 1926. Privatbesitz.

G Der Dichter Homer erzählt die Geschichte von Odysseus und Nausikaa, der Königstochter der Phäaken: Diese hatte den schiffbrüchigen Odysseus am Strand gefunden und ihm geholfen, bei ihrem Volk Aufnahme zu finden. Schließlich hatte sich das junge Mädchen in den berühmten Helden verliebt.

Nausicaa amore mota Ulixem domum abire noluit. Amicae amorem filiae regis animadverterunt. Filiam regis ridebant dicentes Ulixem, virum nobilem, Nausicaam non amare. Nausicaa invidiam (Neid) amicarum animadvertens Ulixem adiit et dixit: „O Ulixes, amicae ipsae me rident. Te me repellere credunt. Itaque te oro: Ostende et mihi et amicis verba turpia facientibus te me amare."

Ulixes verbis puellae territus primo nihil dicere potuit. Tum dolorem eius videns tamen amorem his verbis reppulit: „O Nausicaa, ingens est, quod petis. Nonne scis Penelopam uxorem me amare? Ego quoque domum redire cupio. Itaque te oro: Sine me abire!"

Phaëthon: Hochmut kommt vor dem Fall

Z Hier eine weitere Geschichte aus dem Schatz der griechischen Mythen – überlege dir bei der Übersetzung, in welchen Fällen diese Begebenheit wohl erzählt wurde. Vielleicht kannst du dir ja auch Situationen in deinem eigenen Leben vorstellen, auf die genau diese Geschichte gut passen würde.

Phaethon iuvenis semper verba superba faciebat confirmans
se filium Solis[1] dei esse. Quia amici ridentes id non credebant,
3 Phaethon ad aedes regias Solis contendit. Aedes auro argentoque
factas intravit et patri veste aurea ornato dixit: „Audi preces meas,
pater! Ostende et mihi et amicis verba turpia facientibus te patrem
6 meum verum esse." Sol respondit: „Tu es filius meus; dabo tibi
omnia, quae petis." Et Phaethon cupivit currum[2] patris. Ille autem
verbis filii territus respondit: „Ingens est, quod petis, Phaethon!
9 Quid putas? Homo es, non deus. Currus ignifer[3] a me tantum regi
potest; via nimis periculosa[4] est. Desine id petere, fili!" Sed Phaethon non desiit – et tandem Sol puero vehementer roganti paruit.
12 Denique Phaethon currum patris regens periit – et terra[5] sole
accensa paene exusta[6] est.

(nach Ovid, Metamorphosen)

1 Sōl, Sōlis Sol (der Sonnengott)
2 currus Wagen
3 īgnifer Feuer-, feurig
4 perīculōsus: *Adj. zu* perīculum
5 terra Erde
6 exūrere (-ūssī, -ūstum) verbrennen

1 Etwa so wie auf der Vase (rechts) war wohl das Bild, das Phaëthon von seinem Vater hatte; notiere die Gedanken und Gefühle, die den Sohn zu seinem großen Wunsch bewegten.

Der Sonnengott auf seinem vierspännigen Wagen. Griechische Vasenmalerei. 5. Jh. v. Chr. London, British Museum.

21

Die platonische Akademie. Mosaik aus Pompeji. 1. Jh. v. Chr. Neapel, Museo Archeologico Nazionale.

Im 6. Jh. v. Chr. beginnt ein neues Zeitalter in der europäischen Geistesgeschichte: Thales und andere griechische Naturforscher versuchen nicht mehr durch mythologische Erklärungen, sondern durch philosophisches Fragen und Denken die Welt, die Menschen und die Götter zu erklären. Es geht ihnen dabei um Fragen wie:
- Was ist der Ursprung der Welt?
- Bestimmen die Götter oder das Schicksal das Handeln der Menschen?
- Was tun wir eigentlich, wenn wir denken?
- Wie können wir ein glückliches Leben führen?

So entwickeln dann im 4. Jh. v. Chr. vor allem Platon und Aristoteles umfassende philosophische Systeme; im 3. Jh. v. Chr. kommen die Gedanken der Stoiker und Epikureer hinzu, die sehr schnell großen Einfluss gewinnen und danach die Geschichte der Philosophie für lange Zeit bestimmen sollten.

In Rom tritt man erst im Jahr 155 v. Chr. in direkten Kontakt mit dieser Art des Denkens. Drei bedeutende Philosophen aus Athen besuchen Rom und vertreiben sich die Zeit damit, ihre seit langem entwickelte Art, logisch zu argumentieren, öffentlich vorzuführen; so etwas ist in Rom bisher noch unbekannt. Viele Jugendliche reagieren darauf begeistert, die Älteren ablehnend. Vor allem der greise Politiker Marcus Porcius Cato macht massiv Front gegen diese Philosophen, die er abfällig Graeculi („Griechlein") nennt.

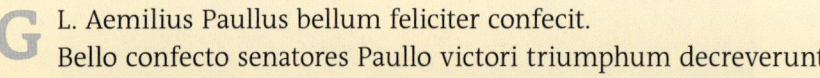

G L. Aemilius Paullus bellum feliciter confecit.
Bello confecto senatores Paullo victori triumphum decreverunt.
3 Milites Romani praedam hostium in triumpho ostenderunt.
Militibus praedam ostendentibus magnus clamor hominum auditus est.
Quia rex hostium captus est (Rege hostium capto), omnes cives gaudebant.

Ablativus absolutus (1)

Römer und Philosophie?

T Cato stellt im Senat den Antrag, die Philosophen aus Rom auszuweisen:

„Dico vobis, patres conscripti: Ex urbe pellere debemus illos philosophos Graecos, qui orationibus suis non solum mutabunt
3 animos adulescentium Romanorum, sed etiam exstinguent rem publicam nostram! Rei publicae interest adulescentes Romanos orationibus eorum aures non praebere. Orationibus Graecorum
6 auditis multi eorum philosophiam magni aestimare incipiebant; magna pars eorum mox huic disciplinae studebit.
At si id facient, civitas nostra peribit. Credite mihi: Sententiis
9 philosophorum Graecorum cognitis adulescentes nostri corpora non iam exercebunt; vim corporum neglegent. Vi corporum neglecta inopiam laboresque non iam sustinebunt et in bellis male
12 pugnabunt. Sed periculis ingentibus imperio nostro instantibus necessarium est milites Romanos magna vi pugnare. Quod si non iam facient, imperium amittemus; denique urbs ipsa ab hostibus
15 petetur – et urbs Roma cadet.
Quare vos moneo: Vindicate in illos Graecos, qui iuvenes Romanos docent; damnate eorum philosophiam! Nam philosophia causa
18 funeris nostri erit. Dum[1] vivam, nullo modo sinam iuvenes Romanos philosophia Graeca corrumpi. Itaque illos Graecos ex urbe nostra expellite! Philosophis ex urbe pulsis mores nostri non
21 peribunt."
Hac oratione habita nonnulli senatores his verbis acerbis restiterunt. Sed Catone iterum atque iterum Graecos reprehendente et
24 eorum expulsionem[2] postulante animi senatorum mutati sunt. Denique expulsio philosophorum statuta est. *(nach Plutarch, Cato maior)*

Marmorporträt eines vornehmen Römers. 1. Jh. n. Chr. Altino, Museo Archeologico.

Mark Aurel. Römischer Kaiser 161–180 n. Chr. Rom, Musei Capitolini.

1 dum *m. Konj.* solange
2 expulsiō, ōnis Vertreibung

1 Sachfelder erkennen
Die Textsorte und die Aussageabsicht Catos werden aus dem Einleitungssatz klar. Welche Sachfelder sind demnach zu erwarten? Welche lateinischen Vokabeln kannst du dazu beim ersten Durchlesen von **T** finden?

2 Vorerwartungen entwickeln
Sammelt vor der Erarbeitung von **T** aus eurer Kenntnis der römischen Gesellschaft Gründe, die Cato gegen die Philosophen vorbringen könnte.

3 Stilmittel beachten
Lies im Begleitband (30 **M**, S. 137) die Definitionen von Alliteration, Antithese und Hyperbaton. Suche je ein Beispiel dafür aus **T**.

4 Antike Porträts vergleichen
Das untere Bild zeigt Kaiser Mark Aurel. Er hatte eine für einen römischen Herrscher seltene Leidenschaft, die Philosophie. Um dies sichtbar zu machen, trug er einen Vollbart, damals ein typisches Kennzeichen für einen Philosophen.
- Vergleiche das Porträt des Kaisers Mark Aurel mit dem des vornehmen Römers und überlege, welche Art von Mensch in den Gesichtern jeweils erkennbar werden soll.
- Erkläre das Sprichwort: Barba (der Bart) non facit philosophum.

5 Stelle die Argumente zusammen, die Cato gegen den Einfluss der griechischen Kultur und Philosophie vorbringt. Bewerte ihre Glaubwürdigkeit.

Auf der Suche nach Erklärungen

21

Ü

Venus, dea amoris, potens est. Multi homines potentiam Veneris timentes eius aram adeunt. Multis hominibus potentiam Veneris timentibus dea sacra postulat. Sacra ab hominibus facta Veneri placent. Sacris ab hominibus factis Venus preces audit.

A Stelle alle Partizipien aus **T** in einer Liste zusammen und notiere dazu die Bezugswörter. Vergleicht eure Ergebnisse.

B Wenn man das Partizip eines Ablativus absolutus mit seinem Bezugswort verbindet, entsteht eine Wortgruppe. Finde in **T** solche Wortgruppen und suche verschiedene Wiedergabemöglichkeiten für das Deutsche. Überlege, welche Übersetzung dem Lateinischen am nächsten kommt.

C Suche im folgenden Satzgefüge die Partizipien. Beschreibe den Unterschied in ihrer grammatischen Verwendung.
Verbis philosophorum cognitis Cato habuit orationem a multis senatoribus laudatam, in qua philosophi damnati sunt.

D Beachte das Zeitverhältnis und übersetze:
hostibus pulsis – his nuntiis cognitis –
bello confecto – calamitate nuntiata –
Caesare imperante – philosopho docente

E Der Unterschied zwischen Aktiv und Passiv ist bei Partizipien wichtig. Erkläre den Unterschied zwischen den beiden Sätzen:
Magistro (Lehrer) reprehendente liberi non gaudent. – Magistro reprehenso liberi gaudent.

F Füge mit Hilfe eines Ablativus absolutus die beiden Einzelsätze zu einem einzigen Satz zusammen:

Orationes ab adulescentibus laudatae sunt.
Cato philosophos in urbe manere vetuit.

Übersetze den entstandenen Satz. Welche Sinnrichtung passt für die Wiedergabe des Abl. abs.?

G Füge die folgenden Partizipien sinnvoll ein:

prohibente – auditis – capta –
resistentibus – dictis

1. His verbis ___?___ Cato abiit.
2. Nullo hoste ___?___ milites Romam petunt.
3. Troia ___?___ Graeci in patriam redierunt.
4. Verbis philosophorum ___?___ adulescentes imperium non iam defendent.
5. Multis hostibus ___?___ Caesar urbem capere non potuit.

H Sprachen vergleichen
lateinisch: philosophia   deutsch: *Philosophie*

1. Ergänzt die Auflistung für die Sprachen Englisch, Französisch und Italienisch.
2. Entwerft ähnliche Listen zu anderen Begriffen.

I Untersuche die Figuren des Freskos von Raffael auf typische Attribute und Haltungen von Philosophen. Welche erkennst du außer Platon und Aristoteles?

Raffael: Die Schule von Athen. Eine Darstellung aller berühmten griechischen Denker, im Zentrum Platon und Aristoteles. Fresko, um 1508–11. Rom, Vatikan.

Römer und Philosophie?

Gespräch über den Philosophen Epikur

Z 70 Jahre nach Catos Tod sprechen Memmius und Lucretius über den griechischen Philosophen Epikur (Epicūrus):

MEMMIUS: Dic mihi: Cur amas philosophiam Epicuri?
LUCRETIUS: Epicurus non solum mihi ipsi, sed etiam omnibus
hominibus donum magnum dedit: A timore[1] deorum nos liberavit.
MEMMIUS: Quid dicis? Nonne credit Epicurus homines a deis regi?
LUCRETIUS: Dicit deos nullo modo hominibus consulere. Intellegisne Epicurum hoc modo cunctos homines liberavisse? Sententiis Epicuri cognitis animus meus non iam perturbatus est: Nam doctrina[2] eius timorem deorum tollit. Timore deorum sublato feliciter vivo. Gratias ago Epicuro.
MEMMIUS: Nunc intellego. Certe necessarium est multos Romanos studere huic doctrinae. Quare ostende praecepta[3] eius verbis tuis!
LUCRETIUS: Quod faciam et Epicuro ducente philosophiam docebo.

(nach Lukrez, De rerum natura)

[1] timor, ōris Furcht
[2] doctrīna Lehre
[3] praeceptum Vorschrift

1 Schreibe aus **T** und **Z** alle Sätze mit einem AcI heraus, markiere jeweils das Prädikat und bestimme das Zeitverhältnis.

2 Informiert euch über die Lehre des Philosophen Epikur. Erklärt vor diesem Hintergrund den Satz „A timore deorum nos liberavit." (Z. 3).

Auf der Suche nach Erklärungen

22

Rekonstruktion des Dionysos-Theaters in Athen. Der im 6. Jh. v. Chr. am Südhang der Akropolis errichtete Bau gilt als Geburtsstätte des griechischen Theaters und des Dramas überhaupt.

Im Dionysos-Theater in Athen fanden jährlich zu Ehren des Gottes Dionysos Theateraufführungen statt. Mehrere Dichter traten mit ihren Theaterstücken in einen Wettstreit. Eine Aufführung bestand aus drei ernsten und einem komischen Theaterstück: drei Tragödien und einer Komödie.
Die berühmtesten athenischen Tragödiendichter waren Aischylos, Sophokles und Euripides. Sie alle lebten im 5. Jh. v. Chr., der Blütezeit des griechischen Theaters. Bekannte Komödiendichter waren Aristophanes und Menander. Alle Athener besuchten die Aufführungen. Der Eintritt war frei.
In den Theaterstücken wurden Probleme behandelt, die das ganze Volk und sein Zusammenleben betrafen, zum Beispiel Krieg und Frieden, Gewaltherrschaft, Gehorsam und Auflehnung, das Verhältnis der Menschen zu den Göttern und von Männern und Frauen.
Später nahmen sich auch Dichter in Rom diese Theaterstücke zum Vorbild; von Rom aus wurden sie zum kulturellen Erbe Europas. Auch heute noch werden die griechischen Tragödien weltweit auf die Bühne gebracht.

1 Informiere dich über die Titel griechischer Theaterstücke und versuche herauszufinden, ob einzelne Stücke zur Zeit in deutschen Theatern aufgeführt werden.
(Suchtipp: Internetausgabe der Zeitung „Die Zeit" oder unter www.kulturkalender.de)

G Vergleiche den lateinischen Satz und die deutschen Wiedergabemöglichkeiten.
Philosophis ex urbe pulsis tamen Romani philosophiae studebant.
a) Nachdem die Philosophen aus der Stadt vertrieben worden waren, interessierten sich die Römer dennoch für Philosophie.
b) Obwohl die Philosophen aus der Stadt vertrieben worden waren, interessierten sich die Römer dennoch für Philosophie.
c) Die Philosophen waren aus der Stadt vertrieben worden; aber trotzdem interessierten sich die Römer für Philosophie.
d) Trotz der Vertreibung der Philosophen aus der Stadt interessierten sich die Römer für Philosophie.

Die Tragödie der Antigone

Die Königsfamilie von Theben ist durch einen Fluch zum Unheil verdammt. Darunter hat schon König Ödipus fürchterlich gelitten. Aber auch seine Söhne Eteokles (Eteoclēs, Eteoclis) und Polyneikes (Polynīcēs, Polynīcis) und die Töchter Antigone und Ismene können dem Verderben nicht entgehen:

Post Oedipodis mortem Eteocles et Polynices de imperio urbis certaverunt[1]. Denique Polynices Thebas reliquit et ad Argos[2] iit.
3 Multis sociis ibi collectis magnus exercitus Polynice duce Thebas petivit. Eteocles urbem defendit. Duo exercitus ante portas Thebarum proelium vehemens commiserunt. Fratribus in proelio occisis
6 Creon avunculus[3] imperium in urbe obtinuit.
Antigona et Ismena in scaenam[4] procedunt:
ISMENA: Quid mente agitas, soror? Video te dolore ac luctu
9 commotam per domos Oedipodis, patris nostri, errare.
ANTIGONA: Creonte auctore Eteocles frater magno in honore est, corpus autem Polynicis iacet insepultum[5]. Morte puniet[6] Creon
12 eum, qui Polynicem sepulcro[7] condet. – Quo flagitio cognito mentem tuam ostende! Scio te virginem honestam esse deisque parere. Dei autem Polynicem sepulcro condi iubent.
15 ISMENA: Creonte talia iubente quid facere possumus?
ANTIGONA: Una mecum Polynicem fratrem meum et tuum sepulcro conde!
18 ISMENA: Rege id prohibente magnum facinus audes. Cave iram atque poenam Creontis! Aditum ad fratrem difficilem esse audivi; nam custodes armati a Polynice omnes prohibent.
21 ANTIGONA: Sed fratrem non sepelire[8] flagitium est. Id faciam, quod et deis debetur et fratri!
ISMENA: Mulieres sumus; legibus urbis a viris constitutis parere
24 oportet. Hoc ratio quoque docet. Nos deos obsecrare debemus – ita veniam impetrabimus, si Creonti nunc paremus. Equidem Creonte invito tantum facinus committere non audebo.
27 ANTIGONA: Tu metui tuo pare! Ego sola manibus meis fratrem sepulcro condam.
Fratre sepulto Antigona a Creonte morte punita est.
(nach Sophokles, Antigone)

1 certāre streiten
2 ad Argōs nach Argos (griechische Stadt)
3 avunculus Onkel
4 scaena Bühne
5 īnsepultus unbeerdigt
6 pūnīre bestrafen
7 sepulcrum Grab
8 sepelīre *(PPP sepultum)* beerdigen

Antigone und Ismene. Aufführung der Sophokles-Tragödie „Antigone" an der Berliner Volksbühne. 2009.

1 Erschließe die Vorgeschichte des Dialogs zwischen Antigone und Ismene anhand der folgenden Fragen zum Einleitungstext und zu **T**, Z. 1–6: Cur liberi Oedipodis calamitatem fugere non possunt? Cur fratres inter se pugnant? Cur Creon nunc in urbe Thebarum regit? Überlege, welchen Inhalt das folgende Gespräch der Schwestern Antigone und Ismene haben könnte. Vergleiche deine Vermutung mit der ersten Äußerung der Antigone (Z. 10–12).

2 Argumente erkennen
Den Bruder beerdigen oder nicht? Formuliere die Argumente, die Ismene und Antigone nennen, mit deinen Worten.

3 Antike produktiv-kreativ rezipieren
Antigone streitet in der Tragödie auch mit Kreon. Erfindet einen Dialog zwischen den beiden, in dem auch Argumente Kreons deutlich werden.

Auf der Suche nach Erklärungen

Ü

A Bestimme Kasus und Numerus der *kursivgedruckten* Substantive:
1. *Exercitus* Romanus patriam defendit.
2. *Exercitus* proelium committunt.
3. *Virtus exercituum* magna est.
4. Dux *exercitui* imperat.
5. In *exercitu milites* fortes sunt.

B Die Ablativi absoluti und die deutschen Fortführungen der Sätze sind durcheinandergeraten. Ordne sie richtig zu und wähle für den Ablativus absolutus jeweils eine treffende Übersetzung.

Antigone hat den Bruder begraben, aber Soldaten Kreons haben sie beobachtet ...

1. Antigona a militibus capta ...
2. Civibus in forum vocatis ...
3. Mente puellae non mutata ...
4. Ira Creontis magis magisque aucta ...
5. Antigona a Creonte damnata ...
6. Morte Antigonae cognita ...
7. Morte filii Haemonis cognita ...

a) machte Kreon Antigone in aller Öffentlichkeit bittere Vorwürfe, dass sie einem Feind des Vaterlandes – gegen seinen ausdrücklichen Befehl – die Ehre eines Begräbnisses hatte zuteilwerden lassen.
b) wurde sofort Kreon benachrichtigt.
c) erkannte Kreon, dass er sich durch seine Härte gegenüber der mutigen Antigone selbst ins Unglück gestürzt hatte.
d) nahm sich auch Hämon das Leben.
e) geriet Kreon fürchterlich in Zorn.
f) ließ sich Antigone von ihrem Onkel trotzdem nicht einschüchtern.
g) stürzte der Sohn des Kreon, Hämon, der Antigone liebte, in tiefe Verzweiflung.

C Fortleben der Antike erkennen

Unsere Theater leben bis heute aus den Wurzeln der Antike. Informiert euch über Bedeutung und Ursprung folgender Wörter:

Theater, Orchester, Szene, Autor, Tragödie, Komödie, Drama, Monolog, Dialog, Chor, Person.

D Die *kursivgedruckten* Namen sind Titelhelden berühmter Tragödien. Informiert euch über den groben Inhalt der Tragödien (Arbeitsteilung!). Findet passende deutsche Wendungen für die Ablativi absoluti.

Antigone vor Kreon. Süditalisches Vasenbild, um 380 v. Chr. London, British Museum.

1. Uxore auctore beging *Macbeth* einen Mord.
2. Parentibus invitis standen *Romeo und Julia* zu ihrer Liebe. 3. Diabolo (Teufel) duce suchte *Faust* vergeblich nach dem Sinn des Lebens. 4. Scelere filiarum cognito wurde *König Lear* wahnsinnig.

E Sinnrichtungen erkennen

Nachdem seit ca. 600 v. Chr. die Griechen begonnen hatten, mit den Mitteln der Vernunft über die Natur nachzudenken, war es vor allem der Athener Sokrates (Sōcratēs, is), der sich auch über das Leben der Menschen und richtiges und falsches Handeln Gedanken machte.

1. Athenis vivebat Socrates philosophus. 2. Qui de vita hominum cogitabat. 3. Socrate de vita hominum cogitante multi cives sollicitati (beunruhigt) erant. 4. Nam adulescentes orationes philosophi audientes philosophiam magni aestimare incipiebant. 5. Multi adulescentes illi philosopho aures praebentes disciplinae eius studebant. 6. Etiam rectores (Lenker) civitatis Socratem timentes sollicitati erant. 7. Credebant philosophum de vita hominum cogitantem deos non timere.
8. Dicebant: „Civitatis nostrae interest omnes cives deos colere. 9. Civibus deos timentibus civitas potens erit. 10. Disciplinā Socratis cognitā adulescentes deos neglegent." 11. Nonnullis in Socratem vindicantibus tamen ille adulescentes docere non desiit. 12. Denique Socrates accusatus est.

Informiere dich über den Prozess des Sokrates und stelle deinen Mitschülern die Ergebnisse vor.

Die Tragödie der Antigone

Ödipus erkennt sein Schicksal

Ödipus war der Sohn des Lajos und der Jokaste, des Königspaares von Theben. Er sollte als Kind in der Wildnis ausgesetzt werden, weil seine Eltern eine fürchterliche Prophezeiung bekommen hatten: Er werde seinen Vater töten und die eigene Mutter heiraten. Aber ein mitleidiger Hirte hatte ihm das Leben gerettet, sodass Ödipus überlebte und in Korinth bei Stiefeltern aufwuchs. Eines Tages machte sich Ödipus, der nun den Orakelspruch kannte, aber nicht wusste, wer er wirklich war, auf die Reise nach Theben, um seinem Schicksal zu entkommen. Auf dem Weg traf er auf seinen Vater Lajos, den er nicht kannte. Die beiden gerieten in einen heftigen Streit, in dessen Verlauf Ödipus seinen Vater tötete.

Patre interfecto Oedipus Thebas[1] venit et uxorem regis in matrimonium duxit[2], ignorans eam matrem suam esse. Matre in matrimonium ducta regnum obtinuit. His sceleribus commissis tota urbs a deis punita est[3]. Multis civibus peste[4] interfectis Oedipus oraculum de causa pestis consuluit. Oraculum iussit hominem, qui Laium regem necaverat, puniri. Quare Oedipus curā civium commotus non dubitavit quaestionem de morte regis instituere[5]. Multos homines interrogavit. Tandem fatum suum cognovit: Intellexit se ipsum patrem necavisse et matrem in matrimonium duxisse.

Facinore suo cognito Oedipus oculos sibi ipse effodit[6] Thebasque reliquit.

1 Thēbās nach Theben
2 in mātrimōnium dūcere heiraten
3 pūnīre bestrafen
4 pestis Pest
5 quaestiōnem īnstituere eine gerichtliche Untersuchung einleiten
6 effodere *(Perf. effōdī)* ausstechen

1 Das Schicksal des Ödipus wirft die Frage auf, ob der Mensch seine Zukunft in der Hand hat. Diskutiert diese Frage; beziehst ggf. eigene Erfahrungen ein.

Ödipus beklagt den Tod seiner Söhne. Etruskischer Terrakotta-Fries vom Tempel in Talamone (Italien). Um 180 v. Chr. Orbetello, Museo Civico.

Ödipus und seine Tochter Antigone. Aufführung der Tragödie „Ödipus auf Kolonos" bei den Salzburger Festspielen 2010.

Auf der Suche nach Erklärungen

23

Federico Barocci: Äneas' Flucht aus Troja. 1598. Rom, Galleria Borghese.

Mit der Zerstörung Trojas beginnt, wie du weißt, die Geschichte von der Gründung Roms (L 15).
Du erinnerst dich: Äneas verlässt in göttlichem Auftrag seine zerstörte Heimat, um nach Italien zu segeln. Die Hausgötter, seinen Vater und seinen Sohn nimmt er mit. Aber was wird aus der Mutter seines Sohnes, seiner Gattin Krëusa?
Unterwegs trifft er die Königin Dido, verliebt sich in sie – verlässt sie dann aber auf göttliche Weisung, weil er den Auftrag hat, in Italien eine neue Heimat zu finden.

Wie gelang es nun den römischen Dichtern, den Urvater der Römer als Vorbild hinzustellen, ohne ihn als rücksichtslos gegenüber Frauen erscheinen zu lassen?
T gibt wieder, wie der Dichter Vergil die Trennung von Äneas und Krëusa erzählt und welche Erklärung für das schicksalhafte Geschehen er bietet.

1 Recherchiere die Fahrtroute des Äneas von Troja nach Italien. Wo triff er auf die Königin Dido?

G Marcus fortis est. Iulia fortior est.
Cornelia fortissima est.
3 Iulia fortior est quam Marcus.
Cornelia fortior est Iuliā.
Cornelia omnium fortissima est.

Steigerung (Adjektive, Adverbien) – Ablativ des Vergleichs – Dativ des Zwecks – doppelter Akkusativ

Die Bestimmung des Äneas

T Das Trojanische Pferd hatte seinen Zweck erfüllt und den Griechen geholfen, die uneinnehmbaren Befestigungsmauern Trojas zu überwinden.

Nobilissimi Troianorum patriam fortiter defendebant, sed Graeci fortiores erant Troianis. Qui acriter resistebant – sed hostes saevius
3 pugnabant quam incolae¹ oppidi. Quo acrius Troiani resistebant, eo crudelius hostes incolas necabant: Sanguinem fecerunt, nemini pepercerunt, plurimos cives interfecerunt. Postremo ignis, qui est
6 ferro crudelior, omnia perdidit. Etiam Aeneas patriam et domum suam quam fortissime defendens impetum hostium non prohibuit.
9 Dei autem eum novam patriam quaerere et gentem suam clarissimam reddere iusserunt. Quare melius esse cognovit una cum familiaribus ex oppido fugere: Patrem Anchisam et filium parvum
12 Ascanium ex urbe eduxit. Creusam, coniugem carissimam, post filium ire iusserat.
Sed postquam periculum effugit, extra urbem constitit. Respiciens
15 Creusam non iam conspexit. Tum Aeneas, cui uxor magnae curae erat, fortissimum se praebuit: Dolore acerrimo commotus solus in oppidum redit, per urbem perditam currit, uxorem saepe vocat.
18 Sed nemo respondet.
Subito umbra Creusae ante oculos stat et: „Aeneas", inquit, „optime coniunx! Haec omnia non sine numine deorum eveniunt, qui te
21 fortiorem aliis viris esse sciunt. Tu quaere sedes novas et alienas: Iter longius erit laboresque ingentiores erunt, sed invenies coniugem regiam condesque urbem maximam ac potentissimam.
24 Quae urbs tibi posterisque tuis magno honori erit. Dei cives huius urbis dominos gentium facient. Ego autem hic manere cogor. Dei in hac regione me retinent. Vale et serva amorem Ascanii, nostri
27 filii communis!" *(nach Vergil, Aeneis)*

1 incola Einwohner

Äneas rettet seinen Vater und das Kultbild der Athene aus dem brennenden Troja. Münzprägung Cäsars. 47/46 v. Chr. Berlin, Münzkabinett.

Die Prophezeiungen der Krëusa wurden nach langen Jahren Wirklichkeit.

1 Ermittle vor der Übersetzung von **T**, welches Sachfeld den ersten Absatz dominiert; beachte vor allem die Adjektive und Verben. Was kannst du somit über den Inhalt des Abschnitts vermuten?

2 Suche in **T** Adjektive und Adverbien, die Äneas und sein Handeln charakterisieren. Welche Aussagen über die Gefühle des Äneas für seine Gattin Krëusa lassen sich **T** entnehmen?

3 Untersuche die Worte, die Krëusa an Äneas richtet: Welche Haltung zeigt sie gegenüber dem Plan der Götter? Welche Rolle spielt für sie die Liebe zu ihrem Mann?

4 Versetze dich in die Lage des Äneas: Was empfindest du bei Krëusas Worten? Wie würdest du reagieren? Was würdest du ihr antworten?

5 Suche aus **T** je ein Beispiel für ein Asyndeton und einen Parallelismus und beschreibe die Wirkung dieser Stilmittel (vgl. 30 **M**, Begleitband, S. 137).

6 Argumente vertreten
In **T** ist viel von Befehlen der Götter und von Schicksal die Rede. Nehmt Stellung zu der Frage, ob die Freiheit des einzelnen Menschen oder das Schicksal unser Leben bestimmt.

Auf der Suche nach Erklärungen

A Einen Vergleich kann man im Lateinischen mit quam oder mit dem Ablativ des Vergleichs ausdrücken. Notiere jeweils die Alternative zu den folgenden Sätzen aus **T**:
1. Graeci Troianis fortiores erant.
2. Hostes saevius pugnabant quam incolae (Einwohner) oppidi.
3. Ignis, qui est ferro crudelior, omnia perdidit.
4. Dei te fortiorem aliis viris esse sciunt.

B Treffsicher formulieren
1. Ordne die deutschen Ausdrücke den passenden lateinischen Elativen zu:

abgrundtief, barbarisch, bärenstark, brandneu, ellenlang, fuchsteufelswild, haushoch, hochberühmt, kinderleicht, messerscharf, pfeilschnell, stinkvornehm, steinalt, todesmutig, todtraurig, todunglücklich, verrucht, wunderschön, zentnerschwer

acerrimus, altissimus (2), antiquissimus, celerrimus, crudelissimus, facillimus, fortissimus (2), gravissimus, longissimus, miserrimus, nobilissimus (2), novissimus, pulcherrimus, saevissimus, tristissimus, turpissimus

2. Finde jetzt selbst treffende deutsche Ausdrücke:

1. amica carissima 2. senator clarissimus
3. fatum gravissimum 4. senator honestissimus
5. vir miserrimus 6. dolor acerrimus

C Übernimm die Tabelle in dein Heft, bestimme die Formen und ergänze entsprechend dem Beispiel.

	Positiv	Komparativ	Superlativ
Abl. Sg. *m*	acri	acriore	acerrimo
Adverb	graviter	?	gravissimē
?	forte	?	fortissimum
?	acerbē	?	?
?	celeribus	?	?
? *f*	?	graviorum	?
?	?	?	facillimas

D Suche aus Wortschatz 23 alle unregelmäßigen Steigerungsformen und nenne dazu den Positiv (deutsch und lateinisch).

E Die List des Odysseus mit dem hölzernen Pferd hatte Erfolg gehabt ...
Graeci Troianos vicerant. Gaudium magnum erat. Victoria Graecis magno gaudio erat. Ulixes, qui dolum invenerat, ab omnibus laudabatur. Honos eius magnus erat. Victoria Ulixi magno honori erat. Duces Graeci deis gratias agebant et sacra curabant. Sacra ducibus curae erant.

F Satzwertige Konstruktionen bilden
Aus zwei mach eins! Bilde jeweils einen einzigen Satz, indem du den zweiten Teil als AcI vom ersten abhängig machst.

Beispiel: Scis: Romulus Romam condidit.
→ Scis Romulum Romam condidisse.

1. Romani narraverunt: Lupa (Wölfin) Romulum et Remum aluit. 2. Constat: Romani multis populis imperaverunt. 3. Scimus: Romani etiam cum Gallis (Gallier) pugnaverunt. 4. Audivistis: Multa aedificia pulchra in urbe Roma sunt. 5. Troiani narrant: Uxor ab Aenea saepe vocata est. 6. Scimus: Comites Aenea duce Troiam reliquerunt.

G Wortbildung vergleichen
Was ist hier passiert?
Büchlein, Frauchen, Frauke, Mareike, Herzchen, Herzilein ... Dir fällt bestimmt noch mehr ein. Auch im Lateinischen gibt es solche „Deminutiv-Formen" (Verniedlichungsformen) von Substantiven:

liber *Buch* → libellus *kleines Buch*,
canis *Hund* → canicula *Hündchen*,
Marcus → Marcellus

Sieh dir noch einmal die Regeln zur Steigerung an und beschreibe den Trick, mit dem eine Sprache Wörter „vergrößern" oder „verkleinern" kann.

H Sprachen vergleichen
Welche zwei Methoden, bei Adjektiven die Steigerung zu signalisieren, kannst du unterscheiden?

Lateinisch:	longus	longior	longissimus
Deutsch:	*lang*	*länger*	*der längste*
Englisch:	*long*	*longer*	*the longest*
Französisch:	*long*	*plus[1] long*	*le plus[1] long*
Italienisch:	*lungo*	*più[2] lungo*	*il più[2] lungo*

1 lat./frz. plus ~ mehr – 2 it. più ~ mehr

Die Bestimmung des Äneas

„Pius Aeneas" – eine andere Sichtweise

Z Du kennst schon die Geschichte von Äneas (15 **T** und 23 **T**). Stell dir vor, Königin Dido hätte der ersten Gattin des Äneas, Krëusa, einen Brief schreiben können, in dem sie ihre Wut und ihre Enttäuschung zum Ausdruck bringt, dass Äneas sie verlassen hat.

Dido Creusae salutem dicit.
Omnes Aeneam pium appellant, sed nemo improbior est illo
3 pio Aeneā. Nemo superbior, nemo crudelior est quam dux
Troianorum. Nam reliquit et te, honestissimam omnium uxorum,
et me, potentissimam omnium reginarum¹, quod imperio deorum
6 parere debuit, ut ipse contendit. Homines fatum et officium
gravius esse amore dicunt, quamquam nihil tristius est officio,
nihil dulcius² amore. Ille dux fortis, qui amorem officio praepo-
9 nere³ non audet, miserrimum omnium se praebuit.
Talis est virtus virorum! Talis est animus viri, qui urbem
potentissimam condet!

1 rēgīna Königin
2 dulcis, e angenehm
3 praepōnere *m. Dat.* für wichtiger halten als

1 Dido, die Verfasserin des erfundenen Briefes, will besonders eindringlich formulieren; sie erreicht dies mehrfach durch einen parallelen Satzbau. Suche Belege dafür. Wodurch wird die Eindringlichkeit noch bewirkt?

2 Informiere dich darüber, wie Dido letztendlich auf die Trennung von Äneas reagiert hat.

3 Erkläre, wie der Maler die besonderen Möglichkeiten eines Deckengemäldes für die Wirkung seiner Darstellung nutzt.

4 Der Brief (**Z**) ist sprachlich-stilistisch bewusst ausgestaltet. Welche der rhetorischen Stilmittel von 30 **M** (Begleitband, S. 137) haben hier Anwendung gefunden?

Die Ankunft des Äneas in Italien. Deckengemälde von Matthäus Günther im Stuttgarter Neuen Schloss. 1757.

Auf der Suche nach Erklärungen

Differenziert üben V

Bearbeite nacheinander die Aufgabenbereiche I–III. Bei den Bereichen I und III kannst du den Schwierigkeitsgrad frei wählen.

I Participium coniunctum

Schwierigkeitsgrad 1

Die folgenden lateinischen Sätze handeln von Phädra (Phaedra), der Gattin des Königs Theseus von Athen, die sich in ihren Stiefsohn Hippolytos (Hippolytus) verliebte. Jeder Satz enthält ein Partizip, eine wörtliche Übersetzung ist zugeordnet. Finde zu jedem Satz mindestens zwei weitere, grammatisch korrekte und sinnvolle Übersetzungen des PC (z. B. als Relativ- oder Adverbialsatz):

a) Phaedra maritum amans adventum (!) eius exspectat.
   Die ihren Ehemann liebende Phädra erwartet dessen Ankunft.
b) Tamen Phaedra amore Hippolyti capta cupidini (!) resistere non potuit.
   Trotzdem konnte die von der Liebe zu Hippolytos ergriffene Phädra ihrer Leidenschaft nicht widerstehen.
c) Sed cupido (!) mulierem amore filii accensam tristem fecit.
   Aber diese Leidenschaft machte die von der Liebe zu ihrem Sohn entflammte Frau traurig.
d) Denique Phaedra amore dies noctesque crescente victa est.
   Schließlich ist Phädra von der Tag und Nacht wachsenden Liebe besiegt worden.

Satz d) könnte auch als Ablativus absolutus aufgefasst werden. Würde eine weitere Übersetzung dann anders ausfallen?

Ein tragischer Schauspieler und eine Bühnenmaske. Römische Wandmalerei aus Pompeji. 1. Jh. n. Chr.

Schwierigkeitsgrad 2

Ergänze die fehlenden Endungen und übersetze die Sätze:

a) Antigona imperium Creontis negleg[?] corpus fratris sepulcro (Grab) condidit.
b) Sed custodes Antigonam corpus conde[?] aspexerunt.
c) Iram Creontis time[?] regi iniuriam Antigonae nuntiaverunt.
d) Antigona autem mortem negleg[?] Creonti non paruit.

II Wer behält den Überblick?

Ödipus, der Vater der Antigone, tat, ohne es zu wissen, schlimme Dinge: Als ihm ein Orakel prophezeite, er werde seinen Vater töten und seine Mutter heiraten, verließ er entsetzt seine Heimat. Da er aber nur die halbe Wahrheit kannte, ermöglichte er damit erst die Erfüllung der Prophezeiung. Sein kompliziertes Schicksal erzählt der folgende Satz, der schrittweise länger und schwieriger wird. Wie weit kommst du?

1 ex-pōnere aussetzen
2 Polybus: König von Korinth, Stiefvater des Ödipus

a) Oedipus quondam in montibus expositus[1] erat.
b) Oedipus quondam in montibus expositus a rege Polybo[2] invent**us** est.
c) Oedipus quondam in montibus expositus et a rege Polybo inventus se eius filium esse putavit.

d) Oedipus quondam [Laio⁴ patre oraculo excitato] in montibus expositus et a rege Polybo inventus se eius filium esse putavit.
e) Oedipus quondam Laio patre oraculo excitato in montibus expositus et a rege Polybo inventus se eius filium esse putavit, sed sortem suam non cognovit.
f) Oedipus quondam Laio patre oraculo excitato in montibus expositus et a rege Polybo inventus se eius filium esse putavit, sed sortem suam non cognoscens patriam reliquit.
g) Oedipus quondam Laio patre oraculo excitato in montibus expositus et a rege Polybo inventus se eius filium esse putavit, sed sortem suam non cognoscens patria relicta⁵ flagitium commisit.

4 Lāius: König von Theben, wahrer Vater des Ödipus; ein Orakel hatte ihm prophezeit, dass er von seinem eigenen Sohn getötet werde.
5 relictus: *PPP zu* relinquere

III Deutsch für Fortgeschrittene

Schwierigkeitsgrad 1
Der folgende Text enthält zahlreiche Partizipialformen, offensichtliche und versteckte; finde möglichst viele Verbformen, bei denen es sich um Partizipialformen handelt:

„Gemessenen Schrittes betrat der Angeklagte den vollbesetzten Gerichtssaal. Verwundert rieben sich alle Anwesenden die Augen. Selbst erfahrene Geschworene waren verwirrt. Betrübt hatten sie ihn erwartet, betroffen, niedergeschlagen, wohl wissend, dass ihn eine verdiente Strafe für ein gravierendes Verbrechen erwarte. Doch ungeachtet aller belastenden Umstände ergriff er entschlossen das Wort, und unversehens und für alle überraschend griff er den vorsitzenden Richter mit geradezu unverschämten Worten an."

Schwierigkeitsgrad 2
Im Deutschen haben sich Spuren von einer Art „Genitivus absolutus" erhalten, der dem lateinischen Ablativus absolutus stark ähnelt, z. B. *„Unverrichteter Dinge* ging er nach Hause."
Diese Partizipialkonstruktion kann man wie einen Ablativus absolutus auf verschiedene Weise auflösen:

- *Obwohl die Dinge nicht verrichtet worden waren,* ging er nach Hause. (Adverbialsatz)
- *Trotz „Nichtverrichtung" der Dinge* ging er nach Hause. (Präpositionalausdruck)
- *Die Dinge waren nicht verrichtet worden* und (trotzdem) ging er nach Hause. (Beiordnung)

Löse in den folgenden deutschen Sätzen den „Genitivus absolutus" durch einen passenden Adverbialsatz, Präpositionalausdruck oder einen beigeordneten Hauptsatz auf:

a) Klopfenden Herzens packte sie ihr Geschenk aus.
b) Gesenkten Hauptes steht er da.
c) Er rennt sehenden Auges in sein Unglück.
d) Überraschenderweise (!) konnten sie das Spiel gewinnen.

Auf der Suche nach Erklärungen

Antike Kultur betrachten – europäische Kultur verstehen

Kulturelle Gemeinsamkeiten erkennen und hinterfragen

Ein thematischer Schwerpunkt der letzten Sequenz lag auf der griechischen Philosophie und Religion. Wenn wir heute durch Museen oder Schlossparks gehen oder Gemälde in Kunstgalerien betrachten, begegnen wir immer wieder Darstellungen der römischen und griechischen Götter, ja sogar in der modernen Werbung spielen sie eine Rolle.

● Identifiziere die auf der Vase abgebildeten Götter. Benenne sie jeweils mit ihrem griechischen und ihrem lateinischen Namen.
● Formuliere Vermutungen darüber, wie es zu der Ähnlichkeit von griechischen und römischen Göttern gekommen ist.

Griechische Vasenmalerei. Um 550 v. Chr. Paris, Musée du Louvre.

Im Internet recherchieren

Vielleicht möchtest du mehr über die Götter der Griechen und Römer erfahren. Neben Büchern steht dir als weitere Informationsquelle das Internet zur Verfügung.
Du hast ja bereits geübt, die Glaubwürdigkeit einer Quelle einzuschätzen (vgl. S. 98). Das gilt besonders für das Internet. Hier stellt sich angesichts des riesigen Angebots von Informationen die Frage, welche der gefundenen Informationen überhaupt brauchbar sind.
Zu möglichen Informationsquellen gelangst du durch Eingabe von Begriffen in eine Suchmaschine; so erhältst du eine Liste von Internetseiten, auf denen deine Suchbegriffe auftauchen.

● Gib in eine Suchmaschine im Internet den Namen einer römischen oder griechischen Gottheit (z. B. Mars) ein. Überprüfe die ersten zehn Suchergebnisse und entscheide, welche der aufgelisteten Informationen für dich interessant sind.
● Verändere und ergänze deine Suchbegriffe so lange, bis die Suchmaschine möglichst viele Seiten auflistet, die für deine weitere Recherche interessant sind.
● Verfahre so mit mehreren Götternamen.
● Erstelle für das Fach Latein eine eigene „Favoritenliste", auf die du bei deiner Arbeit immer wieder zugreifen kannst. Aktualisiere diese Favoritenliste regelmäßig.

Utopien entwickeln

Die Römer haben durch die Begegnung mit den Griechen wichtige kulturelle Impulse erfahren. Beide Kulturen haben gemeinsam die europäische Kultur bis in die Gegenwart maßgeblich geprägt. Doch auch diese europäische Kultur ist in der Gegenwart und Zukunft Einflüssen ausgesetzt.

● Vergleicht die unterschiedlichen Möglichkeiten der Begegnung mit anderen Kulturen in Antike und Gegenwart. Berücksichtigt dabei auch die modernen Medien.
● Entwickelt die Utopie (von griech. *utopos* – ein Ort, der in der Vorstellung, nicht aber in der Wirklichkeit existiert) einer europäischen Kultur der Zukunft. Überlegt dabei: Was wird die kulturelle Identität Europas in hundert Jahren ausmachen? Welche kulturellen Einflüsse aus anderen Regionen und Religionen der Welt werden sich durchsetzen? Was wird sich vom griechisch-römischen Erbe erhalten? Wie „europäisch" wird Europa in hundert Jahren sein? Wird es noch Schüler wie euch geben, die Latein lernen?

Die Ausbreitung der römischen Zivilisation

Die Römer haben nicht nur Südeuropa und die Länder um das Mittelmeer beherrscht. Sie waren über ihre Beziehung zu Griechenland auch in Kontakt mit **Kleinasien** und mit den Kulturen des Orients gekommen. Sicher weißt du auch, dass Gajus Julius Cäsar **Gallien** erobert hat und nach Germanien vordringen wollte. 500 Jahre lang blieben die Römer im Gebiet des heutigen Frankreich, Belgien und Luxemburg an der Macht, sie haben hierher ihre Kultur gebracht und bedeutende „Spuren" hinterlassen. Schwieriger gestaltete sich das Verhältnis zu den freiheitsliebenden Stämmen der **Germanen**; der Limes mit seinen Befestigungsanlagen ist ein beredtes Zeugnis dafür.

Die Stadt Trier – hier zur Zeit der römischen Kaiser in einer rekonstruierten Luftansicht – liegt heute in Deutschland. Sie gehörte aber nicht zum römischen Germanien, sondern zu Gallien. Am Beispiel dieser Stadt kann man in verschiedenen Epochen verfolgen, was es bedeutete, dass ein Gebiet römisch wurde.

1 Was bedeuten Begriffe wie „Zivilisation" oder „Kultur" genau? Vielleicht könnt ihr nach den nächsten Lektionen genauere Vorstellungen mit diesen Begriffen verbinden.

24

Der Artemis-Tempel von Ephesos, erbaut zwischen 560 und 500 v. Chr. Rekonstruktion.

Von den Sieben Weltwundern existieren heute nur noch die Pyramiden von Gizeh. In römischer Zeit existierten sie vermutlich noch alle. Allein drei dieser Bauwerke standen auf kleinasiatischem Boden und führten den staunenden Römern die Größe und den Glanz Kleinasiens eindrucksvoll vor Augen: der Tempel der Artemis (lat. Diana) in Ephesos, das Grabmal des Fürsten Mausolos in Halikarnass und eine gewaltige Statue des Sonnengottes auf Rhodos, der dem südlichen Kleinasien vorgelagerten Insel (vgl. S. 122, Karte).

1 Verfasst in Gruppen Beschreibungen zu den antiken Weltwundern.

2 Lies zur Vorbereitung die Geschichte von Demetrius und Paulus im Neuen Testament in ihrer deutschen Fassung (Apostelgeschichte 19, 23–40).

G Aeneas dux fuit magna virtute.
Graecis autem urbem Troiam capientibus Aeneas tristissimo animo erat
3 et pugnans necari voluit.
Sed dei Aeneae, viro magna religione, imperaverunt:
„Collige familiam tuam et propera ad litus! Tum navibus patriam relinquite!
6 Sed pater tuus, quia senex est, ire non iam potest; itaque eum ferre debes.
Fer eum e finibus Troianorum! Si patrem ex urbe fers, imperio Iovis pares."
His verbis commotus Aeneas patrem ex urbe tulit.
9 Tum iter multorum annorum iniit.
Aeneae enim erat patriam novam et alienam quaerere.

ferre – Ablativ und Genitiv der Beschaffenheit – Genitiv der Zugehörigkeit

Groß ist die Artemis von Ephesos!

T Beim Diana-Tempel in Ephesos konnten die Besucher kleine Silberfiguren der Göttin kaufen; diese Figuren waren nicht nur Souvenirs, ihnen wurde auch Glück bringende Wirkung zugeschrieben. Demetrius, ein Produzent solcher Figuren, schreibt an seinen in Rom lebenden kranken Freund einen Brief:

Demetrius Marco suo salutem dicit.
Dolebam te morbum tuum nunc minus fortiter ferre, quam prius
3 tuleras. Memoria tene illud philosophorum: „Quod fert fortuna, fer!"
Sed de alia re ac de condicione vitae tuae scribere volui. Scis
6 templum Dianae Ephesiae unum e miraculis mundi[1] esse. Hoc aedificium mira magnitudine est; quod cum aliis templis conferri non licet. Itaque multi homines urbem nostram visunt. Et multi
9 eorum, qui hic vivunt – ut ego – quaestum faciunt[2] ex illo templo. Ante paucos dies aliquis nuntium mihi attulit hominem quendam, nomine Paulum, in urbem nostram venisse. Qui primo ante portas
12 aedis aliquam orationem habuerat de deo aliquo, quem Iesum Christum vocabat; deinde in theatrum ierat. Qua re audita celeriter eo ibam: Cernebam Paulum, virum parva statura, de theatro ad
15 forum descendentem et iterum numen Dianae illudentem[3]. Statim vultu acri clamavi: „Quis eiusmodi verba fert? Equidem haec numquam feram. Statim auferte hunc impium hominem, qui
18 maiestatem[4] Dianae laedit! Hoc viri vere pii est. Maiestate Dianae sublata nemo urbem nostram viset. Postremo – hic Paulus nos omnes perdet. Summo iure hunc virum, hoc malum expellemus."
21 Cuncti, qui verba mea audiverant, clamabant: „Magistratuum est hunc virum expellere ex urbe nostra! Magna est Diana Ephesiorum! Diana, tu es praesidium urbis nostrae!"
24 Tunc magistratus, viri magni ingenii, Paulum circumvenerunt, vi a theatro averterunt, foras abstulerunt. Tum laetus domum ii. Vale! *(nach der Apostelgeschichte)*

Weihgeschenke aus dem Diana-Tempel in Ephesos.

1 mīrāculum mundī Weltwunder
2 quaestum facere seinen Lebensunterhalt bestreiten
3 illūdere verspotten
4 māiestās, ātis Erhabenheit

1 Informiere dich über die Merkmale eines lateinischen Briefes (vgl. 17 **M** 2, Begleitband, S. 77). Identifiziere diese Merkmale in **T**.

2 Tempusfunktionen ermitteln
Untersuche die Vergangenheitstempora in **T**. Versuche die Auffälligkeiten zu erklären.

3 Stelle zusammen, was du in **T** über das Artemis-Heiligtum und seine Bedeutung für Ephesos erfährst.

4 Überlege, von welchen Ängsten Demetrius geleitet wird und wie er seinen Angriff gegen Paulus begründet.

5 Sich kreativ-produktiv mit dem Text auseinandersetzen
Verfasse einen Antwortbrief des Markus und versuche darin das Verhalten des Demetrius kritisch zu würdigen.

Die Kultstatue der „Großen Artemis" von Ephesos. 2. Jh. n. Chr. Archäologisches Museum von Selçuk, Türkei.

Blick in die Provinzen

Lehrer: „Hercules (Herkules) vir fortis erat. Ingentia monstra petere audebat." – Schüler: „Ita est. Sed ego quoque vir magnae virtutis sum. Omnia pericula adire audeo." – Lehrer: „Tu fortissimus es. Et certe puer magnā virtute es. Nam pueri fortis est se ipsum laudare."

A „Fer-flixte Formen"! Bestimme und übersetze: fero – feremur – fert – ferte – ferro – aufer – confers – afferunt – conferebam – feram – ferri (2)

B Ordne entsprechend **T** den genannten Personen oder Sachen ihre speziellen Eigenschaften zu:
Paulus est vir   magnae potentiae
Magistratus sunt viri   mira magnitudine
Aedis Dianae est   tristis animi
Diana est dea   magni ingenii
Marcus est amicus   animo impio.

C Kasusfunktionen erkennen
Übersetze und ordne die Kasusbezeichnungen richtig zu:

Dativ des Zwecks – Genitivus obiectivus – doppelter Akkusativ – Genitivus partitivus – Dativ des Vorteils – Genitiv der Zugehörigkeit

1. Amicum fortem putamus. 2. Hoc tibi honori est. 3. Saluti civium consulis. 4. Domus patris parva est. 5. Spes salutis magna est. 6. Multum temporis mihi est.

D Suche aus **T** alle Ablative ohne Präposition heraus und stelle fest, welche Bedeutung sie im jeweiligen Satz haben.

E Fremdwörter erschließen
Suche (z. B. mit Hilfe eines Herkunftswörterbuchs) aus den folgenden Wörtern diejenigen heraus, die auf ferre oder eine Stammform davon zurückzuführen sind:

Koniferen – Atlas – relativ – Konferenz – Verrat – Ablativ – Dativ – Interferenz – absolut – Toleranz – Tulpe – Referat – rational

Ermittle zu den Wörtern, die dir unbekannt sind, die Bedeutung.

Groß ist die Artemis von Ephesos!

Ein Weltwunder aus Liebe

Mausolos (Mausolus) war im 4. Jh. v. Chr. der König von Karien, einem Gebiet im Südwesten Kleinasiens mit der Hauptstadt Halikarnass. Verheiratet war er mit Artemisia, einer außergewöhnlichen Frau:

Artemisia, quod Mausolum toto animo amavit, mortem mariti gravissime fert. Ingenti luctu commota rem incredibilem adiit:
3 Postquam Mausoli corpus comburit[1], corpus combustum in pulverem[2] contundi[3] iubet; postremo, quod maritum semper in se ferre vult, hunc pulverem in aquam immiscet[4] et aquam bibit.
6 Tum magnum monumentum, quod Mausolus aedificare coeperat, pulcherrime ornat; hoc modo omnibus hominibus amorem suum maximum ostendit.
9 Sed Artemisia non solum magnum honorem marito praestat. Haec mulier maxima virtute ac ratione et regnum suum multos per annos bene administrat[5] et in bello se fortem praebet: Non solum
12 Rhodios[6], qui Halicarnassum temptant, e patria sua discedere cogit, sed etiam Rhodum[7] ipsam capit. *(nach Gellius, Noctes Atticae)*

1 comburere (-ūssī, -ūstum) verbrennen
2 pulvis, eris *m* Staub
3 contundere zerreiben
4 immiscēre hineinstreuen
5 administrāre verwalten
6 Rhodiī, ōrum die Bewohner von Rhodos
7 Rhodus *f* Rhodos (griech. Insel)

1 Mausolos hatte schon zu seinen Lebzeiten damit begonnen, dieses Bauwerk errichten zu lassen; Artemisia sorgte dann für seine Fertigstellung und vor allem für eine glanzvolle Ausstattung. Welche Elemente, die auch bei anderen Baudenkmälern der Antike auftreten, kannst du identifizieren?

Rekonstruktion des Mausoleums von Halikarnassos. Erbaut um 350 v. Chr.

Blick in die Provinzen

Lambert Dahm: Blick in das Kaltbad (frigidarium) der sog. Viehmarktthermen im kaiserlichen Trier. 4. Jh. n. Chr.

Als römischer Kaufmann in Gallien konnte man durch die Handelsbeziehungen, die sich über das gesamte Imperium verzweigten, gute Geschäfte machen und nicht selten auch reich werden. Etliche dieser nach Gallien zugewanderten Kaufleute legten es dann durchaus darauf an, diesen Reichtum als Zeichen des römischen Sieges den Provinzbewohnern vorzuführen. So konnte man in den gallischen Städten sehr kostbar gekleidete Personen sehen, die ihren Reichtum auf dem Forum oder in den Thermen ganz ungeniert vorzeigten.

Das rief bei den Betrachtern nicht selten Kopfschütteln hervor.

G Cornelia numquam contenta est.
Ante cenam dicit:
3 Si Flavus hodie veniret, bonos cibos ei pararem!
Si dona mihi daret, verba pulchra ei dicerem!
Si Flavus verba mea audiret, certe hic maneret!
6 *Post cenam dicit:*
Si Flavus hodie non venisset, bonos cibos mihi tantum paravissem!
Si dona mihi non dedisset, verba pulchra ei non dixissem!
9 Si Flavus verba mea non audivisset, certe hic non mansisset …

Luxus an der Mosel

In Trier, einer der wichtigsten Städte Galliens, hatte man im 3. Jh. n. Chr. luxuriöse Badeanlagen gebaut.
Zwei Freunde treffen sich vor den Kaiserthermen in Trier:

DRAPPES: Quid tu hic agis, amice? Unde venis?
DUMNACUS: E balneo[1] venio. Quare tu hodie non aderas?
Si adfuisses, vehementer risisses.
DRAPPES: Hercules! Si hoc scivissem, ego quoque in balneum venissem! Sed dic mihi: Quid actum est? Semper cupidus sum rei novae, ut scis.
DUMNACUS: Conspeximus senem calvum[2], tunica russea[3] ornatum, ludentem[4] pila[5] prasina[6]!
DRAPPES: Quis erat is senex?
DUMNACUS: Flavus, libertinus quidam, homo dives et rarissimus!
DRAPPES: Si homines tali natura non essent, vitam tristem in provincia ageremus. Narra modo!
DUMNACUS: Res singulas narrare nolo, sed hoc tantum audi: Post balneum tres servi eundem Flavum unguento[7] perfundebant[8] et lana[9] mollissima tergebant[10].
DRAPPES: Lana? Sed lana idonea non est ad …
DUMNACUS: Verum dicis. Sed lana carior linteo[11] est.
DRAPPES: Nunc intellego: Si Flavus hominibus spectantibus res communes tantum ostenderet, nemo oculos in eum converteret.
DUMNACUS: Bene intellexisti! In ore omnium esse Flavo magnae curae est. Invidiam movere vult. Id tantum spectat. Itaque paulo post a duobus servis in lecticam[12] impositus est.
DRAPPES: Si ego lectica ferrer, non iam pedibus irem, sed sedens librum bonum legerem.
DUMNACUS: Exspecta – nondum omnia audivisti: Flavus vestibus pulcherrimis tectus auferebatur, cum subito servus quidam ad lecticam vocatus toto itinere vultu laeto cantavit.
DRAPPES: Tace, nimium diligenter narras! – Si Flavus intellegeret bona animi ac rationis laudi esse, minores sumptus faceret.

(nach Petron, Satyricon)

1 balneum Bad(eanlage)
2 calvus kahlköpfig
3 russeus rot
4 lūdere spielen
5 pila Ball
6 prasinus grün
7 unguentum Salböl
8 perfundere *(PPP perfūsum)* übergießen
9 lāna Wolle
10 tergere abtrocknen
11 linteum Leinen
12 lectīca Sänfte

Ein Herr wird von Sklaven auf der lectica getragen. Holzstich nach einer Zeichnung von P. Ritter.

1 Lest euch Z. 1–6 von **T** laut vor. Welche Art von Unterhaltung erwartet ihr? Vergleicht eure Erwartung mit Z. 7f. und 10. Erläutert, was für ein Mensch hier beschrieben wird.

2 Setzt die in **T** beschriebenen Situationen als Zeichnungen oder Standbilder um, die ihr fotografiert und beschriftet.

3 Der Forscher Paul Veyne schreibt über das Verhalten von Personen wie Flavus: „Das Zurschaustellen von Reichtum dient nicht allein dazu, anderen die eigene Wichtigkeit vor Augen zu führen, sondern auch dazu, das persönliche Selbstbewusstsein zu stärken." Erkläre, was Veyne meint. Zeige, dass dies auch auf Flavus zutrifft.

4 Textinhalt kreativ-produktiv umsetzen
Überlegt, wie sich die Szene aus **T** im heutigen Trier abspielen würde. Wie wäre jedes Detail zu übertragen? Welches heutige Statussymbol entspricht z. B. einer lectica? Schreibt dann auf dieser Basis einen neuen Dialog (auf Deutsch).

Blick in die Provinzen

A Schreibe aus **T** sämtliche si-Sätze heraus und übersetze sie noch einmal ins Deutsche. Ersetze nun alle Formen des Konjunktiv Imperfekt durch die entsprechenden Formen des Konjunktiv Plusquamperfekt – und umgekehrt. Übersetze die neu entstandenen Sätze ebenfalls ins Deutsche. Wie haben sich die Aussagen inhaltlich verändert?

B Setze die folgenden Formen zunächst in den Konjunktiv Imperfekt, dann in den Konjunktiv Plusquamperfekt:
facit – it – videt – vult – intellegit – ridet – laudat – parcit – est – cogit

C Auf die eigene Lebenswelt beziehen
In welcher Situation könnte dein Lehrer/deine Lehrerin zu dir den folgenden berühmten lateinischen Satz sagen?

SI TACUISSES, PHILOSOPHUS MANSISSES.

D Beachte bei der Übersetzung die angegebene(n) Sinnrichtung(en) der Partizipien:
1. Homines theatrum aedificantes a civibus laudati sunt. (temporal, kausal) 2. Pater liberis magna voce clamantibus non adfuit. (konzessiv, temporal) 3. Hospites ad cenam vocati non venerunt. (konzessiv) 4. Cives e periculo servati militibus gratias egerunt. (kausal, temporal)

E Ein Sänftenträger des Flavus döst vor den Thermen im Schatten und führt dabei Selbstgespräche. Da er das Lateinische erst vor kurzem erlernt hat, kennt er die Verbformen noch nicht so genau und redet daher stets in Infinitiven. Hilf ihm, indem du die in den Satz passenden Endungen der Verben ergänzt.
1. Si mater mea dea esse…, ego quoque deus esse…!
2. Si pater meus dives fuisse…, ego servus non esse…!
3. Si domina quid dicere…, numquam respondere…!
4. Si nocte laborare…, totum diem in lecto iacere…!

F Bilde zu den folgenden Indikativformen jeweils die entsprechende Konjunktivform:
ferebas – ferebamus – ferebant – tuleram – tulerat – tuleratis – volebam – volebat – volebatis – volueras – volueramus – voluerant

G Fremdwörter erschließen
1. Schreibe aus dem folgenden Text die Fremdwörter heraus, die du auf dir bekannte Vokabeln zurückführen kannst:
„Auf dem Weg zu seiner Doktorprüfung trat Wolfgang kräftig in die Pedale. Heute wollte er mit einem riesigen Spektakel seinem Auditorium gewaltig imponieren. Das Prädikat ‚magna cum laude' war sein Ziel."
2. *Moll, Trio, Kantate …*
Welche weiteren Fachausdrücke aus der Musik kannst du auf das Lateinische zurückführen?

H Minikontexte nutzen
Schon ein kleiner Kontext (z.B. ein hinzugefügtes Objekt oder Adverb) kann helfen, die richtige Bedeutung von Verben zu finden. Übersetze treffend:
librum legere, milites legere, patriam armis tegere, vestibus tegere, vinum ferre, labores ferre, nuntium afferre, arma conferre, mores conferre, pecuniam perdere, homines perdere, librum Marco reddere, Marcum amicum reddere, copias cogere, amicum condere, urbem condere, bestiam cavere, secum agitare, pecuniam committere, proelium committere

BENE LAVA! (Bade gut!) und SALVVM LAVISSE! (Wünsche, gut gebadet zu haben!). Dieses Fußbodenmosaik lag im Eingang eines römischen Bades in Thamugadi (Timgad/Algerien) und begrüßte bzw. verabschiedete die Badegäste. Die beiden Sandalenpaare markieren die jeweilige Lauf- und Leserichtung.

Hadrian in den Thermen

Z Dass es in den Thermen häufig Interessantes zu betrachten gab, zeigt die folgende Anekdote über Kaiser Hadrian:

P. Aelius Hadrianus, quamquam imperator erat, saepe publice et una cum omnibus lavabatur[1]. Quodam tempore senem aspexit et
3 vidit eum tergum[2] defricare[3] muro. Imperator perturbatus interrogavit: „Cur tergum muro defricas, amice?" Senex respondit: „Si servum haberem, is me defricaret!"
6 Hadrianus ubi id audivit, et servos et argentum ei donavit. Postero die ille senex servos suos amicis ostendit et de fortuna sua narravit. Qui invidia moti dixerunt: „Si imperator nos vidisset,
9 nobis quoque dona dedisset!"
Ita Hadrianus alio die thermas intrans vidit multos senes, qui ad murum cucurrerunt et eodem modo se defricare coeperunt ...
12 Statim imperator eos vocari iussit et alium ab alio defricari.

(nach Historia Augusta, Hadrianus)

1 lavārī sich waschen, baden
2 tergum Rücken
3 dēfricāre abreiben, abtrocknen

1 Welche Charakterzüge Hadrians werden durch die Anekdote zum Ausdruck gebracht?

2 Sprache beachten
Schreibe aus **Z** alle Adverbialien der Zeit heraus. Halte dann zu jedem Adverbiale fest, wie es sprachlich gestaltet ist (z. B. Adverb, Ablativ der Zeit, Gliedsatz ...). Suche dann wenigstens zwei andere Adverbialien und benenne ihre Sinnrichtung.

*Eine vollständige Ausrüstung für den Gang in die Thermen: Mit der bronzenen **Schale** goss man sich kaltes Wasser über den Körper, um nach dem Heißbad die Poren zu schließen. Reiche Römer hatten Diener oder Sklaven, die diese Aufgabe wahrnahmen.*
*Die kleinen **Salbgefäße** enthielten Öle und andere aromatische Flüssigkeiten, mit denen man sich einrieb oder massiert wurde.*
*Mit der sog. **Strigilis**, die man im Bildvordergrund sieht, wurden nach sportlichen Übungen oder dem Besuch des Schwitzbades Öl, Schweiß und Staub vom Körper geschabt.*

Blick in die Provinzen

26

Szene aus einem Asterix-Comic.

Die Eroberung Galliens in den Jahren 58–51 v. Chr. war nicht nur eine militärische Leistung der römischen Soldaten und ihres Feldherrn Cäsar. Die Römer haben überall, wo sie herrschten, unter ihren Gegnern auch Freunde gefunden – wie es in der Asterixszene dargestellt ist. Und sie haben Unstimmigkeiten unter ihren Gegnern systematisch ausgenutzt, um ihre eigene Herrschaft abzusichern. Der römische Historiker Tacitus beschrieb um 100 n. Chr. den Einfluss der römischen Kultur auf die besiegten Völker so: „Allmählich gab man sich dem verweichlichenden Einfluss von Lastern hin, z. B. Säulenhallen, Thermen und luxuriösen Parties. Dies hieß bei den ahnungslosen Menschen ‚Kultur', während es doch nur ein Teil der Unterdrückung war."

1 Diskutiert mit Bezug auf die Szene aus dem Asterix-Comic, ob Tacitus mit seiner Aussage recht hat.

2 Kennt ihr aktuelle Beispiele, in denen sich ähnliche Entwicklungen erkennen lassen?

G 1. Caesar virtutem Gallorum (Gallier) scit.
Caesar scit, quanta (wie groß) virtute Galli pugnent.
3 Caesar scit, quanta virtute Galli prius pugnaverint.
Galli ad Caesarem veniunt, ut cum eo agant.
Galli ad Caesarem legatos mittunt, ne se temptet.
6 Legati Caesarem interrogant, cur se temptare velit.

2. Vergleiche A und B:

Lucius laborat. Lucius diligens est.   Lucius diligenter laborat. (A)
Marcus laborat. Marcus laetus est.   Marcus laetus laborat. (B)
9 Quintus et Lucius ad domum currunt.   Quintus primus ad domum venit.
    Quintus victor ad domum venit.

Konjunktiv Präsens und Perfekt – Konjunktiv in Gliedsätzen – Prädikativum

Teile und herrsche!

T Im Verlauf der Eroberung Galliens mehrten sich die Hinweise, dass sich die eigentlich romfreundlichen Treverer von Cäsar abgewandt haben. So erschienen z. B. ihre Vertreter nicht auf einer von Cäsar einberufenen Versammlung. Daraufhin zog dieser mit vier Legionen (etwa 20 000 Fußsoldaten und 800 Reiter) in das Stammesgebiet der Treverer.
Cäsar berichtet in seinen Aufzeichnungen, wie unterschiedlich die beiden wichtigsten Anführer des Stammes auf diese Einschüchterung reagierten.

Civitati Treverorum Indutiomarus et Cingetorix praeerant duces; qui de primo loco inter se contendebant.
3 Cingetorix, cum de adventu legionum et auxiliorum cognovisset, primus ad Caesarem venit, ut egregiam fidem ostenderet.
At Indutiomarus – ut Caesar a Cingetorige ipso accepit – milites
6 conscripsit, ut bellum pararet libertatemque gentis suae defenderet.
Alii principes civitatis adventu exercitus Romani territi e vicis et oppidis frequentes ad Caesarem venerunt, ut de suis rebus cum eo
9 agerent: „Amici venimus, ut fidem nostram demonstremus. Nam tanta est fides nostra, ut libenter te adeamus."
Qua re adductus etiam Indutiomarus legatos ad Caesarem mittit,
12 ne ab omnibus deseratur. Haec verba a legatis Caesari referuntur: „Plebs facile ab amicitia Romanorum deficit; sed tanta est apud plebem auctoritas mea, ut eos in officio retinere possim. Equidem
15 efficio, ut a licentia revocentur. Scis, cur adhuc ad te non venerim. Nam timeo, ne plebs Romanis inimica sit et – cum libertatem gentis defendere velit – novis rebus studeat. Mox in castra Romana
18 veniam, ut cognoscas, quanta sit fides mea."
Caesar autem dubitat, verumne dixerint legati an insidias fecerint. Cum perfidiam¹ Indutiomari perspexerit, tamen impetum non parat;
21 sed poscit, ut Indutiomarus cum centum obsidibus ad se veniat.

Aber Indutiomarus gab nicht auf: Ein Jahr später erhob er sich erneut gegen die Römer und griff Cäsar an. Nachdem Indutiomarus im Kampf gefallen war, übergab Cäsar dem romfreundlichen Cingetorix die Stammesherrschaft.
(nach Caesar, Bellum Gallicum)

Römischer Reitersoldat mit Paradehelm und Gesichtsmaske. Limesmuseum Aalen, Römertage 2008.

1 perfidia heimtückisches Wesen

1 Handlungsträger unterscheiden
Gliedere **T**, indem du jeweils die Handlungsträger der einzelnen Absätze notierst. Welcher Treverer erweist sich als problematischer für Cäsar?

2 Beschreibe anhand von Schlüsselwörtern das Verhalten des Indutiomarus. Erkläre seine Strategie.

3 Welche Gründe veranlassen Cäsar zu der Vermutung, dass Indutiomarus sein Feind ist? Bewerte die Gründe in ihrer Stichhaltigkeit.

4 Cäsar und Indutiomarus versuchen beide, den anderen zu täuschen. Mit welchen Strategien gehen sie dabei vor? Bewerte Cäsars Vorgehen.

5 Text hinterfragen
Obwohl das Pronomen „ich" nicht auftaucht, stammt der Bericht von Cäsar selbst. An welchen Stellen muss man misstrauisch sein, ob seine Darstellung korrekt ist?

6 Römische Haltungen kennenlernen
Erkläre am Beispiel der Ereignisse im Gebiet der Treverer den Herrschaftsgrundsatz der Römer: „Teile und herrsche!" („Divide et impera!")

Geschichten von den Zauberkräften der Druiden (druidēs, um) und geheimnisvollen Bräuchen der Kelten faszinieren bis heute viele Menschen. So geht es auch einem jungen Mann:

Iuvenis, qui multa de druidibus acceperat, per silvas iter fecit. Nam druides convenire voluit. Iuvenis multos dies iter fecit, ut druides conveniret. Druides autem nolebant arcana (Geheimnisse, n Pl.) silvae ab hominibus inveniri. Itaque animum iuvenis vi magicā (mit Zauberkraft) perturbaverunt, ne iter inveniret. Is, cum iter multorum dierum fecisset, ad arborem aliquam somno superatus est.

Dum quiescit, nympha pulcherrima de arbore descendit. Cum os nobile iuvenis aspiciat, eum e somno excitare cupit. Ad iuvenem accedit et osculum (Kuss) ei dat, ut e somno eum excitet. Iuvenis excitatur, at nympha statim imperat, ut taceat. Iuvenem monet, ut silvam celeriter relinquat et domum redeat.

Is autem verba nymphae non audit. Nympha enim tam pulchra est, ut iuvenis verba eius non audiat, sed maximo amore statim capiatur. Neque tacet, ut nympha imperaverat. Amore autem accensus orat, ut nympha iterum sibi (ihm) osculum det. Quod nympha amore commota facit.

Cum nympha osculum dedisset, iuvenis somno iterum superatus est. Tum druides ad iuvenem convenerunt. Falcibus (mit Sicheln) aureis crudeliter eum interfecerunt.

A Bilde zu den folgenden Indikativformen die entsprechende Form im Konjunktiv Präsens, Imperfekt, Perfekt und Plusquamperfekt:
perficio – aedificat – vident – geris – adducimus – conscribunt – contenditis – ostendo – potest – afferunt – cernis

B Bilde aus den Wortfetzen sinnvolle Konjunktivformen und bestimme sie:

cerna-	tempte-	fēc-	conferre-
poposc-	remanea-	accep-	de-
-tur	-erit	-isses	-eritis
venire-	-m	-s	rettul-
-mur	-nt	-issemus	-tis

C Der Konjunktiv ist abhängig!
Verwandle die direkten Aufforderungen in indirekte. Bilde dazu Gliedsätze mit ut nach dem angegebenen Beispiel.
Pater filium orat: Accede!
Pater filium orat, ut accedat.

1. Dumnacus Drappem orat: „Narra de sene Flavo!" 2. Flavus servos orat: „Cantate!" 3. Mercator senatorem orat: „Vinum eme!" 4. Creusa Aeneam orat: „Relinque patriam!"

D Wer war Lukull?
Lucius Licinius Lucullus imperator magnus erat; nam imperator Lucullus bella optime gerebat. Postea senex in otio (Ruhe) pulcherrimo vivebat. Apud Romanos Lucullus primus maximas voluptates sibi parabat Lucullus unus et munera publica optime confecit et miro modo in otio vivebat.

E Hannibal, Rom und das Prädikativum
1. Hannibal puer promisit: Numquam amicus Romanorum ero. 2. Hannibal imperator multas gentes vicit; victor e proeliis abiit. 3. In urbe Roma homines supplices deos auxilium orabant. 4. Mulieres tristes ad caelum manus tollebant; frequentes templa adibant. 5. Hannibal senex dixit: Captivus Romanorum perire nolo.

G. Henry / E. A. Hornel: The Druids. Bringing in the Mistletoe. 1890. Glasgow, Art Gallery.

Vercingetorix: ein Ereignis – zwei Berichte

Der Gallier Vercingetorix (Vercingetorīx, Vercingetorīgis) hatte einen Aufstand gegen Cäsar organisiert; die Aufständischen hatten große Erfolge, wurden aber schließlich in Alesia belagert und mussten aufgeben. Vorher hatte Vercingetorix eine Versammlung seiner Verbündeten einberufen, über die Cäsar Folgendes berichtet:

Vercingetorix in consilio sociis dixit: „Hoc bellum non meā causā¹ gessi, sed ut libertatem communem defenderem. Itaque nunc vobis
3 concedo², ut me Romanis tradatis³." Tum amici Vercingetorigis nuntios de hac re ad Caesarem miserunt. Caesar imperat, ut arma tradantur et principes producantur⁴. Ipse pro castris sedet. Princi-
6 pes producuntur, Vercingetorix traditur, arma deponuntur.
(nach Caesar, Bellum Gallicum)

1 meā causā aus persönlichen Motiven
2 concēdere erlauben
3 tradere übergeben
4 prōdūcere vorführen
5 cōnscendere besteigen
6 equitāre reiten
7 circumīre umkreisen

Über 100 Jahre später berichtet der griechische Schriftsteller Plutarch – anders als Cäsar – nicht zuerst über die Rede des Vercingetorix; sondern er beschreibt gleich die Kapitulation:

Vercingetorix armis pulcherrimis ornatus equum conscendit⁵ et
9 per portas oppidi equitavit⁶. Caesar pro castris sedit. Vercingetorix autem in equo sedens Caesarem circumibat⁷. Tum de equo descendit, arma deposuit, ad Caesarem tacens accessit.
(nach Plutarch, Vita Caesaris)

1 Textquellen vergleichen
Vergleiche den Bericht Plutarchs mit dem aus Cäsars eigener Feder. Welchen Eindruck von Vercingetorix und Cäsar soll der Leser jeweils bekommen?

2 Rezeptionszeugnisse kennenlernen
Auch das Gemälde zeigt die Kapitulation des Vercingetorix. Beschreibe das Bild und erkläre, welchen Eindruck von Vercingetorix und von Cäsar der Maler vermitteln wollte.

Henri-Paul Motte: Vercingetorix ergibt sich Cäsar. 1886. Le Puy-en-Velay, Musée Crozatier.

Blick in die Provinzen

27

Rekonstruktion eines römischen Wachturms bei Lorch (Baden-Württemberg).

Die Eroberungspläne von Kaiser Augustus scheiterten mit der vernichtenden Niederlage des römischen Feldherrn Varus im heutigen Kalkriese im Teutoburger Wald (9 n. Chr.). Damit blieb im Nordwesten der Rhein die trennende Grenze. Später ließ Kaiser Domitian (reg. 81–96 n. Chr.) eine einschüchternde Befestigungsanlage bauen, um die reiche römische Provinz vor räuberischen Überfällen zu schützen: den „Limes", einen Grenzwall mit Wachtürmen und Kastellen für die Grenztruppen.

Die Auseinandersetzungen zwischen Römern und Germanen begannen in der Zeit Cäsars, der bei seiner Eroberung Galliens (58–51 v. Chr.) auch den Rhein in Richtung Osten überquerte und dort auf germanische Stämme traf.
Seit dieser Zeit standen Germanen und Römer einander unmittelbar gegenüber.

Doch nicht alle Bewohner erklärten sich auf Dauer mit der römischen Herrschaft am Rhein einverstanden: Es gab immer wieder Auseinandersetzungen, mehrfach sogar Aufstände, in denen die Römer manchmal auch Niederlagen hinnehmen mussten. Sieger und Besiegte standen also nicht von vornherein fest.

G Lucius: Mater, nunc in Germaniam (Germanien) ibo. Gaudeamus! Omnia conferamus! Uxorem quoque in Germania petam!
3 Mater: Audi consilia mea: Vir Romanus in Germania cibos bonos capiat, puellas pulchras fugiat! (Utinam) scribas mihi epistulas (Briefe) longas! Ne neglexeris consilia mea! Utinam una tecum iter in regionem alienam facere possem!
6 Lucius uxorem petiturus in Germaniam pervenit.
Amici Romani dicunt eum multas virgines pulchras ibi visurum esse.
Profecto Lucius cognoscit Annam, filiam pulchram mercatoris.
9 Lucius vitam bonam una cum Anna acturus est.
Lucius et Anna non ignorant se in Germania mansuros (esse) et ibi contentos futuros esse.

Die Seherin Veleda

Die germanische Seherin Veleda hatte beim Aufstand des Germanenstammes der Bataver (69/70 n. Chr.) einen vernichtenden Schlag gegen die römischen Legionen richtig vorhergesagt. Das Wort einer Seherin galt als Offenbarung der Götter. Selbst bei den Römern stand Veleda in hohem Ansehen, sodass sie später als Schlichterin bei Spannungen zwischen germanischen Völkern und Rom eintrat. Im Folgenden stellt sich die Seherin vor:

Veleda appellor mihique datum est res futuras videre. Utinam hominibus usui sint ea, quae provideam! Cum de rebus futuris
3 interrogor, semper spero me res secundas visuram esse; nam res adversas providere haud mihi placet. Quam ob rem illa facultas[1] natura mihi data quasi onus[2] grave est.
6 Exemplum proferam: Miles in pugnam iturus de proelii exitu requirit. Qui si audit: „E vita excessurus es!", aut tristis aut ira incensus abit. Sin autem[3] dico: „Video te incolumem rediturum
9 esse!", idem magnum praemium mihi praebet et postero die animo laeto et forti se hostibus obicit. Utinam semper res secundas promitterem!
12 Germani, cum nuper contra Romanos pugnarent, me consulturi venerunt. Inde auctoritas mea multo aucta est: Providi enim Germanos rem bene gesturos esse et dixi eos – quod tum incredibile
15 erat – legiones Romanas victuros esse. Profecto id, quod dixeram, evenit. Ex illo tempore maior pars Germanorum artem meam laudat meque deam esse putat.
18 Sed ne credideritis vitam meam esse iucundam! Immo dura est vita mea, ut supra memoravi. Nec cum propinquis nec cum amicis habito; sola vivo in turri quadam. Praeterea: Ut cultus augeatur,
21 homines neque cellam meam adire neque me ipsam appellare debent. Itaque ii, qui auxilium petunt, aliquem e propinquis meis deligant et ad me mittant! Ille responsa[4] et consilia deorum a me accipiat!
24 At bono animo sum: Nunc Germani me magni aestimant ... Utinam Romani quoque me colant! Speremus Germanos Romanosque pacem servaturos esse!

(nach Tacitus, Historiae/Germania)

1 facultās Fähigkeit, Fertigkeit
2 onus *n* Last
3 sīn autem wenn aber
4 respōnsum: *hier Subst.*

François Lepère: Die Seherin Veleda. 19. Jh. Paris, Musée d'Orsay.

1 Text gliedern
Fertige *vor* der Übersetzung eine zweispaltige Tabelle an:
1. Spalte: In welche Abschnitte kann der Text unterteilt werden?
2. Spalte: Worüber spricht Veleda in den einzelnen Abschnitten (Schlüsselwörter!)?
Vervollständige *während* und *nach* der Übersetzung schrittweise die Tabelle.

2 Vergleiche die Situation der Veleda mit den Informationen, die du in Lektion 16 über Pythia erhalten hast.

Blick in die Provinzen

A Suche aus **T** die Formen des Partizip Futur heraus, die nicht Bestandteil eines AcI sind. Ordne sie nach ihren Verwendungsweisen (vgl. 27 **S** 1, Begleitband, S. 122).

B Schreibe aus den folgenden Wörtern alle Verbformen heraus, die im Konjunktiv stehen, und übersetze sie. Ob du alle Formen gefunden hast, erkennst du daran, dass die Anfangsbuchstaben der herausgeschriebenen lateinischen Wörter (Achtung: v = u!) eine Aufforderung zum Weitermachen ergeben. Behalte die Reihenfolge der Wörter bei.
neget – vitam – educam – celerem – dubitetis – expelletis – excedatis – servem – servamus – praebeamus – effugiat – relinquam – postquam – errent – terrent – mandat – maneat – venia – venias – dignitas – sinant – ratione
Lösung: Utinam ?

C Zeichne in dein Heft die folgende Tabelle und trage die abgedruckten Formen an den entsprechenden Stellen ein. Die Wörter, die nicht in die Tabelle passen, ergeben einen lateinischen Spruch.

Vorzeitigkeit		Gleichzeitigkeit		Nachzeitigkeit	
Partizip	Infinitiv	Partizip	Infinitiv	Partizip	Infinitiv
?	?	?	?	?	?

redire – mutans – motum – redituros – veni – fugisse – visurum esse – misisse – vidi – interfecta – educturam – aversuros esse – terreri – vici – narrantes

D Auf vielen Trinkgefäßen, die man auch im ehemaligen Germanien – besonders in den Weingegenden (z. B. an der Mosel und am Rhein) – gefunden hat, sind Sprüche zu lesen, die sich auf das Leben im Allgemeinen, auf die Liebe oder den Trinkgenuss beziehen. Übertrage die lateinischen Sprüche in passende deutsche Aufforderungen und erkläre, warum hier der Konjunktiv verwendet wird.
felix sis   bibamus
gaudeamus   bene tibi sit

E Mehrdeutige Wörter erschließen
a) Ermittle in den folgenden Sätzen die Bedeutung von cum. Orientiere dich dabei an der Übersicht im Begleitband, S. 116.

1. Cum Romani in colonia Augusta Treverorum (Trier) erant, imperator saepe ab oratoribus laudabatur.
2. Cum imperator in oppidum veniebat, ab oratoribus (Redner) laudabatur.
3. Orator: „Cum imperatore magnum gaudium in oppidum venit."
4. Cum orator finem orationis fecisset, cives imperatorem celebraverunt (feierten).
5. Cum imperator civibus provideret, ab oratore laudatus est.
6. Cum imperator civibus provideret, tamen a iuvenibus reprehendebatur.
7. Cum alii imperatorem laudarent, alii eum reprehendebant.

b) Überprüfe mit der Übersicht im Begleitband, S. 116, deine Übersetzung der cum-Sätze in **T**.

F Sprichwörter verstehen
Erkläre, was unter den folgenden römischen Rechtsgrundsätzen zu verstehen ist:
1. AUDIATUR ET ALTERA (der andere) PARS!
2. NULLA POENA (Strafe) SINE LEGE.
3. VIM VI REPELLERE LICET.
In welchen Situationen können diese Sätze gelten?

G Text- und Bildquellen erklären
MORITURI TE SALUTANT!
„Die Todgeweihten grüßen dich!"
Erkläre, was dieser Ausspruch bedeutet, und stelle einen Zusammenhang mit dem Bild her.

Szenenbild aus dem Film „Gladiator". USA 2000.

Die Seherin Veleda

Verhandlungen an der Stadtmauer

Köln am Rhein, 69 n. Chr. Einige umliegende Germanenstämme rufen zusammen mit benachbarten Galliern zum Aufstand gegen die Römer auf. Dazu schicken die Aufrührer auch in die Stadt Köln Gesandte, um die dort ansässigen Germanen, die Ubier (Ubiī, ōrum), zu überreden, am Aufstand gegen die Römer teilzunehmen:

„Cognovimus vos quoque liberos inter liberos vivere velle. Romani autem omnes vias claudunt[1], ut nos a colloquiis congressibusque[2] prohibeant. Propter amicitiam nostram nunc magna atque crudelia facere debetis: Promittite vos omnes Romanos, qui vivunt in finibus vestris, interfecturos. Liceat nobis vobisque – ut licebat maioribus nostris – in regione nostra vivere!"
Ubii autem de rebus futuris timentes nesciebant, utrum consilia acciperent an repellerent.
Postremo his verbis responderunt: „Una cum vobis ceterisque Germanis, propinquis nostris, vivere volumus. Sed promittere nolumus nos interfecturos esse parentes, fratres, liberos nostros. Nam Romanis quoque, qui huc venerunt et nobiscum sanguinem miscuerunt[3], haec quasi patria est."

(nach Tacitus, Historiae)

1 claudere versperren
2 colloquia congressūsque Unterhaltungen und Zusammenkünfte
3 miscēre vermischen

1 Mit welchen Argumenten versuchen die Aufrührer, die Ubier zum Aufstand zu überreden?

2 Überprüfe, wie die Ubier auf diese Argumente reagieren.

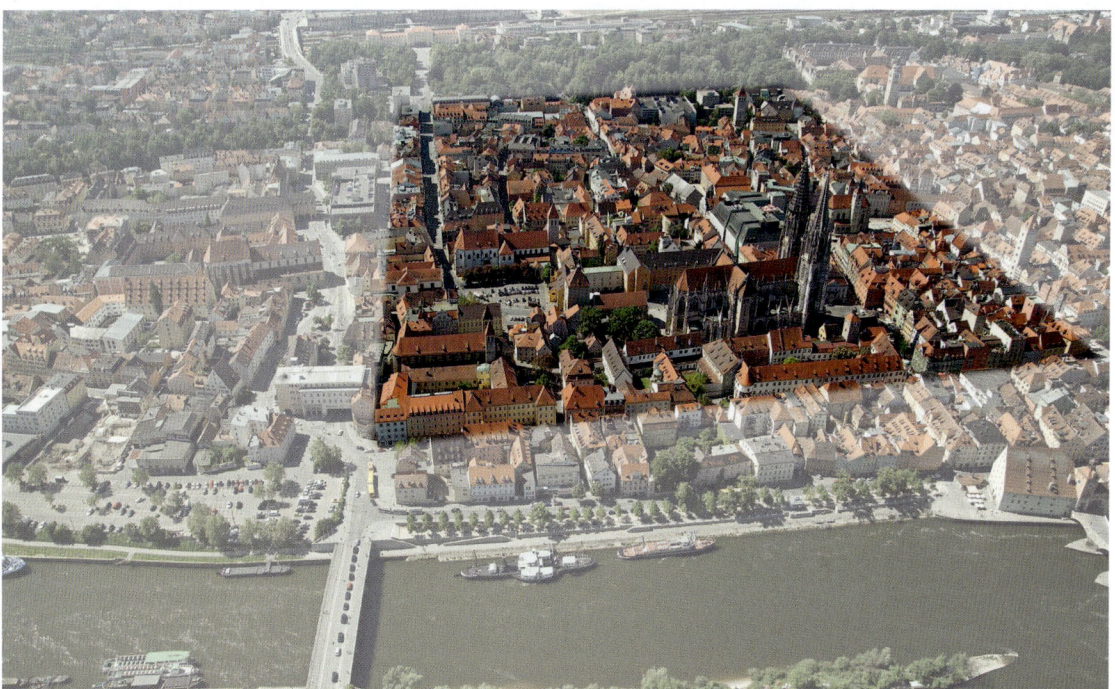

Der Straßenverlauf in der Altstadt von Regensburg lässt noch erahnen, dass ihre Keimzelle einst ein Römerlager war. Die Mauern des Legionslagers Castra Regina (540 x 450 m) waren aus Quadersteinen und hatten vier Tore und 30 Wehrtürme.

28

Die nördliche Grenze des Imperium Romanum kann im Verlaufe des 3. Jh.s n. Chr. nicht mehr aufrecht erhalten werden: 238 überschreiten Goten die untere Donau und dringen tief in das Römische Reich ein; einzelne Stämme erreichen sogar Kleinasien. Wenig später werden große Teile des Limes zerstört.

Auch wenn es danach gelingt, das Vordringen dieser Stämme erst einmal zum Stillstand zu bringen, ist die Grenze an Rhein und Donau nicht mehr sicher. 375 erobern die Hunnen große Gebiete im Norden des Reiches, 410 wird Rom selbst von den Westgoten eingenommen und geplündert. Am Ende des 5. Jh.s gibt es dann auch keinen römischen Kaiser mehr: Die Herrscher Italiens sind nun Ostgoten.

Dennoch ist die Idee des Imperium Romanum auch danach nicht tot. Ausgehend vom Stamm der Franken entsteht im Norden und Westen des ehemaligen Reichs eine politische Einheit. In diesem Gebiet versucht um 800 n. Chr. Karl der Große auch eine kulturelle Einheit zu schaffen, indem er das Lateinische zur Amtssprache macht und damit die antiken Vorbilder wieder in den Vordergrund stellt.

Die Verbreitung der lateinischen Amtssprache nahm dann von den Klöstern ihren Ausgang.

Schreiben und Lesen waren im Mittelalter geistliche Tätigkeiten. Auch höchste Würdenträger, wie hier Papst Gregor der Große, waren auf dieses Können stolz. Elfenbein-Relief aus dem 10. Jh. Wien, Kunsthistorisches Museum.

G Liberi legere et scribere cupiunt.
Pueri et puellae cupidi legendi et scribendi sunt.
3 Legere et scribere iis gaudio est.
Legendo et scribendo gaudent.
Nunc eis tempus est libros legendi et epistulam (Brief) scribendi.
6 Ad libros legendos convenerunt.
Liberi autem bene docendi sunt. Hoc negandum non est.

nd-Formen (Gerundium – attributives und prädikatives Gerundivum)

Es geht nicht ohne Latein

In einem dieser Klöster sitzt als wirklich guter Lateinkenner der Mönch Berengar noch in tiefer Nacht am Schreibpult und arbeitet an einer Zusammenfassung von Karls Brief. Gleich zu Beginn seiner Arbeit wird Berengar klar, dass Karl damit ausgerechnet die Situation des Lateinischen an den Klosterschulen kritisiert. Persönlich getroffen kommentiert er hierauf beim weiteren Schreiben die Worte Karls, wobei er diesen direkt anredet:

„Cum his annis a quibusdam monasteriis[1] saepius scripta nobis mitterentur, cognovimus in plerisque eorum sermones incultos[2]."

– Dicis „incultos"? Totum diem diligenter scribere soleo. Scribendo aetatem meam consumo. In libris scribendis tantum bene vivo. Nemo tam peritus[3] scribendi est quam ego. Quis ergo incultus?

„Praeterea bene novimus errores verborum periculosos[4] esse; multo verum periculosiores sunt errores sensuum!"

– Num putas me scribere tantum posse? Num dubitas, quin etiam sensus verborum sanctorum comprehendam? Gratias tibi ago. Equidem scio multo periculosiores esse errores regum.

„Quam ob rem vos monemus: Non modo curae sit vobis litterarum studium, sed etiam tam cupidi discendi sitis, ut facilius et rectius mysteria[5] divinae scripturae[6] perspiciatis!"

– Perspicere? Prius de mente mea dubitavisti – et nunc contendis me idoneum esse ad perspiciendum!? Egone idoneus sum ad divinam scipturam perspiciendam? Minime! Nihil aliud nisi homo indignus sum. Mihi libelli legendi, recitandi, scribendi sunt. Hoc satis est.

„Nunc viri idonei ad hoc opus deligendi sunt. Illi et voluntatem discendi et cupiditatem alios instruendi habeant ..."

– Ah[7], tandem intellego! Volo! Quid aliud? Cupidus sum. Quodcumque praecipis – equidem sine mora ad alios instruendos paratus sum. At – dum haec lego, hora abit: Statim multi alii mihi docendi sunt. Hoc neglegendum non est, quoniam ita praecipis, domine. Interim alius haec scribendo delectetur! Libenter haec omnia alicui tradam scribenda. Vale!

(nach Karoli epistola de litteris colendis)

1 monastērium Kloster
2 incultus, a, um ohne Bildung
3 perītus *m. Gen.* erfahren in
4 perīculōsus: *Adj. zu* perīculum
5 mystērium Geheimnis
6 scrīptūra Schrift
7 āh aha!

Reiterstatuette Karls des Großen. 9. Jh. Paris, Musée du Louvre.

1 Notiere aus den Entgegnungen Berengars die Wörter und Wendungen, die er Karls „Vorwürfen" entnimmt. Verschaffe dir so einen ersten Überblick über die Anliegen Karls und Berengars Reaktionen.

2 Versetze dich in die Lage Berengars und überlege – während der Übersetzungsarbeit – nach jedem Abschnitt aus Karls Brief, wie du darauf reagieren würdest. Vergleiche damit dann den jeweiligen Kommentar Berengars. Wie lassen sich mögliche Unterschiede erklären?

3 Kooperativ Argumente erarbeiten
Erarbeitet in Gruppen eine Rede Karls, in der er weiter seine Position vertritt, aber die Einwände Berengars einbezieht.

4 Stellt Informationen über die Praxis der Vervielfältigung von Schriften (von der Antike über das Mittelalter bis hin in die jetzige Zeit) zusammen.

Blick in die Provinzen

Ü Auch eine Seherin:
Res futuras videre mihi datum est. Itaque multum pecuniae mihi datur. Nam homines auxilio meo res futuras cognoscere cupiunt. Spes res futuras cognoscendi homines adducit, ut aurum mihi dent. Ita multum pecuniae paravi res futuras dicendo. Saepe res secundas provideo: Nam plures homines ad me veniunt, si saepe parata (bereit) sum ad res secundas prospiciendas. Dum res futuras dico, diligenter ea mihi observanda sunt, quae homines ipsi cupiunt: Nam si in rebus futuris dicendis ea intellego, quae homines ipsi cupiunt, plus pecuniae mihi datur.

A Achtung, Verwechslungsgefahr! -nt- oder -nd-?
Setze in die folgenden Formen die passenden Buchstaben ein, gib den dazugehörigen Infinitiv an und bestimme die nun vollständige Form. Mache dir vorher klar, welcher Deklination die nd-Formen folgen und welcher das PPA.
excita [?] o – ostende [?] es – orna [?] em – da [?] o – quiesce [?] ibus – ad duce [?] um – time [?] i (2) – demonstra [?] is (2) – defende [?] ia – accede [?] i (2) – erra [?] o – para [?] ibus

B Scribere facile non est.
Über Karl den Großen wird berichtet, dass er ein sehr lernbegieriger Mensch war, mit dem Schreiben allerdings seine Schwierigkeiten hatte – unter seinem Kopfkissen lagen angeblich immer Tafeln und Blätter bereit.
Stell dir vor, dass Karl eines Nachts die folgenden Sätze vor sich hin sagt. Das Wort, um das sich alles dreht, ist jedoch kaum zu verstehen. Setze du nun die entsprechenden Formen von scribere ein.
„Semper sponte mea paratus sum ad [?]!
Cur nemo me artem [?] docet? Omnes familiares sciunt me cupidum [?] esse!
In [?] non proficio (ich mache Fortschritte)."

C Sachfelder bilden
Stelle möglichst viele lateinische Wörter zum Sachfeld „Schule" zusammen. **T** und **Z** helfen dir dabei.

D Beachte die Wiedergabe der nd-Formen:
1. Audiendum, deinde audendum est. 2. Nonnullis parentibus reprehendendum est. 3. Haec vobis fugienda erunt. 4. Hoc negandum non est. 5. Iniuria ferenda non erat. 6. Corpus semper exercendum est. 7. Ea de re nihil dicendum est. 8. Omnibus leges servandae sunt. 9. Magistratibus salus civium neglegenda non est. 10. Curandum est, ut viam recte vivendi deligamus.

E Satzwertige Konstruktionen unterscheiden
Unterscheide, ob es sich um ein Gerundium oder ein attributives Gerundivum handelt. Übersetze dann:
1. libello Latino (!) legendo 2. orationis audiendi cupidus 3. voluntas amicam delectandi 4. ars bene dicendi 5. studium novae linguae (Sprache) discendae 6. gaudium librum recitandi 7. ad rem bene gerendam 8. monumento aedificando 9. libro Caesaris legendo 10. ad deos colendos 11. litteras scribendo

F Mehrdeutige Wörter erschließen
a) Ermittle in den folgenden Sätzen die Bedeutung von ut. Orientiere dich dabei an der Übersicht in 26 **M**, Begleitband, S. 116.
1. Berengar, ut scitis, Latine (!) legere et scribere poterat.
2. Berengar totam noctem laborabat, ut epistulam (Brief) imperatoris conscriberet.
3. Verba imperatoris virum ita excitabant, ut ea reprehenderet.

b) Überprüfe mit der Übersicht in 26 **M**, Begleitband, S. 116, deine Übersetzung von ut in **T**, Z. 12.

G Multis libris lectis duo amici, qui legendi cupidi non iam erant, in bibliotheca (!) stabant dicentes se de populis singulis pauca tantum scire. Itaque decreverunt se in alienas terras (Länder) ituros esse, ut iter facientes multaque videntes homines quoque ipsos cognoscerent. Consilium amicorum laudandum est. Amicis in itinere multa ferenda erant.
Negandum non est amicos in itinere se fortes praebuisse.

Schreibregeln für Mönche

Nachdem unser Mönch sich gut ausgeruht hat, möchte er nun möglichst bald die Anregungen Karls, die du aus **T** kennst, in die Tat umsetzen lassen. So verfasst er für seine zukünftigen Schüler ein paar – nicht immer ernstgemeinte – Leitsätze für „gutes Schreiben", die er als ständige Erinnerung an die Wand des Schreibsaals hängen möchte.

Difficilem et duram artem libros scribendi discimus, id est: Quam diligentissime et quam plurima scribemus. Libris scribendis semper delectabimur!

A somno prohibiti artem diligenter scribendi perdimus. Ergo: Nocte in cellis nostris quiescemus (non bibemus), ut die bene scribamus!

Virtutes nostrae in divinis libris scribendis videbuntur.

Non statim, si quid nos perturbet, libros deponamus! Omnes turbationes[1] vincat cupiditas verba Dei scribendi: Ad scribendum nati[2] sumus!

Celeriter scribendo non bene scribitur, sed bene scribendo etiam celeriter scribitur.

Verbis Dei scribendis per totam aetatem Dominum laudemus!

Ne desieritis divinos libros intellegere!

(nach Quintilian, Institutio oratoria)

Der Mönch Eadwine bei der Arbeit an einem Manuskript. Neben der Schreibfeder benutzt er ein Schabeisen, den „Radiergummi" des Mittelalters. Eadwine-Psalter. Um 1150. Cambridge, Trinity College.

1 turbātiō, ōnis: *Subst. zu* (per)turbāre
2 nātus, a, um geboren

1 An welchen Stellen kannst du erkennen, dass Berengars Regeln nicht immer ernst gemeint sind?

2 Bestimme die Konjunktive, die in **Z** vorkommen.

3 Textinhalt kooperativ umsetzen
Erstellt in Gruppen ein ähnliches Plakat mit lateinischen Regeln für euren Unterricht – verwendet hierbei möglichst viele nd-Formen. Lasst euch bezüglich des Vokabulars von eurer Lateinlehrerin / eurem Lateinlehrer helfen.

Blick in die Provinzen

Differenziert üben VI

Übersetzungsmethoden kennenlernen und anwenden

Zur Analyse komplexer lateinischer Sätze gibt es verschiedene Methoden, die dir die Übersetzung erleichtern sollen.

1 Pendeln

Das Vorgehen ist dir bereits bekannt (vgl. S. 41). Mit dieser Methode kannst du auch Satzgefüge übersetzen:

Primo uxor et Lucius filius animo deficiebant, (cum) Romam relinquere nollent.

- Suche den Hauptsatz und markiere die Subjunktion des Gliedsatzes.
- Lege das erste Satzglied des Hauptsatzes fest (hier: primo).
- Pendle zum Prädikat (hier: animo deficiebant).
- Pendle danach zurück und übersetze den Satz der Reihe nach. Als erstes Wort des Gliedsatzes übersetzt du die Subjunktion (cum: weil).
- Dann pendelst du zum Subjekt, das hier in der Endung -nt steckt: sie.
- Pendle wieder nach vorne und übersetze den Rest des Satzes.

2 Konstruieren

- Grenze Hauptsatz und Gliedsatz voneinander ab.
- Suche in Haupt- und Gliedsatz jeweils Subjekt und Prädikat (S + P).
- Ermittle ausgehend vom Prädikat durch Abfragen die übrigen Satzglieder.

HS: Per Galliam iter faciemus, GS: ut vobis illam regionem ostendam.
| | | S + P | | | S + P
Adverbiale Akkusativobjekt   Dativobjekt Akkusativobjekt

3 Einrücken

Der Hauptsatz eines Satzgefüges ist immer ganz links zu finden, die Gliedsätze werden je nach Abhängigkeit nach rechts eingerückt.

Amici mei,
    qui in Gallia vitam agunt,
multis litteris me monent,
    ut cum meis in hanc regionem contendam.

Am besten verwendest du in der Praxis einen Mix aus diesen Methoden. Der folgende Text führt sie dir noch einmal vor Augen. Erkläre deinem Nachbarn jede Methode anhand eines Beispiels.

Abschied aus Rom

Ämilianus, der lange als legatus in Gallien und Germanien war, hat beschlossen, seinen wohlverdienten Ruhestand zusammen mit seiner Familie in Trier (Augusta Treverorum) zu verbringen. Er erklärt seinen Angehörigen den Entschluss:

1. „Mihi otium (Ruhe) meum cum familia familiaribusque meis agere placet.

2. Amici mei,
       qui Augustae Treverorum (in Trier) vitam agunt,
   multis litteris me monent,
       ut cum meis Galliam petam.

3. (HS) Itaque per Galliam iter faciemus, (GS) ut vobis illam regionem ostendam."
         | | S + P | | S + P
   Adverbiale Akkusativobjekt Dativobjekt Akkusativobjekt

4. Primo uxor et Lucius filius animo deficiebant, (cum) Romam relinquere nollent.

5. Nam nesciebant,
       quae pericula in provincia essent,
       qui homines ibi viverent.

6. Sed pater hoc consilium ceperat.

7. Magno dolore multisque lacrimis gens Aemiliana Romam tristis reliquit.

8. Post multos dies castra (ad Rhenum [Rhein] flumen posita) aspiciunt.

9. (HS) Legatus Lucio concedit (erlaubt), (GS) ut munitiones spectet.
       S | P | S + P
       Dativobjekt   Akkusativobjekt

10. Legatus:
    „Munitiones semper bene defenduntur,
        ne hostes accedant, castra temptent, in castra ineant.

11.   Nisi castra tam egregie munita essent,
    ab hostibus iam occupata essent neque provinciae praesidio fuissent.

12. Lucius: „Quando castra posita sunt?"

13. Legatus: „Galli (!) antiquis temporibus hunc locum delegerunt.

14. Eodem loco Romani,
        cum eos fines occupavissent,
    haec castra posuerunt,
        ut hostes a provincia prohiberentur."

Die lateinische Sprache nutzen – romanische Sprachen verstehen

Das Fortwirken des Lateinischen erkennen

Die römische Herrschaft über weite Teile Europas hinterließ bis in die Gegenwart erkennbare Spuren. Dabei legten die Römer nicht nur durch Bauwerke, sondern auch durch ihre Sprache die Fundamente der europäischen Gegenwart. So hat das Lateinische mit den romanischen Sprachen bis heute lebende Nachkommen. Die romanischen Sprachen selbst gingen in der Spätantike aus dem vom Volk gesprochenen Latein hervor, dem sog. Vulgärlatein.

Heute bilden die romanischen Sprachen einen wichtigen Zweig der indoeuropäischen Sprachen. Insgesamt gibt es über zehn romanische Sprachen, die von rund 700 Mio. Menschen gesprochen werden. Die durch ihre Sprechergruppen größten romanischen Sprachen sind heute:

Spanisch (ca. 330 Mio. Sprecher)
Portugiesisch (216 Mio.)
Französisch (80 Mio)
Italienisch (62 Mio.)
Rumänisch (28 Mio.).

● Vergleiche die Ausbreitung der romanischen Sprachen in Europa mit einer Karte des Römischen Reichs (Karte im hinteren Buchdeckel). Beschreibe die Unterschiede und Gemeinsamkeiten der Ausbreitung des romanischen Sprachgebiets und des Römischen Reichs.

● Informiere dich darüber, wie es zu der Ausbreitung der romanischen Sprachen in Südamerika gekommen ist.

Sprachen vergleichen

Viele Wörter aus romanischen Sprachen lassen sich auf lateinische Vokabeln zurückführen.

● Ergänze in der Tabelle (unten) jeweils die lateinische Vokabel und ihre deutsche Bedeutung.

Romanische Sprachen erschließen

Vielleicht gibt es an eurer Schule Schülerinnen und Schüler, die als Muttersprache eine romanische Sprache sprechen.

● Lasst euch von ihnen Texte in ihrer Muttersprache vorlesen und versucht auf den Inhalt der Texte zu schließen.
● Durch Bücher, Zeitungen und durch das Internet könnt ihr euch leicht Texte in einer romanischen Sprache beschaffen. Sicher versteht ihr bei genauerem Lesen mehr, als ihr erwartet habt. Versucht es an folgendem Beispiel:

Mucha gente cree que aprender español es muy fácil. Bueno, aprender español funciona casi como aprender la „madre" latín: hay que aprender con diligencia, estudiar el vocabulario y la gramática. Naturalmente es más facil al comprender ya un poco de latín. ¿Comprendido?

franzö́s.	span.	portug.	ital.	rumän.	lat.	deutsch
chanter	cantar	cantar	cantare	a cînta	?	?
croître	crecer	crescer	crescere	a creşte	?	?
rire	reir	rir	ridere	a ride	?	?
venir	venir	vir	venire	a veni	?	?
voir	ver	ver	vedere	a vedea	?	?
ami	amigo	amigo	amico	amic	?	?
faire	hacer	fazer	fare	a face	?	?
écrire	escribir	escrever	scrivere	a scrie	?	?
signe	signo	signo	segno	signal	?	?

Religionen im Weltreich:
Der Glaube öffnet Horizonte

Der letzte Abschnitt unseres Buches überspannt einen Zeitraum von fast 1500 Jahren. Wir lernen verschiedenartige Religionen kennen, die nebeneinander existierten und teilweise auch miteinander konkurrierten:

- geheimnisvolle ägyptische Kulte, die schon zur Zeit der Pharaonen entstanden sind,

- das Christentum, das von einer Religion der einfachen Leute zur Staatsreligion im römischen Weltreich aufstieg,

- und den Islam, der sich von der arabischen Halbinsel aus ab dem 7. Jh. nach Westen ausbreitete.

Das östliche Mittelmeer war das Gebiet, wo all diese Religionen aufeinandertrafen und ihre Konflikte austrugen. Neben blutigen Auseinandersetzungen gab es aber immer auch Beispiele für gegenseitiges Verständnis, Respekt, kulturellen Austausch und Freundschaft über die Religionsgrenzen hinweg.

Nach der Kreuzigung Christi verbreitete sich durch die Jünger Jesu und vor allem durch den Apostel Paulus der christliche Glaube schnell auch über das jüdische Land hinaus, nach Kleinasien und Griechenland – allerdings kaum nach Rom. Vielmehr blieb die Ausbreitung erst einmal auf den griechischsprachigen Teil des Imperium Romanum begrenzt. Daher sind auch die ältesten Texte der christlichen Religion, unter ihnen die Paulus-Briefe und die vier Evangelien, in griechischer Sprache abgefasst.

Christliche Texte in lateinischer Sprache gibt es erst am Ende des 2. Jh.s, in einem Gebiet, in dem weder das Griechische noch das Lateinische das Übergewicht hatte, nämlich in Nordafrika, hier vor allem im Küstengebiet des heutigen Tunesien. Die ersten Autoren, die sich mit der Darstellung des christlichen Glaubens befassten, sind die Afrikaner Tertullian und Minucius Felix. Für die Entwicklung der christlichen Glaubenslehre am wichtigsten wurde dann (um 400 n. Chr.) Augustinus.

Das letzte Abendmahl. Byzantinisches Fresko aus Göreme (Kappadokien, Türkei). 12. Jh.

G 1. Unserem Mönch macht der Brief Karls des Großen weiterhin Probleme. Denn auch sein Abt empfiehlt, Karls Mahnung zu beachten:
„Quid ego nunc faciam? Pareann?
Quid faciat abbas (Abt) meus, si non pareo?
3 Dicat: ‚Ne putaveris te ita scribere posse, ut ipse vis!'
Tamen ei non parebo. Equidem ita scribam, ut semper scripsi.
O Carole (Karl), utinam ne hanc epistulam (Brief) scripsisses!"

6 2. Tito imperatori in foro arcus (Triumphbogen) factus est. Senatores enim imperatori monumentum fieri decreverant. Etiam cives cupiverant, ut Tito monumentum fieret. Hodie quoque fit, ut hominibus praeclaris monumenta aedificentur.

fieri – Deliberativ, Potentialis

Gesprächsthema Christentum

T Das folgende Gespräch zwischen dem Christen Minucius und seiner Bekannten Passua zeigt, wie sich in Karthago um 200 n. Chr. die Diskussion über die neue Religion abgespielt haben könnte:

MINUCIUS: Salve, Passua.

PASSUA: Salve et tu, Minuci. Quo is?

3 MINUCIUS: Eo ad forum, ut saepe fit. Hodie libellum nuper compositum emere cupio. Audivi enim Tertullianum[1], hominem nostra in urbe natum[2], exegisse opus Latine conscriptum, quo
6 fidem Christianorum adversus opiniones veteris religionis defendit. Usque ad hunc diem mihi non erat tempus huius libri legendi. Tune iam legisti hunc libellum?

9 PASSUA: Non legi, quoniam mihi quoque tempus deest ad legendum. Sed cur hunc librum legam? Cur tantum studium? Num tu quoque Christianus factus es?

12 MINUCIUS: Sane Christianus sum et libro Tertulliani legendo cognoscere volo, quibus argumentis[3] fides Christiana confirmetur et ego Christianus melior fieri possim.

15 PASSUA: Adhuc pauca comperi de ista nova religione; conscia enim fidei Christianae non sum. Dic mihi, quaeso: Quis credat in deum, cuius filius homo factus et ab hominibus interfectus
18 est? Quo modo fit, ut fidem Christianam veteri religioni nostrae praeferas? Mihi notum est Christianos neque aras neque simulacra habere ad deos colendos.
21 Solum in unum deum credunt; quidam etiam dicunt eos liberis edendis[4] se alere.

MINUCIUS: Nemo hoc crediderit. Equidem aio hoc
24 omnino falsum esse. Hoc numquam fieri potest. Christianis etiam res nefaria est animalia interficere. Profecto simulacra non habent. Cur enim
27 simulacra fiant, cum homo ipse sit imago dei? Deus noster numquam poposcit, ut simulacra sibi fierent. Praedico deum nostrum, qui etiam
30 peccantes diligit, operibus suis tantum nosci. Quid plura addam?

(nach Minucius Felix, Octavius)

1 Tertulliānus Tertullian
2 nātus, a, um geboren
3 argumentum Argument
4 edere verzehren

Christogramm. Bronzekreuz aus Aquileia, Italien. Um 450 n. Chr. Wien, Kunsthistorisches Museum.

1 Satzarten nutzen
Untersuche die Redeanteile der beiden Sprecher: An der Verteilung der Satzarten kannst du ablesen, wer Informationen über das Christentum gibt.

2 Stelle fest, welche Unterschiede zwischen dem Christentum und der traditionellen römischen Religion in **T** erkennbar werden.

Additum

A Verwandle die aktiven Formen ins Passiv und umgekehrt.

Aktiv:	faciunt	faciemus	?	fecisti	?
Passiv:	?	?	fiat	?	facti sumus
Aktiv:	fecerint	?	faciebatis	fecissent	feceras
Passiv:	?	fiebant	?	?	?

B Treffende Bedeutungen suchen
Finde jeweils angemessene Bedeutungen zur Wiedergabe von fieri, facere und den Komposita:
1. Munitiones non solum ad Rhenum (Rhein) fiunt. 2. Saepe fit, ut milites munitiones faciant. 3. Munitionibus confectis milites – ut fieri solet – novas munitiones aedificare debent. 4. Itaque fines imperii Romani – impetu hostium facto – multos per annos incolumes erant.

C Sprichwörter verstehen
Versuche die folgenden Sentenzen zu verstehen und zu übersetzen. Überlege dir konkrete Situationen, zu denen diese Aussagen passen.
1. VOLENTI NON FIT INIVRIA.
2. NOLI FACERE MALUM, UT INDE FIAT BONUM!

D Übersetze den folgenden Dialog und gib an, welcher Konjunktiv jeweils vorliegt:
„Quid faciamus?" – „In urbem eamus! Ibi hodie convivium magnum est." – „Utinam hoc verum esset!" – „Verum est. Ego id novi." – „Nemo hoc credat, qui te cognovit. Credidissem, nisi te bene cognovissem."

E Stelle die richtige Zuordnung her:

Iussiv	Hoc faciamus!	Er dürfte/könnte …
Hortativ	Quid faciam?	Hoffentlich …!
Potentialis	(Utinam) maneat!	Was soll …?
Deliberativ	Hoc faciat!	Wenn er doch …!
Optativ (erfüllbar)	Hoc faciat/fecerit.	Er soll …!
Optativ (unerfüllbar)	Utinam maneret!	Lasst uns …!

F Konjunktive
Finde die Bedeutung der Wörter heraus, die nichts mit dem lateinischen Konjunktiv zu tun haben.

Adhaesiv – Defensiv – Deklarativ – Deliberativ – Fundamental – Gerundiv – Hortativ – Ideal – Interaktiv – Irreal – Jussiv – Potenzial – Relativ

G Noch einmal Veleda – noch einmal cum!
1. Cum Romani contra Germanos pugnabant, Veleda a Germanis laudabatur.
2. Cum propinquus ad Veledam veniebat, consilia bona a femina accipiebat.
3. Germani: „Cum Veleda fortuna ad nos venit."
4. Cum Veleda res futuras dixisset, homines ei praemia dederunt.
5. Cum Veleda rebus futuris civium provideret, ab omnibus laudata est.
6. Cum Veleda res futuras provideret, tamen a nonnullis reprehendebatur.
7. Cum alii Veledam laudarent, alii eam reprehendebant.

Seite aus einer lateinischen Handschrift, die eine Übersetzung der Psalmen enthält. Psalter von St-Germain-des-Près. 9. Jh.

Die Verbreitung der christlichen Lehre im 2. und 3. Jh. n. Chr. war auf heftigen Widerstand gestoßen: Viele Menschen, die sich zu dem neuen Glauben bekannten, wurden dafür verfolgt und getötet. Dennoch gelang es den Herrschern in Rom nicht, das Christentum zu unterdrücken. Vielmehr wurde, wie Tertullian formulierte, das Blut der Märtyrer zum Samen für das Christentum.
Im Jahr 313 entschied dann Kaiser Konstantin, die christliche Religion im Reich zu tolerieren.

1 Stelle anhand der Todesart fest, um welchen Märtyrer es sich auf dem Bild handelt.

2 Wie wird im Bild die Kraft des Christen dargestellt, mit der er den Tod auf sich nimmt?

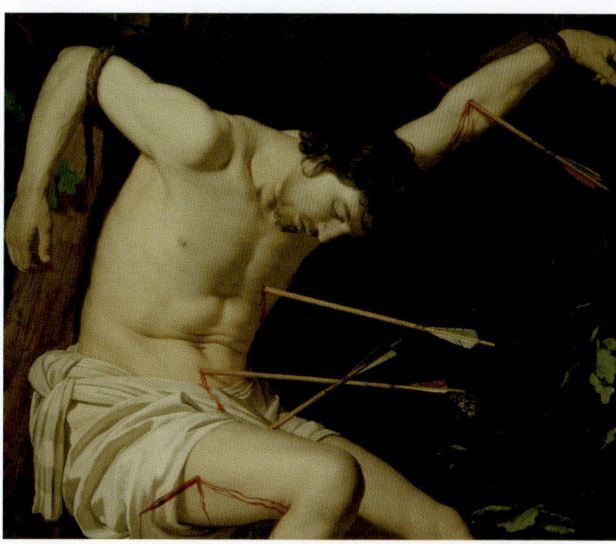

Gerard von Honthorst: Martyrium eines Heiligen. Um 1620. London, National Gallery.

Auf der Suche nach dem heiligen Kreuz

Z Wegen der vorangegangenen, oft sehr grausamen Behandlung der Christen treten die Vertreter der siegreichen neuen Religion zunächst auch aggressiv gegen die anderen Religionen auf. Das zeigt unter anderem die Geschichte, in der erzählt wird, wie Helena, die Mutter des Kaisers Konstantin (Cōnstantīnus), das heilige Kreuz in Jerusalem (Hierosolyma, Hierosolymōrum *n*) finden will.

Constantinus imperator Helenam, matrem suam, Hierosolyma misit ad reperiendam eam crucem[1], in qua Iesus Christus
3 crucifixus erat[2]. Helena cupiditate crucis reperiendae permota omnes sacerdotes Iudaeorum[3] adiit, ut comperiret, quo loco ea crux esset. Sacerdotes autem se numquam hunc locum proditūros[4]
6 promiserant; nam hanc crucem potentiam religionis suae exstincturam credebant. Cum sacerdotes convenissent et Helena quaesivisset, quo loco Iesus crucifixus esset, hunc locum ignotum esse
9 dixerunt. Statim Helena respondit: „Si tacetis, occidemini. In cruce invenienda omnia temptabo." His verbis perterriti Iudam, principem eorum, oraverunt, ut Helenae locum ostenderet. Cum Iudas
12 negaret, Helena ei dixit: „Si non pares, tibi mors gravissima fiet: Nihil iam cibi tibi afferetur." Primo Iudas parere noluit, denique fame[5] coactus fecit, quod Helena imperaverat. Sed eo loco, quem
15 Iudas ostendit, tres cruces inventae sunt.
Nunc Helena cruces singulas homini cuidam mortuo[6] imposuit. Crucibus imponendis cognovit, quae esset crux vera. Nam haec
18 erat tanta vi, ut ille homo mortuus vivus fieret.

(nach Ambrosius, Thronrede auf Theodosius)

1 crux, crucis *f* Kreuz
2 crucifīxus gekreuzigt
3 Iūdaeī, ōrum Juden
4 prōdere, prōdidī, prōditum verraten
5 famēs, is *f* Hunger
6 mortuus tot

1 Begründe, inwiefern **Z** steigernd aufgebaut ist. Mit welchen stilistischen Mitteln wird dies verstärkt?

30

Die ägyptische Göttin Isis wurde in weiten Teilen des Römischen Reiches verehrt und wurde zu einer mächtigen Konkurrentin des frühen Christentums. Bei den Ägyptern hatte sie ursprünglich nur als Herrscherin der Totenwelt gegolten, sie wurde aber später zur Königin des Himmels, zur Herrscherin über Leben und Tod und zur Schöpferin aller Kultur.

Über Griechenland kam der Isiskult auch nach Italien, wo er ca. 200 v. Chr. erstmals erwähnt wird. Er erreichte zunehmend größere Popularität, auch wenn er den meisten Römern noch als verdächtig galt. Kaiser Caligula (37–41 n. Chr.) erlaubte offiziell die Ausübung des Isiskults, 217 n. Chr. ließ Kaiser Caracalla sogar einen Isistempel in Rom errichten. Die besondere Attraktivität des Isiskultes beruhte wohl darauf, dass er – wie das Christentum – ein Weiterleben nach dem Tode und Erlösung im Jenseits versprach. Anders als das Christentum hatte der Isiskult jedoch immer den Charakter einer Geheimlehre. Wer ihm beitreten wollte, musste sich einer geheimnisvollen Aufnahme- und Einweihungszeremonie unterziehen, bei der der Kandidat symbolisch die Stationen Tod, Jenseits und Wiedergeburt durchlief. Über diese Zeremonie und auch über die Lehre waren alle Mitglieder zu strengstem Stillschweigen verpflichtet.

1 Recherchiere über die Göttin Isis und versuche die Gegenstände zu deuten, die sie auf der Abbildung trägt.

Altägyptische Darstellung der Himmelsgöttin Isis. Relief aus dem Sethos-Tempel in Abydos. Um 1300 v. Chr.

G Christiani fidem suam defendunt:
„Christus dominus noster est semperque nobis providet.
3 In eo vivimus, in eo morimur. Eius opera miramur.
Etiam in morte Christus nos servabit et tuebitur.
Etsi plerique homines mortem timent, nos scimus animam (Seele) Christianam
6 non exstingui, cum e corpore egrediatur."

Deponentien

Erlösung durch Isis

In einem berühmten antiken Roman mit dem Titel „Der Goldene Esel" werden die Erlebnisse eines Mannes namens Lucius erzählt, der über die Macht der Isis gespottet hat und zur Strafe in einen Esel verwandelt worden ist. Als es ihm nach vielen Abenteuern gelingt, seine menschliche Gestalt wiederzuerlangen, lässt sich Lucius voller Dankbarkeit in den Kult der Göttin einweihen.

Tum Lucius decrevit sibi ad templum Isidis manendum esse. Dum ibi moratur, etiam aedem maxima cum voluptate intrabat, ut simulacrum deae miraretur. Sed post decem dies dea eum hortata est, ut in patriam rediret. Priusquam autem abiit, templum iterum intravit; cum deam praesentem esse sentiret, ante simulacrum eius sic locutus est:

„Tu, sacra et perpetua sospitatrix[1] humani generis, dulcem amorem matris das multis milibus hominum. Te etiam superi colunt, tibi parent inferi, tu moves orbem, tu regis terram et Tartarum[2], tibi serviunt animalia. Tua potestate omnia oriuntur, in manibus tuis posita est tota vita humana; te duce nascimur, vivimus, morimur. At veritus, ne utar verbis, quae tua potentia indigna videantur, nunc tacebo. Polliceor me fatum meum non iam questurum esse, me memoriam numinis tui intra pectus meum semper servaturum esse; numquam mysteria[3] in lucem proferri patiar, te semper sequar. Tuere me in futurum[4], ut iam prius me tuebaris! Ne me reliqueris! Nunc vero tempus egrediendi est."

Haec verba locutus Lucius etiam Mithrae[5], custodi templi, gratias egit. Tunc e templo egressus navem conduxit, ut in Italiam proficisceretur.

(nach Apuleius, Der Goldene Esel)

1 sōspitātrīx, īcis *f* Helferin
2 Tartarus Unterwelt, Hölle
3 mystērium Geheimnis
4 in futūrum in Zukunft
5 Mithrās, Mithrae Mithras

Zeremonie in einem römischen Isisheiligtum. Im Hintergrund in der Mitte der Isispriester mit einer Kanne Nilwasser. Wandmalerei aus dem 1. Jh. v.Chr. Herkulaneum.

1 Stil analysieren
Untersuche die sprachlich-stilistische Gestaltung der Zeilen 7–17 (vgl. 30 **M**, Begleitband, S. 137): Achte dabei auch auf die Verwendung der Pronomina und die Verbformen. Erkläre, wie dadurch die besondere Verehrung der Göttin Isis deutlich wird.

2 Welche Elemente der Isisreligion lassen sich aus **T** ableiten? Welche Unterschiede zur offiziellen römischen Staatsreligion mit ihrem Glauben an die olympischen Götter und zum Christentum werden hier erkennbar?

3 Suche die Verbindungen zwischen dem, was in **T** über Isis gesagt ist, und dem, was in ihren Bildern zu erkennen ist.

Additum

Kooperativ üben

Die Übungen A bis D könnt ihr in Gruppenarbeit lösen.

1. Teilt euch auf in Gruppen zu je vier Schülern. Jede Gruppe bearbeitet eine der Aufgaben A–D. Achtet darauf, dass alle Aufgaben verteilt sind.
2. Nachdem alle Gruppen ihre Aufgabe gelöst haben, bleibt aus jeder Gruppe ein Schüler sitzen (Schüler 1), die anderen gehen jeweils zum Schüler 1 einer anderen Gruppe. Dieser erklärt ihnen nun die Lösung der Aufgabe, die er vorher in seiner Gruppe bearbeitet hat.
3. Wenn alle die Lösung verstanden haben, kehren sie wieder in ihre alte Gruppe zurück. Jeder stellt nun die Lösung, die er erfahren hat, den anderen vor und beantwortet Nachfragen.
4. Klärt dann alle Fragen, die noch offen sind, im Klassengespräch. Besprecht die Vor- und Nachteile dieses Verfahrens.

A Wortbildung nutzen
Von den Deponentien bilden loqui und gradi (gehen, schreiten; bei Präfix -gredi) viele Komposita. Erschließe die wörtliche Bedeutung der folgenden Verben:
transgredi – alloqui – eloqui – ingredi – antegredi – colloqui – progredi – regredi – proloqui – congredi – aggredi.

B Vertracktes Ende:
Bei -re am Wortende muss man im Lateinischen gut hinsehen. Bestimme die folgenden Formen (zu deiner Hilfe sind Längen angegeben):
capere – monēre – labōre – ēgredere – lītore – verēre – clārē – loquere – mōre – movēre
Auch bei -ris gibt es mehrere Möglichkeiten:
honōris – clārīs – laudāberis – vērīs – mōris – verēris

C Übersetze und erkläre die Bedeutung des Konjunktivs:
1. Quis hoc credat? 2. Taceat iste puer! 3. Quid tibi respondeam? 4. Cur desperem? 5. Nihil magis laudaverim quam virtutem. 6. Quid aliud dicam? 7. Iniuriam facilius facias quam feras.

D Übersetze die folgenden Ausdrücke:
1. multis doloribus patiendis 2. homo multa pollicens 3. verba dei nobis sequenda sunt 4. poenam veriti homines leges sequuntur 5. milites parati erant ad proficiscendum 6. sol (Sonne) oriens

E Suche alle Deponentien aus **G** und **T** und setze die Präsensformen ins Plusquamperfekt, die Imperfektformen ins Futur, die Perfektformen ins Imperfekt und die Futurformen ins Präsens.

F Welche Übersetzung ist richtig? Begründe deine Antwort grammatisch.

1. Dolores patitur.
Er leidet Schmerzen.
Schmerzen werden erlitten.

2. Hostes aggreditur.
Die Feinde werden angegriffen.
Er greift die Feinde an.

3. Deus colitur.
Er verehrt Gott.
Gott wird verehrt.

4. Multi loquebantur.
Vieles wurde geredet.
Viele Leute sprachen.

G Findet in Gruppen möglichst viele lateinische Begriffe zu den angegebenen Sachfeldern.

(Fort-)Bewegung, Transport – Gefühle, Wahrnehmungen – Politik, Staat – Sprache, Kommunikation – Natur

Ihr könnt auch andere Sachfelder wählen; achtet aber darauf, dass ihr dazu genügend Vokabeln kennengelernt habt.

„So muss man beten!"

Die Aggressivität und Unduldsamkeit einiger Christen, die sich schon bei der Suche Helenas nach dem heiligen Kreuz zeigte, fand ihren Höhepunkt in den Kreuzzügen. Nachdem die Christen Jerusalem 1099 erobert hatten, entwickelte sich dort ein Zusammenleben von Christentum und Islam. Die folgende Episode wurde von dem syrischen Diplomaten Usâma ibn Munqidh um 1180 n. Chr. aufgezeichnet und ist typisch für die Mischung von Misstrauen, Zusammenarbeit und Respekt, die das Verhältnis zwischen den Religionen bestimmte:

Cum Christiani Hierosolyma[1] cepissent, nobis tamen licuit religionem nostram sequi. Itaque saepe ecclesiam maiorem[2] visebam.
3 Nam equites Christiani, amici mei, me in sacello[3] quodam Deum meum colere patiebantur. Aliquando[4] hoc loco sacro moratus sum, cum subito miles quidam Christianus intravit, me vidit orantem,
6 me adiit et vultu acri iussit: „Homo turpis, verte[5] os tuum ad orientem[6]!" Os meum vi ad orientem vertit clamans: „Sic orare debes!" Magno clamore orto nonnulli equites Christiani, qui clamorem audiverant, mihi auxilio venerunt petentes, ut homini
9 saevo veniam darem.

Sie erklären dem völlig überraschten Usâma, dass nach christlichem Brauch der Gläubige beim Gebet gewöhnlich nach Osten schaut, in die Richtung des Sonnenaufgangs, während er sich nach Mekka, also fast genau nach Süden, gewandt habe.

Cum equites Christiani militem querentem eduxissent, iterum
12 Deum colere studui, sed miles ira accensus custodes superavit et me iterum adiit magna voce clamans: „Verte os tuum ad orientem, turpis!" Equites redierunt et militem in vincula miserunt. Iterum
15 veniam petebant haec ostendentes: „Ille homo nuper ex Europa Hierosolyma venit. Nondum vidit homines, qui orantes os ad orientem non vertunt." Tandem equites Christiani pollicebantur, ut
18 iste miles puniretur[7]; equidem isto homine saevo territus ecclesiam reliqui.

(nach Usâma ibn Munqidh, Das Buch der Belehrung durch Beispiele)

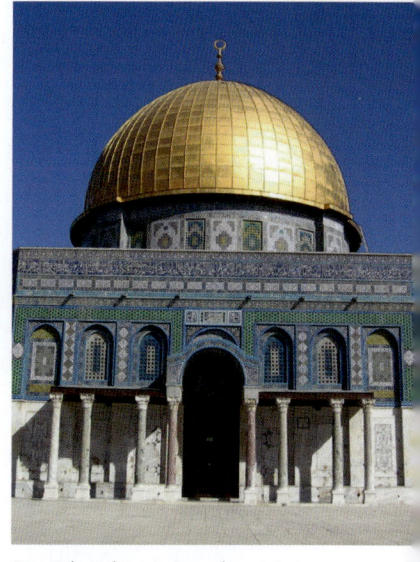

Der Felsendom in Jerualem ist ein Haupttheiligtum des Islam. Der Kuppelbau wurde im 7. Jh. an der Stelle errichtet, wo die Himmelfahrt Mohammeds stattgefunden haben soll. Die Architektur dieses ältesten islamischen Sakralbaus bediente sich christlich-byzantinischer Vorbilder. Nach der Eroberung Jerusalems durch die Kreuzritter (1099) wurde der Dom zur christlichen Kirche. Sultan Saladin machte ihn 1187 wieder zum islamischen Heiligtum.

1 Hierosolyma, ōrum *n Pl.* Jerusalem
2 ecclēsia māior Hauptkirche, Dom
3 sacellum Seitenkapelle
4 aliquandō *Adv.* einmal, einst
5 vertere (*Perf.* vertī) wenden
6 oriēns, orientis Osten
7 punīre bestrafen

1 Versuche vor der Übersetzung, durch mehrmaliges aufmerksames Lesen oder Hören den Inhalt des ersten Absatzes zu erschließen. Präge dir dazu die unbekannten Namen und Vokabeln ein und achte dann auf die Textmerkmale, die dir bekannt sind, z. B. Wort- und Sachfelder, Tempusrelief, Orts- und Personennamen.

2 Lies konzentriert den zweiten Absatz und achte auf inhaltliche Wiederholungen. Ab welcher Zeile nimmt der Text eine andere Wendung?

3 Zeige das komplizierte Verhältnis Usâmas zu seiner christlichen Umgebung auf: Was tadelt er an den Christen, was lobt er? Wie verhalten sich umgekehrt die Christen ihm gegenüber?

4 Stellt die Ursachen für Toleranz bzw. Intoleranz gegenüber Angehörigen einer anderen Religion aus **T** zusammen. Wo finden sich aktuell vergleichbare Phänomene?

v. Chr.	
um 900	Erste Hirtensiedlungen auf dem Palatin
753	sagenhaftes **Gründungsdatum der Stadt Rom**
um 750	Einwanderung der Griechen nach Unteritalien und Sizilien
um 550	Herrschaft etruskischer Könige in Rom; Errichtung des Circus Maximus und der ersten römischen Stadtmauer
510	Vertreibung des Tarquinius Superbus: Ende der etruskischen Königsherrschaft und **Beginn der römischen Republik**
507	Einweihung des Tempels des Iuppiter Capitolinus
494	Auszug der plebs aus Rom: Vermittlung durch Menenius Agrippa
450	**Zwölftafelgesetz**: erste schriftliche Fixierung des römischen Rechts
387	Einnahme Roms durch die Gallier unter Brennus
367	Zulassung der Plebejer zum Konsulat
seit 312	Bau der Via Appia
269	Erste römische Münzprägungen
um 264	Nach zahlreichen Kriegen gegen die umliegenden Völker ist die **römische Herrschaft in Mittel- und Süditalien gefestigt**.
264–241	**1. Punischer Krieg**
242	Einrichtung der ersten römischen Provinz (Sicilia)
227	Einrichtung der Provinz Sardinia et Corsica
218–201	**2. Punischer Krieg**
219/218	**Hannibal** zieht durch Spanien bis nach Italien: **Alpenübergang**
217	Niederlage der Römer am Trasimenischen See
216	Niederlage der Römer bei Cannae
216	Gesandtschaft des Q. Fabius Pictor zum Orakel von Delphi
204	Übergang der Römer unter Scipio nach Afrika
202	Sieg **Scipios** über Hannibal bei Zama
197	Spanien wird römische Provinz (Hispania).
184	Zensur des **M. Porcius Cato** und des L. Valerius Flaccus
168	Schlacht bei Pydna: Sieg des **L. Aemilius Paullus** über die Makedonen unter König Perseus
155	Philosophengesandtschaft in Rom
149–146	**3. Punischer Krieg**
148	Einrichtung der Provinz Macedonia
146	**Zerstörung Karthagos**: Africa wird römische Provinz. Griechenland wird zur römischen Provinz Achaia. **Herrschaft der Römer über den Mittelmeerraum**
133/121	Gescheiterte Reformbewegung der **Gracchen**
129	Einrichtung der Provinz Asia
102/101	Sieg des **Marius** über die Kimbern und Teutonen
91–89	Bundesgenossenkrieg: Forderung der italischen Bundesgenossen nach dem römischen Bürgerrecht
82–79	Diktatur **Sullas**
74–66	3. Mithridatischer Krieg: Asienfeldzug des Lucullus
73–71	Sklavenaufstand unter Spartakus
67	Pompejus beendet im Auftrag des Senats den Seeräuberkrieg.
63	**Konsulat Ciceros**
63–62	**Catilinarische Verschwörung**
60	1. Triumvirat: Pompejus, Crassus, Cäsar
59	**Konsulat Cäsars**
58–51	**Eroberung Galliens** durch Cäsar
52	Letzter Aufstand der Gallier gegen Cäsar unter Führung des Arverner-Fürsten **Vercingetorix**: Sieg Cäsars in der Schlacht bei Alesia
51	Einrichtung der Provinz Gallia

49–46	**Bürgerkrieg**: Cäsar gegen Pompejus / Senat
48	**Schlacht bei Pharsalos**: Sieg Cäsars über Pompejus, bald darauf Ermordung des Pompejus in Ägypten
48–47	Cäsar in Ägypten bei Kleopatra
47–44	Diktatur Cäsars
46	**Schlacht bei Thapsus**: Sieg Cäsars über die Truppen des Pompejus
45	Einführung des julianischen Kalenders
15.3.44	**Ermordung Cäsars**
43	2. Triumvirat: Antonius, Lepidus, Oktavian
43	Ermordung Ciceros durch Schergen des Antonius
42	**Schlacht bei Philippi**: Niederlage der Cäsarmörder
33/32	Ende des Triumvirats: Bruch zwischen Antonius und Oktavian
31	**Schlacht bei Aktium**: Sieg Oktavians über Marcus Antonius und Kleopatra; Ägypten wird römische Provinz.
30	Selbstmord des Antonius und der Kleopatra
27	Der Senat verleiht Oktavian den Ehrentitel **Augustus: Beginn des Prinzipats**
um 25	Livius beginnt mit der Herausgabe seines Geschichtswerks „Ab urbe condita"
19	Veröffentlichung der „Aeneis" Vergils
seit 15	Germanenkriege
9	Einweihung der Ara Pacis Augustae

n. Chr.	
um 8 n. Chr.	Veröffentlichung der „Metamorphosen" Ovids
9	**Schlacht im Teutoburger Wald**: Sieg des Cherusker-Fürsten Arminius über die Legionen des römischen Feldherrn Varus
14	Tod des Augustus
14–68	**Julisch-Claudisches Herrscherhaus**
um 30	Kreuzigung Jesu
14–37	**Kaiser Tiberius**
37–41	**Kaiser Caligula**
41–54	**Kaiser Claudius**
43	Britannien wird römische Provinz.
54–68	**Kaiser Nero**
um 55	Missionsreisen des Apostels Paulus (u. a. nach Ephesos)
64	**Brand Roms**: erste Christenverfolgungen
65	Seneca begeht auf Geheiß des Kaisers Nero Selbstmord.
66	Einrichtung der Provinz Iudaea
66–70	Aufstand der Juden gegen die römische Besatzung
68–69	Vierkaiserjahr (Galba, Otho, Vitellius, Vespasian)
69–96	**Flavisches Herrscherhaus**
69–79	**Kaiser Vespasian**
69/70	Bataveraufstand in Germanien
70	**Eroberung Jersualems** durch Titus
79–81	**Kaiser Titus**
79	Vesuv-Ausbruch, Zerstörung von Pompeji und Herkulaneum
80	Bau des Kolosseums beendet
81	Errichtung des Titusbogens
81–96	**Kaiser Domitian**
um 90	Erneute Christenverfolgungen
84	Baubeginn des **Limes** in Germanien
um 85	Einrichtung der Provinzen Germania superior und inferior

96–192	**Adoptivkaiser**	
96–98	**Kaiser Nerva**	
98	Veröffentlichung der „Germania" des Tacitus	
98–117	**Kaiser Trajan**	
106–115	**Größte Ausdehnung des römischen Reiches** (Schaffung der Provinzen Arabia, Dacia, Armenia, Mesopotamia und Assyria)	
117–138	**Kaiser Hadrian**	
122	Errichtung des Hadrianswalls in Nordengland	
138–161	**Kaiser Antoninus Pius**	
161–180	**Kaiser Mark Aurel**	
180–192	**Kaiser Commodus**	
193–235	**Severisches Kaiserhaus**	
235–305	**Soldatenkaiser**	
um 250	Erste allgemeine Christenverfolgung unter den Kaisern Decius und Valerian	
um 250	Beginn der **Völkerwanderung**: Die Goten überschreiten die Donau. Die Alemannen durchbrechen auf breiter Front den Limes und brechen in das Reichsgebiet ein. Einfall der Franken in Spanien	
284–305	**Kaiser Diokletian**	
293	Trier wird kaiserliche Residenz.	
303–311	Christenverfolgung unter Diokletian	
306–337	**Kaiser Konstantin der Große**	
312–315	Errichtung des Konstantinsbogens	
313	Toleranzedikt von Mailand: Religionsfreiheit für die Christen	
330	**Konstantinopel wird Hauptstadt des römischen Reiches.**	
um 375	Die Hunnen erobern im Norden große Teile des römischen Reiches.	
379–395	**Kaiser Theodosius der Große**	
391	Das **Christentum wird Staatsreligion** (Verbot heidnischer Kulte).	
395	**Reichsteilung** nach dem Tod des Theodosius (Entstehung eines west- und eines oströmischen Reiches)	
404	Ravenna wird Hauptstadt des Westreiches.	
410	Rom wird von den Westgoten (Alarich) eingenommen.	
455	Plünderung Roms durch die Vandalen	
476	Absetzung des letzten weströmischen Kaisers durch den Germanen Odoaker: **Ende des weströmischen Reiches**	
527–565	**Kaiser Justinian** (Sein Versuch, die Reichseinheit wiederherzustellen, scheitert.)	
534	Codex Iustinianus	
seit 7. Jh.	Ausbreitung des Islam: Die Ostprovinzen fallen an die Araber.	
800	Kaiserkrönung Karls des Großen	

Acca Acca (Frau des Hirten Faustulus, zog mit ihm zusammen Romulus und Remus auf)
Aegyptus *f* Ägypten (röm. Provinz seit 30 v. Chr.)
(L.) **Aemilius Paullus** Lucius Aemilius Paullus (röm. Politiker und Feldherr; besiegte 168 v. Chr. den Makedonenkönig Perseus in der Schlacht bei Pydna)
Aenēās, ae *m* Äneas (trojanischer Held, Sohn der Venus und des Anchises, Stammvater der Römer; nach der Zerstörung Trojas musste er gemeinsam mit seinem Vater, seinem Sohn Askanius und seinen Gefährten lange Irrfahrten bestehen, bis er zu der von den Göttern geweissagten neuen Heimat Italien gelangte; vgl. „Vergilius")
Aeschylus Aischylos (griech. Tragödiendichter aus Athen, 525–456 v. Chr.; Werke u. a.: „Die Perser", „Agamemnon", „Sieben gegen Theben", „Die Schutzflehenden". Die Grundaussagen seiner Stücke spiegeln die moralischen Vorstellungen seiner Zeit wider: Ungesühnte Schuld vererbt sich fort, oft über Generationen, und erzeugt neue Schuld. Großes menschliches Glück kann zur Überheblichkeit (griech. hybris) führen, die in der Vernichtung enden muss.)
Āfrica Afrika (Die Römer verstanden darunter in erster Linie das ihnen bekannte Nordafrika, röm. Provinz seit der Zerstörung Karthagos im Jahr 146 v. Chr.)
Alesia Alesia (Stadt in Gallien, Schauplatz der letzten Schlacht zwischen Cäsar und Vercingetorix 52 v. Chr. Cäsar ließ die Stadt belagern und aushungern, bis sich Vercingetorix und die Gallier ergaben.)
Alexandrīa Alexandria (bedeutendste ägyptische Hafenstadt mit der vorgelagerten Insel Pharos, auf der einer der berühmtesten Leuchttürme der Antike stand. Er wurde im 3. Jh. v. Chr. erbaut und galt als eines der sieben Weltwunder.)
Alpēs, ium *f Pl.* die Alpen
Ambrōsius Ambrosius (lat. Kirchenschriftsteller und Heiliger, wahrscheinlich aus Trier stammend, 339–397 n. Chr.; im Jahr 374 n. Chr. zum Bischof von Mailand gewählt, verfolgte er in diesem Amt rigoros seine christlichen Ziele; Lehrer des Augustinus)
Anchīsēs, ae *m* Anchises (Vater des Äneas)
Antigona Antigone (Tochter des Ödipus; sie widersetzte sich dem Verbot ihres Onkels Kreon, den Leichnam ihres Bruders Polyneikes zu bestatten, und musste dafür mit dem Leben bezahlen.)
(M.) **Antōnius** Marcus Antonius (83–30 v. Chr.; einflussreicher röm. Politiker und Feldherr, Anhänger Cäsars und Widersacher Ciceros, den er 43 v. Chr. ermorden ließ. Im Kampf um die Vorherrschaft unterlag er Oktavian/Augustus 31 v. Chr. in der Schlacht bei Aktium und beging daraufhin Selbstmord.)
Apīcius Apicius (röm. Schriftsteller im 3./4. Jh. n. Chr., Verfasser eines Kochbuches)
Apollō, inis *m* Apollo (Gott des Lichts, der Musik und Künste sowie der Heilkunst und Weissagung, Sohn des Jupiter und der Latona, Zwillingsbruder der Diana/Artemis. In der griech. Stadt Delphi befand sich sein berühmtestes Heiligtum mit Orakelstätte.)
(L.) **Āpulēius** Apuleius (röm. Redner und Schriftsteller aus Madaura in Afrika, 125–um 180 n. Chr., Autor des einzigen vollständig erhaltenen antiken Romans: Dieses Werk mit dem Titel „Metamorphosen" (oder: „Der Goldene Esel") ist ein Abenteuer- und Märchenroman in 11 Büchern.)
Arabia Arabien
Argos *n* Argos (Hauptstadt der griech. Landschaft Argolis im Osten der Peloponnes)
Aristophanēs, is *m* Aristophanes (griech. Komödiendichter, ca. 452–388 v. Chr. Seine Komödien sind gespickt mit ironisch-kritischen Anspielungen auf das Alltagsleben und die Tagespolitik seiner Heimatstadt Athen. Werke u. a.: „Die Wolken", „Die Frösche", „Die Vögel", „Lysistrata")
Aristotelēs, is *m* Aristoteles (griech. Philosoph, 384–322 v. Chr.; Schüler Platons und Lehrer Alexanders des Großen; gründete eine Philosophenschule in Athen, den „Peripatos"; Werke u. a.: „Politik", „Nikomachische Ethik", „Metaphysik", „Poetik")
Artemis, idis *f* Artemis (vgl. „Diana")
Artemīsia Artemisia (Ehefrau des Mausolos von Halikarnass, dem sie nach seinem Tod Mitte des 4. Jh.s v. Chr. ein prächtiges Grabmal, das „Mausoleum", bauen ließ)
Ascanius Askanius bzw. Julus (Sohn des Äneas)
Asia Kleinasien (seit 129 v. Chr. röm. Provinz)
Athēna Athene (Schutzgöttin Athens; vgl. „Minerva")
Athēnae, ārum *f Pl.* Athen (bedeutende Stadt in Griechenland)
Augusta Trēverōrum Trier (um 16 v. Chr. von den Römern unter Kaiser Augustus in der Nähe eines Stammesheiligtums der keltischen Treverer gegründet. Gegen Ende des 3. Jh.s n. Chr. machte Kaiser Diokletian Trier zur röm. Kaiserresidenz und Hauptstadt des weström. Teilreiches. Aus dieser Zeit stammen viele historische Bauwerke, wie die mächtige Porta Nigra, die Römerbrücke, das Amphitheater, die Basilika und die Kaiserthermen.)
(Aurēlius) **Augustīnus** Augustinus (lat. Kirchenschriftsteller und Heiliger, aus Tagaste in Nordafrika, 354–430 n. Chr.; wurde 396 n. Chr. zum Bischof von Hippo Regius in Numidien gewählt; schuf die Grundlagen der christl. Theologie des Abendlandes. Hauptwerke: „De civitate Dei", „Confessiones")
(Imperātor Caesar dīvī fīlius) **Augustus** Augustus (63 v. Chr.–14 n. Chr., erster röm. Kaiser, ursprüngl. Name Gaius Octavius, Großneffe und Adoptivsohn Julius Cäsars; nach Cäsars Tod kämpfte er mit Marcus Antonius um die Alleinherrschaft; 31 v. Chr. Sieg in der Schlacht bei Aktium; 27 v. Chr. verlieh ihm der Senat den Ehrentitel Augustus („der Erhabene"); dieses Datum gilt als Beginn des röm. Kaisertums bzw. als Ende der röm. Republik. Augustus ordnete und befriedete das Reich innen- und außenpolitisch, förderte Kunst und Wissenschaften. Die Gesamtheit seiner Leistungen legte er selbst in einem Rechenschaftsbericht nieder. Dieses Werk,

die „res gestae", wurde in Form einer großen Inschrift auf Bronzetafeln vor seinem Mausoleum aufgestellt; Kopien der Inschrift wurden in den Provinzen aufgestellt. Erhalten ist die Fassung aus der kleinasiatischen Stadt Ancyra (h. Ankara), weshalb das Werk auch als Monumentum Ancyranum bezeichnet wird.)

Babylōn, ōnis *f* Babylon (Hauptstadt Babyloniens am Euphrat; Babylons Stadtmauern und die terrassenartig angelegten „Hängenden Gärten" der babylonischen Königin Semiramis gehörten zu den sieben Weltwundern.)

Bacchus Bacchus (röm. Gott des Weines; griech. Name: Dionysos; ihm zu Ehren wurden in Athen jährlich Theateraufführungen veranstaltet)

basilica Iūlia Basilika Julia (Halle, die ab 54 v. Chr. von der Familie der Julier auf dem Forum Romanum errichtet wurde; sie beherbergte eine Gerichtshalle und Ladengeschäfte.)

Batāvī, ōrum *m Pl.* die Bataver (germanischer Volksstamm, der sich um 70 n. Chr. gegen die Römer erhob)

Bellōna Bellona (röm. Kriegsgöttin, Schwester des Mars)

(L. Iūnius) **Brūtus** Lucius Iunius Brutus (Freund des Collatinus und seiner Frau Lukretia; um 500 v. Chr. Anführer der Verschwörer gegen den letzten röm. König Tarquinius Superbus; danach erster röm. Konsul)

(M. Iūnius) **Brūtus** Marcus Iunius Brutus (röm. Senator, einer der Mörder Cäsars am 15. März 44 v. Chr.; beging nach der Schlacht bei Philippi 42 v. Chr. Selbstmord)

Bȳzantium *n* Byzanz (antike Handelsstadt am Bosporus, 330 v. Chr. unter dem neuen Namen Konstantinopel Hauptstadt des Römischen Reiches, heute Istanbul)

Cācus Cacus (Riese, der Herkules einige Rinder stahl und dafür von ihm getötet wurde)

(C. Iūlius) **Caesar,** aris *m* Gaius Iulius Caesar (100–44 v. Chr., Eroberer Galliens von 58–51 v. Chr.; als Politiker strebte er die Alleinherrschaft in Rom an; kämpfte in dem von ihm ausgelösten Bürgerkrieg gegen Pompejus und die Senatspartei; Sieg in der Schlacht bei Thapsus 46 v. Chr. Am 15. März 44 v. Chr. wurde er von einer Gruppe röm. Senatoren ermordet, die in ihm einen Tyrannen sahen. Cäsar war auch als Schriftsteller tätig: „De bello Gallico", „De bello civili")

Calpurnia Calpurnia (Ehefrau Cäsars)

Calypsō, ūs *f* Kalypso (Nymphe auf der Insel Ogygia, wo Odysseus auf seinen Irrfahrten strandete; sie verliebte sich in ihn, behielt ihn sieben Jahre bei sich, musste ihn dann aber auf Befehl des Zeus/Jupiter wieder ziehen lassen.)

Campus Mārtius das Marsfeld (ursprünglich ein außerhalb der Stadtgrenze Roms gelegenes militärisches Übungsfeld und politischer Versammlungsort; später wurde das Marsfeld mit prachtvollen öffentlichen Gebäuden ausgeschmückt.)

Cannae, ārum *f Pl.* Cannae (Stadt in Italien, Schauplatz der Schlacht 216 v. Chr., bei der die Römer dem karthagischen Feldherrn Hannibal unterlagen)

Capitōlium Kapitol (einer der sieben Hügel Roms; heiligster Ort Roms, denn hier stand der Tempel des Iuppiter Optimus Maximus und seiner Begleiterinnen Juno und Minerva („Kapitolinische Trias").)

Cāria Karien (Landschaft im Südwesten von Kleinasien)

Carolus Māgnus Karl der Große (fränkischer Herrscher, lebte 747–814 n. Chr.; 800 n. Chr. vom Papst zum röm. Kaiser gekrönt)

Carthāgō, inis *f* Karthago (Stadt in Nordafrika, in der Nähe des heutigen Tunis, erbitterte Konkurrentin Roms im Kampf um die Beherrschung des Mittelmeerraumes; nach dem Ende des 3. Punischen Krieges 146 v. Chr. von den Römern zerstört)

(C.) **Cassius** (**Longīnus**) Cassius (röm. Prätor, einer der Mörder Cäsars am 15. März 44 v. Chr.; beging nach der Schlacht bei Philippi 42 v. Chr. Selbstmord.)

Castra Rēgina Regensburg (179 n. Chr. von den Römern gegründet, hervorgegangen aus einem seit ca. 90 n. Chr. bestehenden Kohortenkastell)

(M. Porcius) **Catō,** ōnis *m* Marcus Porcius Cato (röm. Politiker und Schriftsteller 234–149 v. Chr.; 184 v. Chr. hatte er die Zensur inne und erfüllte diese mit besonderer Sittenstrenge; Verfasser eines Buchs über die Landwirtschaft „De agricultura"; war griechischen (insbesondere philosophischen) Einflüssen gegenüber feindselig eingestellt; warnte die Römer nach dem 2. Punischen Krieg vor einem Wiedererstarken Karthagos und forderte wiederholt die endgültige Zerstörung der Stadt.)

(mōns) **Caucasus** der Kaukasus (Gebirge zwischen Schwarzem und Kaspischem Meer)

cēnsor, ōris *m* Zensor (röm. Beamter; zwei Zensoren, die Konsuln gewesen sein mussten, wurden alle fünf Jahre für eine achtzehnmonatige Amtszeit gewählt. Sie überwachten die öffentliche Sittlichkeit, erstellten das Staatsbudget und führten die Volkszählung auf dem Marsfeld und die Vermögensschätzung durch. Außerdem hatten sie das Recht, Senatoren wegen liederlichen Lebenswandels aus dem Senat auszustoßen (senatu movere). Am Ende ihrer Amtszeit führten sie die feierliche Entsühnung (lustratio) des Volkes durch und opferten den Göttern einen Eber, einen Widder und einen Stier (suovetaurilia). Der bekannteste Träger dieses besonders angesehenen Amtes war der wegen seines strengen Amtsverständnisses gefürchtete Cato Censorius.)

Circē, ēs *f* Kirke (Nymphe und Zauberin auf der Insel Aea, wo Odysseus und seine Gefährten strandeten; diese verwandelte Kirke in Schweine; auf Drängen des Odysseus, in den sie sich verliebt hatte, machte sie die Verwandlung jedoch rückgängig.)

Circus Maximus Circus Maximus (größte Rennbahn Roms zwischen den Hügeln Palatin und Aventin, angeblich bereits im 6. Jh. v. Chr. erbaut, später von Cäsar erneuert)

Cleopatra Kleopatra VII. (letzte Königin Ägyptens von 51–30 v. Chr.; war von ihrem Bruder und Mitregenten Ptolemaios XIII. verstoßen; wurde aber von Cäsar, den die Verfolgung des Pompejus nach Ägypten geführt hatte, wieder eingesetzt. Kleopatra hatte zuerst ein Verhältnis mit Cäsar, dann mit Antonius; 31 v. Chr. unterlagen sie und Antonius dem Heer des Oktavian/Augustus bei Aktium, beide begingen daraufhin Selbstmord.)

(L. Tarquinius) Collātīnus Lucius Tarquinius Collatinus (Ehemann der Lukretia, die von Sextus Tarquinius vergewaltigt wurde, was die Vertreibung der Tarquinier aus Rom auslöste)

Colōnia Agrippīna Köln (55 n. Chr. von Kaiser Nero gegründet, benannt nach Agrippina, der Mutter des Kaisers; entwickelte sich neben Trier zur wichtigsten röm. Stadt in Germanien)

(Flāvius Valerius) Cōnstantīnus Konstantin der Große (röm. Kaiser von 306–337 n. Chr.; gründete 330 v. Chr. das alte Byzanz unter den Namen Konstantinopel neu und erhob es zur Hauptstadt des röm. Reiches. 313 n. Chr. erließ er in Mailand ein Edikt zum Schutz der Christen.)

cōnsul, cōnsulis *m* Konsul (röm. Beamter; mit dem 43. Lebensjahr konnte das Konsulat, das höchste zivile und militärische Amt, ausgeübt werden. Dieses war für eine einjährige Amtszeit auf zwei Konsuln aufgeteilt. Jeder Konsul konnte die Beschlüsse und Maßnahmen des jeweils anderen durch sein Veto behindern. In Rom lösten die Konsuln einander monatlich im Senatsvorsitz ab, im Krieg wechselte sogar täglich der Oberbefehl. Sie standen den Senatssitzungen vor, brachten Gesetzesanträge ein und überwachten die Durchführung der Beschlüsse und Gesetze. Außerdem hatten sie die auspicia (Feststellung des Willens der Götter durch Vogelschau usw.), die Einweihung von Tempeln und die Opfer zu vollziehen. Nach ihrem Amtsjahr wurden Konsuln in die Provinzen als Statthalter mit militärischem Kommando entsandt (pro consule). Ehemalige Konsuln, die sogenannten consulares, bildeten eine besonders einflussreiche Gruppe im Senat.)

Cornēlia Cornelia (Tochter des Scipio Africanus und Mutter der Gracchen; schon zu Lebzeiten berühmt und später das Idealbild einer tugendhaften und ehrenvollen Mutter. Nach dem Tod ihres Mannes widmete sie sich der Verwaltung ihres Gutes und der Erziehung ihrer Kinder. Noch im Alter hat sie ihre Söhne politisch beeinflusst.)

Creōn, ontis *m* Kreon (Schwager des Ödipus, Onkel der Antigone und der Ismene; er ließ Antigone töten, die sich seinem Befehl widersetzt hatte, den toten Polyneikes unbestattet zu lassen.)

Creūsa Krëusa (Ehefrau des Äneas und Mutter des Askanius; kam während der Eroberung und Zerstörung Trojas ums Leben. In Vergils „Aeneis" spricht ihr Geist zu Äneas von dem vor ihm liegenden Schicksal.)

Croesus Krösus (letzter König von Lydien (Kleinasien), Mitte des 6. Jh.s v. Chr., berühmt durch seinen unermesslichen Reichtum; er wagte, durch ein zweideutiges Orakel ermutigt, einen Feldzug gegen das aufstrebende Perserreich unter König Kyros dem Großen. Die Niederlage des Krösus war das Ende des Lyderreiches.)

Cyclōpēs, um *m Pl.* Zyklopen (einäugige wilde Riesen auf der Insel Sizilien, Schmiedegehilfen des Vulcanus; einer von ihnen, Polyphem, fraß sechs Gefährten des Odysseus, bevor dieser ihn blendete und ihm das Auge ausstach.)

Dānubius die Donau

(P.) Decius Mūs Publius Decius Mus (Konsul im Jahr 340 v. Chr., zusammen mit Titus Manlius Torquatus besiegte er die Latiner.)

deī Capitōlīnī *m Pl.* die kapitolinischen Götter (Jupiter, Juno und Minerva; der Tempel der drei Götter, der auf dem Kapitolshügel stand, war der heiligste Ort Roms.)

Delphī, ōrum *m Pl.* Delphi (Ort in Griechenland, berühmte griech. Orakelstätte des Gottes Apollon)

Diāna Diana (jungfräuliche Göttin der Jagd, des Waldes und des Mondes, Beschützerin der Frauen; Zwillingsschwester des Apollon; griech. Name: Artemis)

dictātor, ōris Diktator (röm. Sonderbeamter; in Zeiten höchster Gefahr für den Staat konnte einer der beiden Konsuln im Auftrag des Senates einen dictator ernennen, der die höchste militärische, politische und richterliche Macht in seiner Person vereinigte. Alle Ämter, auch der Senat, waren dann außer Kraft gesetzt. Der dictator ernannte zu seinem Gehilfen und Stellvertreter einen sogenannten magister equitum („Reiteroberst"). Seine Amtsgewalt war auf ein halbes Jahr beschränkt.)

Didō, ōnis *f* Dido (Königin von Karthago; verliebte sich in Äneas, den es auf seiner Irrfahrt an die afrikanische Küste verschlagen hatte; gab sich den Tod, nachdem Äneas sie auf Geheiß Jupiters verlassen musste.)

(T. Flāvius) Domitiānus Domitian (röm. Kaiser von 81–96 n. Chr.; Sohn des Vespasian, Bruder des Titus; eroberte Teile Germaniens und begann 84 v. Chr. mit dem Bau des Limes; Beiname „Germanicus"; galt als brutaler und tyrannischer Herrscher. 96 n. Chr. fiel er einer Palastverschwörung zum Opfer.)

Druidēs, um *m Pl.* Druiden (Priester der Kelten)

Ēchō, Ēchūs *f* Echo (eine Waldnymphe; verliebte sich in den Jüngling Narziss, konnte ihn aber nicht für sich gewinnen)

Ephesiī, ōrum *m Pl.* die Ephesier (Einwohner von Ephesos)

Ephesius, a, um aus Ephesos

Ephesus *f* Ephesos (wichtige Hafenstadt im kleinasiatischen Karien; der dortige Artemis-Tempel gehörte zu den sieben Weltwundern. Zu den bedeutenden Bauwerken der Stadt zählt die Celsusbibliothek.)

Epicūrēī, ōrum *m Pl.* die Epikureer (Anhänger des griech. Philosophen Epikur)

Epicūrus Epikur (griech. Philosoph aus Samos, der sich 306 v. Chr. in Athen niederließ und eine Philosophenschule gründete; seine Lehre – die auch bei den Römern großen Anklang fand – besagt, dass die individuelle Glückseligkeit des Menschen das Ziel eines jeden Lebens sein soll.)

Esquiliae, ārum *f Pl.* (collis Esquilīnus) Esquilin (der größte der sieben Hügel Roms)

Eteoclēs, is *m* Eteokles (Sohn des Ödipus, Bruder der Antigone; er und sein Bruder Polyneikes brachten sich im Kampf um die Herrschaft über Theben gegenseitig um.)

Eurīpidēs, is *m* Euripides (griech. Tragödiendichter aus Athen, 480–406 v. Chr., neben Aischylos und Sophokles dritter der drei großen griech. Tragiker. Seine Werke zeichnen sich insbesondere durch die differenzierte, tiefgründige Schilderung menschlicher Leidenschaften aus; Werke u.a.: „Medea", „Hippolytos", „Elektra", „Die Troerinnen", „Alkestis")

Faustulus Faustulus (Hirte, der die ausgesetzten Zwillinge Romulus und Remus fand und gemeinsam mit seiner Frau Acca aufzog)

Fortūna Fortuna (röm. Göttin des Schicksals, des Glücks und des Unglücks)

Forum Rōmānum Forum Romanum (der Marktplatz und später das politische, geschäftliche und religiöse Zentrum von Rom. Das ursprünglich sumpfige Gebiet wurde im 6. Jh. v. Chr. trockengelegt und zum Marktplatz umgestaltet. Die ältesten Bauwerke waren die Tempel für Saturn (498 v. Chr.), Castor (484) und Concordia (367). Die rostra (Rednertribüne) waren bereits 338 v. Chr. vorhanden. Im 2. Jh. v. Chr. ging man dazu über, Volksversammlungen vom Marsfeld hierher zu verlagern. Die Händler und Marktstände mussten zugunsten des politischen Geschehens weichen. Basiliken wurden errichtet, in denen die Gerichte tagten und Geschäfte abgewickelt wurden. Mit Beginn der Kaiserzeit erlebte das Forum Romanum seine größte Prachtentfaltung.)

Francī, cōrum die Franken (germanischer Volksstamm, drangen im 4.–6. Jh. vom Nieder- und Mittelrhein aus in linksrheinische Gebiete und nach Gallien vor. Im 5. Jh. lösten sie die Römer als Machthaber in Gallien ab und hatten schließlich im 6. Jh. das ganze Gebiet des heutigen Frankreich unter ihrer Herrschaft vereinigt.)

Gallī, ōrum *m Pl.* die Gallier

Gallia Gallien (Land der Gallier/Kelten, die in der 1. Hälfte des 1. Jh.s v. Chr. von Osten eingewandert waren; umfasste Oberitalien (Gallia cisalpina, 222–191 v. Chr. von Rom unterworfen) und das heutige Frankreich und Belgien (Gallia transalpina, 58–51 v. Chr. von Cäsar unterworfen). Seit dem 3. Jh. n. Chr. kam es zu Germaneneinfällen. Im 5. Jh. beseitigten die Franken die letzten Reste römischer Herrschaft.)

(Aulus) **Gellius** Gellius (röm. Schriftsteller, um 130 n. Chr.–um 180 n. Chr., Autor der „Noctes Atticae" in 20 Büchern: Sein Werk ist eine Art Bildungs- und Unterhaltungslexikon, in Gesprächsform verfasst. Behandelt werden Philosophie, Geschichte, Rechtswesen, Grammatik, Literatur und Altertumskunde.)

Germānī, ōrum *m Pl.* die Germanen (Teilgruppe der Indoeuropäer; die ersten Nachrichten über die Germanen stammen von Cäsar und Tacitus; 113 v. Chr. erster Zusammenstoß mit den Römern, die unter Augustus weiter in das rechtsrheinische Germanien vordrangen. Nach der Niederlage des Varus (9 n. Chr.) Zurücknahme der röm. Grenze an den Rhein. Mit der Erbauung des Limes (ab 84 n. Chr.) sollten die Germanen vom röm. Reich abgewehrt werden; 166–180 n. Chr. erster germanischer Großangriff an der Donaugrenze; im 3. Jh. durchbrechen die germanischen Alemannen den Limes.)

Germānia Germanien

Germānus, a, um germanisch

Geryōn, ōnis *m* Geryon (dreileibiger Riese auf der Insel Erythea, unterlag Herkules im Kampf und verlor seine Rinderherde an ihn)

Gīza Gizeh (Ort bei Memphis am Nil in Ägypten, an dem die Pyramiden des Cheops und des Chephren stehen; diese zählten zu den sieben Weltwundern.)

Gotōnēs, um *m Pl.* die Goten (ostgermanischer Volksstamm, ursprünglich in Skandinavien ansässig, siedelten im 3. Jh. n. Chr. im Zuge der Völkerwanderung nördlich des Schwarzen Meeres und griffen von dort aus das Staatsgebiet des röm. Reiches an. Die Westgoten unter Alarich eroberten 410 n. Chr. Rom.)

(C. Semprōnius) **Gracchus** Gaius Gracchus (Sohn der Scipio-Tochter Cornelia, jüngerer Bruder des Tiberius Gracchus, röm. Politiker; seine Versuche, die Reformen seines Bruders fortzusetzen und darüber hinaus den Provinzbewohnern und den italischen Bundesgenossen mehr Rechte einzuräumen, scheiterten und führten zu Unruhen in Rom; endete 121 v. Chr. durch Selbstmord.)

(Tib. Semprōnius) **Gracchus** Tiberius Gracchus (Sohn der Scipio-Tochter Cornelia, älterer Bruder des Gaius Gracchus, röm. Politiker; wollte durch neue Ackergesetze den Großgrundbesitz einschränken und das Land an Kleinbauern verteilen; deshalb von Anhängern der Senatspartei 133 v. Chr. erschlagen.)

Graecī, ōrum *m Pl.* die Griechen

Graecia Griechenland

Graecus, a, um griechisch

Gregōrus Magnus Gregor I. der Große (Papst von 590–604 n. Chr.; bemühte sich mit großem Erfolg um die Einbeziehung der germanischen Völker in die Kirche und bewirkte die Christianisierung der Angelsachsen. Durch seine zahlreichen Briefe und Schriften, die vor allem moraltheologischen Inhalts waren, hat er das Denken des Mittelalters maßgeblich beeinflusst und wird daher auch zu den bedeutendsten Kirchenvätern und Kirchenlehrern gezählt.)

(P. Aelius) **Hadriānus** Hadrian (röm. Kaiser 117–138 n. Chr.; seine Regierung war geprägt von ausgedehnten Reisen durch die röm. Provinzen, darunter zwei Jahre Aufenthalt in der von ihm bevorzugten Stadt Athen. 130 n. Chr. ertrank während eines Aufenthaltes in Ägypten sein Geliebter, der damals 20-jährige Antinoos, im Nil. Hadrian gründete an der Stelle seines Todes die Stadt Antinoopolis und ließ ihm göttliche Ehren zuteilwerden. Sein Hauptziel war die Sicherung des Friedens und der Reichsgrenzen (u.a. 122 n. Chr. Errichtung des Hadrianswalls im nördlichen Britannien). Mit seinem ausgeprägten Sinn für Kunst und Kultur übertraf Hadrian alle anderen Kaiser und förderte viele bedeutsame Bauprojekte in Rom (z. B. das Pantheon) und in den Provinzen. Sein Mausoleum (die heutige Engelsburg in Rom) ist erhalten.)

Halicarnassus *f* Halikarnass (Stadt im Südwesten des kleinasiatischen Karien; berühmt durch eines der sieben Weltwunder, das „Mausoleum" des Königs Mausolos)

Halys, yos *m* Halys (längster Fluss in Kleinasien, Grenzfluss zwischen Lydien und Persien)

Hamilcar, aris *m* Hamilkar (Vater des Hannibal; karthagischer Feldherr im 1. Punischen Krieg 264–241 v. Chr.)

Hannibal, alis *m* Hannibal (Sohn des Hamilkar, 247–183 v. Chr.; Feldherr der Karthager im 2. Punischen Krieg 218–202 v. Chr. Sein Vater Hamilkar brachte ihn 237 v. Chr. nach Spanien, nachdem er ihn ewigen Hass auf Rom hatte schwören lassen. Hannibals kühner Plan, den Krieg gegen Rom in Italien auszutragen (Alpenübergang), brachte die Römer mehrfach an den Rand des Zusammenbruchs. Nach sechzehn Kriegsjahren in Italien musste er 203 v. Chr. mit seinem unbesiegten Heer nach Afrika zurückkehren, um Karthago gegen einen Angriff der Römer zu verteidigen. 202 v. Chr. wurde er von Scipio in der Schlacht bei Zama besiegt. 183 v. Chr. nahm sich Hannibal, verfolgt von den auf Rache sinnenden Römern, das Leben.)

Helena Helena (um 257–um 337, Mutter des röm. Kaisers Konstantin; zum Christentum bekehrt; unternahm nach der Einweihung Konstantinopels eine Pilgerfahrt nach Jerusalem, um das Kreuz Christi zu finden. Sie förderte das Christentum in jeder Weise; zahlreiche Kirchenbauten werden ihr zugeschrieben, so die Kreuzeskirche in Jerusalem, die Geburtskirche in Bethlehem und die Apostelkirche in Konstantinopel.)

Herculēs, is *m* Herkules (griech. Sagenheld mit übermenschlichen Kräften, Sohn des Zeus/Jupiter und der Alkmene; um sich von einer im Wahnsinn begangenen Freveltat reinzuwaschen, musste er im Auftrag von Eurystheus, dem König von Tiryns, die berühmten „zwölf Arbeiten" vollbringen; griech. Name: Herakles)

Herodotus Herodot (um 490–um 425 v. Chr., griech. Historiker aus der kleinasiatischen Stadt Halikarnass, Autor der „Historien" (9 Bücher). In ihnen beschreibt Herodot vor allem die Auseinandersetzungen zwischen Griechenland und Asien; den Höhepunkt des Werkes bilden die Perserkriege. Von Cicero und anderen wird er als „Vater der Geschichtsschreibung" bezeichnet.)

Hieronymus Hieronymus (lat. Kirchenschriftsteller aus Dalmatien, ca. 348–420 n. Chr.; wurde von Papst Damasus beauftragt, die lateinische Übersetzung der Bibel, die „Vulgata", zu überarbeiten)

Hierosolyma, ōrum *n Pl.* Jerusalem

Hippolytus Hippolytos (Sohn des Theseus aus erster Ehe; in ihn war die zweite Frau seines Vaters, Phädra, unglücklich verliebt.)

Hispānia Spanien (seit 197 v. Chr. röm Provinz)

Historia Augusta die Historia Augusta (Sammlung von Biografien röm. Kaiser von Hadrian bis Diokletian (117–285 n.Chr). Die einzelnen Lebensbeschreibungen werden sechs Autoren zugeschrieben und sind vermutlich im 4. Jh. n. Chr. zur Regierungszeit Konstantins entstanden.)

Homērus Homer (ältester griech. Dichter; unter seinem Namen sind die beiden bedeutendsten griech. Epen, die „Ilias" und die „Odyssee", überliefert.)

Horātius Coclēs Horatius Cocles (Held der römischen Frühzeit. Die römische Sage berichtet, dass durch seinen mutigen Einsatz am Pons Sublicius die Stadt Rom vor einer Eroberung durch die Etrusker bewahrt worden ist.)

Hunnī, ōrum *m Pl.* die Hunnen (aus Zentralasien stammendes Nomadenvolk; ihr Vorrücken nach Westen im 4. Jh. n. Chr. rief Schrecken hervor und veranlasste eine ausgedehnte Wanderbewegung von Barbarenvölkern über die Grenzen des röm. Reiches.)

Iānus Janus (Gott des Eingangs und Ausgangs, beschützte die röm. Stadttore)

Iēsus Christus, Iēsū Christī Jesus Christus

Iocasta Jokaste (Mutter des Ödipus, Frau des Lajos; heiratete nach dem Tod des Lajos in Unwissenheit den eigenen Sohn; zusammen mit Ödipus ist sie die Mutter von Polyneikes, Eteokles, Antigone und Ismene. Als sie erfuhr, dass sie ihren Sohn geheiratet hatte, erhängte sie sich.)

Īsis, Īsidis *f* Isis (Hauptgöttin Ägyptens; Gattin und Schwester des Osiris, Göttin der Fruchtbarkeit. Im 2.Jh. v. Chr. gelangte der Isiskult auch nach Rom.)

Ismēna Ismene (Tochter des Ödipus und der Jokaste; Schwester der Antigone)

Italia Italien

Italicus, a, um aus Italien stammend („italisch", nach den Italern, die im Gebiet des heutigen Italien lebten)

Ithaca Ithaka (griech. Insel im Jonischen Meer; Heimat des Odysseus)

Iūdaeī, ōrum *m Pl.* die Juden

Iūnō, ōnis *f* Juno (Gemahlin Jupiters; Schützerin der Ehe und der Frauen; griech. Name: Hera)

Iuppiter, Iovis *m* Jupiter (höchster Gott der Römer, griech. Name: Zeus. Möglicherweise haben bereits die Etrusker den Kult des Iuppiter Optimus Maximus in Rom eingeführt, worin der Gott (in seinem Tempel auf dem Kapitol) zusammen mit Juno und Minerva die Kapitolinische Trias bildete. Jupiter in seiner Rolle als röm Staatsgott: Im Jupiter-Tempel brachten die röm. Beamten am Anfang ihres Amtsjahres Opfer dar und die siegreichen Feldherrn legten dort ihre Beutestücke nieder. Die erste Senatssitzung eines jeden Jahres fand ebenfalls dort statt.)

Lāius Lajos (König von Theben, Vater des Ödipus, wurde von seinem Sohn, der ihn nicht erkannt hatte, im Affekt erschlagen)

Lāocoōn, Lāocoontis *m* Laokoon (trojanischer Priester; warnte die Trojaner vergeblich vor dem hölzernen Pferd der Griechen; er und seine beiden Söhne wurden daraufhin auf Geheiß Apollons, der auf Seiten der Griechen stand, von zwei Seeschlangen erwürgt.)

Larēs, um *m Pl.* die Laren (röm. Gottheiten, die Haus und Familie beschützten)

Latīnus, a, um lateinisch („latinisch", nach der Landschaft Latium und dem Stamm der Latiner, die in Mittelitalien siedelten)

līctor, ōris *m* Liktor (Amtsdiener, die höheren röm. Beamten und Priestern voranschritten; sie trugen als Zeichen der Amtsgewalt ein Rutenbündel mit Beil (fasces) auf der linken Schulter. Dieses symbolisierte das Recht des Beamten, Verhaftungen, Strafen – in früherer Zeit auch Hinrichtungen – anzuordnen. Die Liktoren hatten die Aufgabe, die Ankunft des Beamten anzukündigen und ihm einen Weg durch die Menge zu bahnen, nur Vestalinnen und verheiratete Römerinnen brauchten ihm nicht Platz zu machen. Ein Diktator hatte 24 Liktoren, ein Konsul 12, Prätoren 6 bei sich.)

līmes, līmitis *m* der Limes (von Kaiser Domitian seit 84 n. Chr. erbauter Grenzwall, trennt das römische Reich von Germanien ab; verläuft vom Rhein bei Bonn südöstlich durch Württemberg und Bayern bis an die Donau bei Regensburg; wurde im 3. Jh. im Zuge der Völkerwanderung von den Germanen durchbrochen.)

(T.) Līvius Livius (röm. Geschichtsschreiber, 59 v. Chr.–17 n. Chr.; beschrieb die Geschichte Roms – von der Gründung Roms bis auf die eigene Zeit – in seinem 142 Bücher umfassenden Werk „Ab urbe condita". Livius will nicht nur die Taten und die Größe Roms aufzeigen, sondern auch den Niedergang der Sitten, der für die politischen Wirren des 1. Jh.s v. Chr. verantwortlich war: Der Leser soll aus der Geschichte lernen.)

Lucrētia Lukretia (Frau des Collatinus; wurde von Sextus Tarquinius vergewaltigt, was die Vertreibung der Tarquinier als Herrscher von Rom nach sich zog)

(T.) Lucrētius (Cārus) Lukrez (röm. Schriftsteller und Philosoph, 98–55 v. Chr.; verfasste das Lehrgedicht „De rerum natura" in 6 Büchern. Lukrez stellt in Versform die Lehren der epikureischen Naturphilosophie dar. Als Jünger Epikurs will er seine röm. Landsleute von der Religion, d.h. für ihn von der Götter- und Todesfurcht, befreien durch die Erkenntnis, dass alles natürlich, alles vergänglich ist (Atomtheorie).)

(L. Licinius) Lūcullus Lukull (röm. Feldherr in Kleinasien um 70 v. Chr.; sorgte dort nach seinem militärischen Sieg für geordnete Verhältnisse im Finanzwesen und in der Provinzverwaltung; sein Reichtum und sein exquisiter Geschmack sind sprichwörtlich.)

Lydī, ōrum *m Pl.* die Lyder (Einwohner von Lydien im westlichen Kleinasien)

Macedōnia Makedonien (Landschaft im Norden Griechenlands; wurde 148 v. Chr. röm. Provinz)

(T.) Mānlius Torquātus Titus Manlius Torquatus (Konsul 340 v. Chr., zusammen mit P. Decius Mus besiegte er die Latiner.)

Marcus Aurēlius Mark Aurel (röm. Kaiser 16–180 n. Chr. Seine Regierungszeit war geprägt durch zahlreiche Feldzüge, die er zur Sicherung des Reiches an allen wichtigen Grenzen unternehmen musste, insbesondere zur Abwendung der immer bedrohlicher werdenden Germanenstämme; Mark Aurel war zugleich (stoischer) Philosoph und Verfasser der „Selbstbetrachtungen", einer moralphilosophischen Schrift in griech. Sprache. Die Schrift lässt den Kaiser als einen enttäuschten, mutlosen Menschen erkennen, der um innere Stärke gegen die Furcht vor dem Tode, die Sorgen dieser Welt und die Ungerechtigkeiten seiner Mitmenschen ringt.)

Mārs, Mārtis *m* Mars (röm. Gott des Krieges; griech. Name: Ares)

Mausōlus Mausolos (persischer Herrscher von 377–353 v. Chr. im kleinasiatischen Karien mit der Hauptstadt Halikarnass; seine Frau Artemisia ließ ihm nach seinem Tod ein prächtiges Grabmal bauen, ein „Mausoleum".)

Medūsa Medusa (weibliches Ungeheuer mit Schlangenhaaren)

Menander, drī Menander (griech. Komödiendichter, ca. 342–292 v. Chr.; Vorbild für die röm. Komödiendichter)

Menēnius Agrippa Menenius Agrippa (Patrizier, der zur Zeit der Ständekämpfe mit diplomatischem Geschick die aus Rom ausgewanderten Plebejer wieder nach Rom zurückholte)

Mercurius Merkur (Götterbote, Gott des Handels, der Reise und der Diebe, griech. Name: Hermes)

Minucius Fēlix Minucius Felix (lat. Kirchenschriftsteller aus Rom, 3. Jh. n. Chr.)

Minerva Minerva (Göttin der Weisheit und des Handwerks; griech. Name: Athene)

Mithrās, ae *m* Mithras (persischer Lichtgott, im 1. Jh. v. Chr. gelangte sein Kult, dessen geheime Riten ausschließlich Männern vorbehalten waren, auch nach Rom. Hier wurde er mit dem Sonnengott gleichgesetzt. Mit den röm. Soldaten gelangte der Mithraskult in alle Provinzen, wo er sich mit den Landesreligionen vermischte.)

Mosella die Mosel

Narcissus Narziss (im Mythos ein schöner junger Mann, der sich in sein eigenes Spiegelbild verliebte)

Neptūnus Neptun (Gott des Meeres; griech. Name: Poseidon)

Nīlus der Nil (Fluss in Ägypten)

Numa Pompilius Numa Pompilius (zweiter röm. König, galt als besonders weise und fromm. Die Römer schrieben ihm viele ihrer religiösen Einrichtungen zu: Feste, Opfer, und Riten, die Pontifices und Vestalinnen.)

Odyssēa die „Odyssee" (Epos des griech. Dichters Homer über die Irrfahrten des Odysseus)

Odysseus vgl. „Ulixes"

Oedipūs, podis *m* Ödipus (sagenhafter Herrscher der griech. Stadt Theben; löste das Rätsel der

Sphinx; tötete in Unwissenheit seinen Vater Lajos und heiratete seine Mutter Jokaste; Vater von Eteokles, Polyneikes, Antigone und Ismene. Als seine Taten ans Licht kamen, stach sich Ödipus die Augen aus und wanderte fortan als Ausgestoßener umher.)

Olympia Olympia (ein dem Zeus geweihter Bezirk in Elis auf der Peloponnes; seit 776 v. Chr. wurden dort alle vier Jahre die Olympischen Spiele zu Ehren des Zeus gefeiert; die vom Bildhauer Phidias Mitte des 5. Jh.s v. Chr. geschaffene Zeusstatue im olympischen Zeustempel ist eines der sieben Weltwunder.)

Ōstia Ostia (Hafenstadt Roms an der Tibermündung, seit dem 4. Jh. v. Chr. bestehende Hafenanlage, später auch Flottenstützpunkt. Mit der Anlage eines gut funktionierenden Hafens unter Kaiser Trajan, ca. 2 km nördlich des eigentlichen Stadtgebietes, erlebte die Stadt einen sprunghaften Aufschwung und entwickelte sich innerhalb weniger Jahrzehnte zu einer bevölkerungsreichen Großstadt. In Ostia landeten die für Rom bestimmten Lebensmittellieferungen, vor allem die Getreideschiffe aus Ägypten, Afrika, Sardinien und Sizilien.)

(P.) Ovidius (Nāsō) Ovid (röm. Dichter 43 v. Chr.–17 n. Chr., seine freizügigen Dichtungen brachten ihn in Konflikt mit Kaiser Augustus' Programm einer moralischen Erneuerung; auf Lebenszeit nach Tomi am Schwarzen Meer verbannt. Werke u. a.: „Metamorphoses", „Ars amatoria", „Fasti", „Tristia", „Heroides". Neben Vergil und Horaz ist er der bedeutendste Dichter der augusteischen Zeit.)

Palātium (mōns Palātīnus) Palatin (einer der sieben Hügel Roms; viele bekannte Römer hatten hier ihre Häuser, z. B. Cicero, Crassus und Marcus Antonius. Kaiser Augustus errichtete hier seinen Wohnsitz, den man palatia (n Pl.) nannte, davon leitet sich das deutsche Wort „Palast" her. Großenteils erhalten ist das Haus von Augustus' Gemahlin Livia. Nach dem Brand Roms erweiterte Kaiser Nero die Anlage beträchtlich.)

patriciī, ōrum *m Pl.* Patrizier (römische Adelsfamilien; nach der Vertreibung der Könige Anfang des 5. Jh.s v. Chr. hatten sie die politische Macht inne.)

Paulus Paulus (Sohn einer vermögenden jüdischen Familie; durch Christusvisionen wurde er zum christlichen Glauben bekehrt. Als „Heidenapostel" trug er durch seine Missionsreisen entscheidend zur Verbreitung des christlichen Glaubens bei; verfasste zahlreiche Briefe an die christlichen Urgemeinden, die sich im Neuen Testament wiederfinden und seine wesentlichen theologischen Aussagen enthalten. Der Überlieferung nach wurde Paulus während der Christenverfolgung Neros verhaftet und um 66 n. Chr. in Rom enthauptet.)

Penātēs, ium *m Pl.* die Penaten (römische Haus- und Schutzgötter)

Pēnelopa Penelope (Gattin des Odysseus)

Pergamum Pergamon (Stadt im kleinasiatischen Mysien, berühmt durch ihre große Bibliothek und einen Zeusaltar)

Persae, ārum *m Pl.* die Perser

Perseus, Perseī (oder **Perseos**) *m* Perseus (letzter König der Makedonen; unterlag 168 v. Chr. in der Schlacht bei Pydna dem römischen Feldherrn Lucius Aemilius Paullus)

Petrōnius (Arbiter) Petron (röm. Schriftsteller, gest. um 66 n. Chr.; gehörte zu den engsten Vertrauten am Hof des Kaisers Nero und stand dort als Meister der kultivierten, raffinierten Lebensführung in hohem Ansehen. Nachdem er beschuldigt worden war, an einer Verschwörung gegen den Kaiser teilgenommen zu haben, beging er Selbstmord. Autor des „Satyrikon", eines erotischen Reise- und Abenteuerromans. Den größten Teil des erhaltenen Werkes nimmt das „Gastmahl des Trimalchio" ein: die satirisch-groteske Beschreibung eines ausschweifenden Gastmahls der röm. Kaiserzeit.)

Phaedra Phädra (Tochter des Königs Minos auf Kreta, zweite Frau des athenischen Königs Theseus; verliebt sich unglücklich in ihren Stiefsohn Hippolytos)

Phaëthōn, Phaëthontis *m* Phaëthon (Sohn des Sonnengottes Sol)

Pharaō, ōnis *m* der Pharao (Titel der Könige im Alten Ägypten)

Platō, ōnis *m* Platon (griech. Philosoph, 427–347 v. Chr.; Schüler des Sokrates und Lehrer des Aristoteles; Verfasser vieler noch erhaltener und bis in die Neuzeit nachwirkender Schriften („Politeia", „Symposion", „Gorgias", „Protagoras", „Phaidros"); gründete um 385 v. Chr. eine Philosophenschule in Athen, die sogenannte „Akademie", die erst 529 n. Chr. von Kaiser Justinian geschlossen wurde. Der Einfluss der platonischen Philosophie ist so bedeutsam, dass der englische Philosoph Alfred North Whitehead meinte, die gesamte europäische Philosophiegeschichte sei nur eine „Fußnote zu Platon".)

plēbēī, ōrum *m Pl.* Plebejer (größter Teil der röm. Bevölkerung; zunächst ohne politischen Einfluss, im Laufe der Ständekämpfe im 5./4. Jh. v. Chr. setzten sie immer mehr Rechte durch.)

(C.) Plīnius (Caecilius Secundus) Plinius (röm. Schriftsteller, 61–ca. 113 n. Chr., Schüler Quintilians; veröffentlichte eine große Sammlung literarischer Briefe, die ein meisterhaftes Bild der Kaiserzeit in allen Lebensbereichen vermitteln; die berühmtesten Briefe beschäftigen sich mit dem Vesuvausbruch des Jahres 79 n. Chr. Sein Briefwechsel mit Kaiser Trajan, der auf Plinius' Zeit als Verwaltungsbeamter in Kleinasien zurückgeht, enthält viele wertvolle Informationen über die Verwaltung der röm. Provinzen.)

Plūtarchus Plutarch (griech. Schriftsteller, ca. 46–120 n. Chr., aus Chaironeia; verfasste leicht verständliche philosophische Werke und Biografien berühmter Männer, darunter Themistokles, Perikles, Alexander der Große, Cato, die Gracchen, Marius, Sulla, Marcus Antonius, Brutus, Cäsar und Cicero)

Poenī, ōrum *m Pl.* die Punier/Karthager

Polynīcēs, is *m* Polyneikes (Sohn des Ödipus, Bruder der Antigone; er und sein Bruder Eteokles brachten sich im Kampf um die Herrschaft über Theben gegenseitig um.)

Polyphēmus Polyphem (riesiger, einäugiger Zyklop auf Sizilien, Sohn Neptuns; Odysseus blendete ihn und stach ihm das Auge aus, als er ihn und seine Gefährten fressen wollte.)

Pompēī, ōrum *m Pl.* Pompeji (Stadt in Kampanien südöstlich von Neapel; wurde 79 n. Chr. bei einem Ausbruch des nahegelegenen Vulkans Vesuv verschüttet und erst in der Neuzeit wieder ausgegraben; in der Antike bekannt für seine Vergnügungsviertel)

(Cn.) **Pompēius** (Magnus) Gnaeus Pompeius Magnus (106–48 v. Chr., einflussreicher Politiker und Feldherr. 75–72 v. Chr. bekämpfte er den in Spanien revoltierenden Feldherrn Sertorius. 71 v. Chr. schlug er den Sklavenaufstand des Spartakus nieder. 67 v. Chr. ging er im Auftrag des Senats erfolgreich gegen das Seeräuberunwesen im Mittelmeer vor; nachdem er vor allem im Osten des Reiches viele militärische Siege für Rom errungen hatte, wurde er im Bürgerkrieg der Hauptgegner Cäsars; er unterlag diesem 48 v. Chr. in der Schlacht bei Pharsalos, musste fliehen und wurde auf der Flucht nach Ägypten ermordet.)

praetor, ōris *m* Prätor (röm. Beamter; Aufgabe der Prätoren war die Rechtsprechung. Mindestalter für die Prätur war die Vollendung des 40. Lebensjahres. Als ständige Stellvertreter der Konsuln mussten sie für die Auslegung der schriftlich fixierten Gesetze und überhaupt für die Rechtspflege sorgen. Ehemalige Prätoren wurden in die Provinzen als Statthalter ohne militärisches Kommando entsandt (pro praetore).)

Promētheus, eī *m* Prometheus (Sohn des Titanen Japetos; erschuf die Menschen aus Lehm und Wasser und schenkte ihnen das – eigentlich den Göttern vorbehaltene – Feuer. Er wurde dafür von Zeus grausam bestraft.)

Ptolemaeus Ptolemaios XIII. (König von Ägypten, Bruder der Kleopatra; duldete die Ermordung des Pompejus, der vor Cäsar nach Ägypten geflohen war; kämpfte gegen Cäsar, nachdem dieser in die ägyptischen Thronstreitigkeiten zugunsten von Ptolemaios' Schwester und Mitregentin Kleopatra eingegriffen hatte; während der Kämpfe ertrank er 47 v. Chr. im Nil.)

Pūnicus, a, um   phönizisch, punisch (karthagisch)

Pydna Pydna (Stadt im südlichen Makedonien, Schauplatz der Schlacht 168 v. Chr., bei der Aemilius Paullus das Heer der Makedonen unter König Perseus vernichtete)

Pȳthia Pythia (Priesterin des Orakels in Delphi, durch die Apollo zu den Fragestellern sprach)

Pȳthius, a, um   pythisch (Beiname des Apollo von Delphi)

(M. Fabius) **Quīntiliānus** Quintilian (röm. Schriftsteller und Redelehrer, um 35 n. Chr.–um 96 n. Chr.; unter Kaiser Vespasian erster staatlich besoldeter Professor der Rhetorik in Rom. Verfasser der „Institutio oratoria", eines großangelegten Lehrbuches der römischen Beredsamkeit in 12 Büchern. Das Werk zielt nicht nur auf die Entwicklung der rhetorischen Fähigkeiten, sondern auf die umfassende Ausbildung zum kultivierten Menschen.)

Quirīnus Quirinus (Name für Romulus, nachdem er zum Gott erhoben worden war)

Remus Remus (sagenhafter Gründer Roms; Zwillingsbruder von Romulus, von dem er erschlagen wurde)

Rhēnus der Rhein

Rhodiī, ōrum *m Pl.* die Bewohner der griech. Insel Rhodos

Rhodus *f* Rhodos (griech. Insel vor der Küste Kleinasiens; der „Koloss von Rhodos", eine gewaltige Statue des Sonnengottes Sol/Helios über der Hafeneinfahrt, ist eines der sieben Weltwunder.)

Rōma Rom

Rōmānī, ōrum *m Pl.*   die Römer

Rōmānus, a, um   römisch; Römer(in)

Rōmulus Romulus (sagenhafter Gründer und erster König Roms im 8. Jh. v. Chr.; Zwillingsbruder von Remus, den er im Zorn erschlug)

Sabīnī, ōrum *m Pl.*   Sabiner (Bewohner des Berglandes nördlich von Rom; wurden – wegen des in Rom herrschenden Frauenmangels – auf Geheiß des Romulus ihrer Töchter beraubt, als sie zu Besuch in Rom waren)

saltus Teutoburgiēnsis *m*   der Teutoburger Wald (Schauplatz der Schlacht zwischen Varus und Arminius im Jahr 9 n. Chr., die der Cheruskerfürst für sich entschied. Der genaue Ort der Schlacht wurde bei Kalkriese in der Nähe von Osnabrück lokalisiert.)

(P. Cornēlius) **Scīpiō** (Āfricānus), Scīpiōnis *m* Scipio (röm. Politiker und Feldherr; im Jahr 206 v. Chr. hat er die Karthager aus Spanien vertrieben; Sieger über Hannibal 202 v. Chr. in der Schlacht bei Zama, erhielt daraufhin den ehrenden Beinamen Africanus; später wurde in Rom auf Betreiben Catos eine politische Kampagne gegen ihn geführt, man warf Scipio Unterschlagung vor. Obwohl die Anklagen schließlich fallengelassen wurden, hatte Scipio seinen Einfluss verloren und zog sich auf sein Landgut zurück, wo er 183 v. Chr. starb – im gleichen Jahr wie sein großer Gegner Hannibal.)

Servius Tullius Servius Tullius (sechster König Roms, der Überlieferung nach regierte er 578–534 v. Chr.; errichtete den ersten röm. Mauerring; wurde von seinem Nachfolger Tarquinius Superbus ermordet)

Sextus Tarquinius Sextus Tarquinius (Sohn des Tarquinius Superbus; vergewaltigte Lukretia, eine Frau aus angesehener Familie, und löste damit die Vertreibung der Tarquinier als Herrscher von Rom aus.)

Sōl, Sōlis *m* Sol (röm. Sonnengott, Vater des Phaëthon; griech. Name: Helios)

Sophoclēs, is *m* Sophokles (griech. Tragödiendichter aus Athen, 497–406 v. Chr.; von seinen angeblich 130 Dramen sind sieben erhalten, unter anderem die „Antigone" und „König Ödipus". Seine Stücke zeugen von einer tief empfunden Religiosität: Die Götter zwingen dem menschlichen Leben ihre Gerechtigkeit auf, sodass der Weise am besten fährt, wenn er in Übereinstimmung mit dem göttlichen Willen handelt. Geschieht dies nicht, entsteht der tragische Konflikt.)

Stōicī, ōrum *m Pl.* die Stoiker (Anhänger der Stoa, einer philosophischen Strömung, die ca. 300 v. Chr. von Zenon aus Kition gegründet wurde; ihr Grundsatz lautet: Jede Erscheinung und jede menschliche Entscheidung beruhen auf Vernunft und die Natur ist das Vernünftige schlechthin.)

(C.) Suētōnius (Tranquillus) Sueton (röm. Schriftsteller, um 70–um 140 n. Chr., war unter den Kaisern Trajan und Hadrian Sekretär im kaiserlichen Palast, wo er auch zu den kaiserlichen Archiven Zugang hatte. Dies ermöglichte ihm die Abfassung seines biografischen Hauptwerkes „De vita Caesarum"; dieses umfasst die Biografien Cäsars und der röm. Kaiser bis Domitian.)

(P. Cornēlius) Tacitus Tacitus (röm. Geschichtsschreiber, um 54–um 120 n. Chr.; Werke: „Germania", „Historien" (Geschichte der Kaiser von Galba bis Domitian), „Annalen" (Geschichte vom Tod des Augustus bis zur Regierungszeit Neros). Mit Scharfsinn legt Tacitus die Innenwelt seiner Charaktere offen und rückt souverän die bedeutendsten Ereignisse jeder Epoche in den Vordergrund. Er wusste, dass das Kaisertum die bleibende Staatsform sein würde, vertrat jedoch die alte röm. Auffassung, dass der Einzelne entscheidend sei für den Lauf der Geschichte. Aufgabe der Geschichtsschreibung sei es, verdienstvolle Taten aufzuzeichnen, damit die Nachwelt das Laster verachte. Sein Stil ist knapp, prägnant und mitreißend, atmosphärisch dicht, zuweilen voller Ironie und Sarkasmus.)

Tarquinius Superbus Tarquinius Superbus (siebter und letzter König Roms, wurde wegen seiner Grausamkeit 510 v. Chr. gestürzt)

Tartarus Tartarus (die Hölle; der Teil der Unterwelt, in dem Verbrecher und Übeltäter nach dem Tod ihre Strafen verbüßen mussten)

(Q. Septimius) Tertulliānus (Flōrēns) Tertullian (ältester lat. Kirchenschriftsteller, aus Karthago, ca. 160–220 n. Chr.; vertrat die christliche Lehre rigoros und übte scharfe Kritik an der heidnischen Kultur. Seine Schriften bilden die Grundlage für Form und Terminologie des theologischen Lateins.)

Thalēs, is *m* Thales (griech. Naturforscher, Mathematiker und Philosoph aus Milet, 6. Jh. v. Chr. Im Wasser sah er den Urstoff allen Seins.)

Thēbae, ārum *f Pl.* Theben (Hauptstadt der Landschaft Böotien in Griechenland)

Thēseus, eī Theseus (König in Athen, Vater des Hippolytos aus erster Ehe, in zweiter Ehe verheiratet mit Phädra)

Tiberis, is *m (Akk. Tiberim)* Tiber (Fluss durch Rom)

Tiberius (Iūlius Caesar) Tiberius (42 v. Chr.–37 n. Chr., Stiefsohn des Augustus; eroberte als röm. Feldherr weite Teile Nordgermaniens, die 9 n. Chr. in der Varusschlacht wieder verlorengingen; 14–37 n. Chr. röm. Kaiser)

Tītān, Tītānis *m* Titan (Die Titanen waren ein griech. Göttergeschlecht, die Söhne des Uranos (Himmel) und der Gaia (Erde); sie kämpften mit Zeus um die Herrschaft, wurden von diesem nach zehnjährigem Kampf („Titanomachie") besiegt und in den Tartarus geworfen.)

Titus (Flāvius Sabīnus Vespasiānus) Titus (röm. Kaiser von 79–81 n. Chr., Sohn des Kaisers Vespasian; besiegte die Juden 70 n. Chr., eroberte Jerusalem und wurde dafür mit dem noch heute erhaltenen „Titusbogen" in Rom geehrt. Den Betroffenen des Vesuv-Ausbruches gewährte er großzügig Hilfe. Unter die Bautätigkeit des Titus fallen die Weiterführung und Einweihung des von Vespasian begonnenen Kolosseums und die Titus-Thermen.)

Trēverī, ōrum *m Pl.* die Treverer (gallischer Stamm, der in der Gegend des heutigen Trier siedelte)

Trōia Troja (Stadt im Nordwesten Kleinasiens; wurde im Trojanischen Krieg von den Griechen erobert)

Trōiānī, ōrum *m Pl.* die Trojaner

Tuscī, ōrum *m Pl.* Etrusker (Einwohner von Etrurien, einer Landschaft nördlich von Rom, etwa die heutige Toskana; die etruskische Kultur entwickelte sich im 9. Jh. v. Chr. und breitete sich über ganz Norditalien aus; auch Rom gehörte bis ins 6. Jh. zum Einflussbereich der Etrusker. Im 4./3. Jh. v. Chr. wurden die Etruskerstädte von den Römern unterworfen.)

Ulixēs, is *m* Ulixes (lat. Name des Odysseus; König von Ithaka, konnte im Trojanischen Krieg die Trojaner mit dem hölzernen Pferd überlisten, zog sich damit den Zorn des Neptun zu und musste auf seinem zehn Jahre dauernden Heimweg viele Gefahren überstehen.)

(P. Quīnctīlius) Vārus Varus (Feldherr des röm. Kaisers Augustus; verlor 9 n. Chr. die Schlacht im Teutoburger Wald, nachdem er vom Cheruskerfürsten Arminius in einen Hinterhalt gelockt worden war. Ganze drei Legionen wurden vernichtet, Varus beging Selbstmord. Die röm. Expansion im nördlichen Germanien war damit für immer beendet.)

Velēda Veleda (eine bei den Germanen als Seherin verehrte junge Frau zur Zeit Vespasians; sie wirkte als Vermittlerin bei Spannungen zwischen Rom und den Germanen.)

Venus, Veneris *f* Venus (Göttin der Liebe und der Schönheit, griech. Name: Aphrodite)

Vercingetorīx, īgis *m* Vercingetorix (Anführer des gallischen Stammes der Arverner, der sich 52 v. Chr. gegen Cäsar auflehnte, von diesem aber bei Alesia besiegt wurde; Vercingetorix wurde von Cäsar nach sechsjähriger Gefangenschaft in Rom hingerichtet.)

(P.) Vergilius (Marō) Vergil (röm. Dichter zur Zeit des Augustus, 70–19 v. Chr.; Verfasser des röm. Nationalepos „Aeneis", der „Georgica" (Lehrgedicht über den Ackerbau) und der „Bucolica" (Hirtengedichte))

Vesta Vesta (röm. Göttin des Herdfeuers und der staatlichen Gemeinschaft; ihre jungfräulichen Priesterinnen waren die Vestalinnen.)

Vulcānus Vulkan (Gott der Feuerflamme und der Schmiedekunst; griech. Name: Hephaistos)

Zama, ae Zama (Stadt in Numidien (Nordafrika), südlich von Karthago; Schauplatz der Schlacht 202 v. Chr., bei der Hannibal gegen die Römer verlor)

A

ā / ab *Präp. m. Abl.* von, von ... her 8
abesse, absum, āfuī abwesend sein, fehlen 17
abīre, abeō, abiī weggehen 17
    hōra abit die Zeit verfliegt 28
ac / atque und (auch); *im Vergleich:* wie, als 13. 24
accēdere, accēdō, accessī herbeikommen, hinzukommen 2. 11
accendere, accendō, accendī, accēnsum anfeuern, anzünden 20
    amōre accēnsus in Liebe entflammt, verliebt 20
accipere, accipiō, accēpī, acceptum aufnehmen, erhalten, erfahren 20
accūsāre, accūsō anklagen, beschuldigen 12
ācer, ācris, ācre energisch, heftig, scharf 23
acerbus, a, um bitter, grausam, rücksichtslos 21
ad *Präp. m. Akk.* an, bei, nach, zu 3
addere, addō, addidī, additum hinzufügen 29
addūcere, addūcō, addūxī, adductum heranführen, veranlassen 26
adesse, adsum, adfuī da sein; helfen 1. 5. 9
adhūc *Adv.* bis jetzt, noch 9
adicere, adiciō, adiēcī hinzufügen 15
adīre, adeō, adiī *m. Akk.* herantreten (an), bitten 14
aditus, aditūs *m* Zugang 22
adiungere, adiungō, adiūnxī hinzufügen, anschließen 13
    sibi adiungere für sich gewinnen 13
admittere, admittō hinzuziehen, zulassen 6
adulēscēns, adulēscentis *m* jung; *Subst.* junger Mann 4. 21
adventus, adventūs *m* Ankunft 26
adversus *Präp. m. Akk.* gegen 29
adversus, a, um entgegengesetzt, feindlich 14
    rēs adversae f Pl. unglückliche Umstände, Unglück 19
aedificāre, aedificō bauen 16
aedificium Gebäude 3
aedis, aedis *f (Gen. Pl. -ium)* Tempel; *Pl.* Haus, Gebäude 7
aes, aeris *n* Erz, Geld 19
aestimāre, aestimō einschätzen, beurteilen 21
    magnī aestimāre hochschätzen 21
aetās, aetātis *f* Lebensalter, Zeitalter, Zeit 28
afferre, afferō, attulī, allātum bringen, herbeibringen, mitbringen; melden 24
ager, agrī *m* Acker, Feld, Gebiet 20
agere, agō, ēgī, āctum handeln, treiben, verhandeln 19
    grātiās agere danken 7
    quid āctum est? was ist passiert? 25
    vītam agere (sein) Leben führen 25
agitāre, agitō betreiben, überlegen 22
agmen, agminis *n* (Heeres-)Zug 8
āiō *(3. Pers. Sg. āit, 3. Pers. Pl. āiunt)* behaupte(te) ich, sag(t)e ich 29
alere, alō, aluī ernähren, großziehen 8
aliēnus, a, um fremd 23
aliquī, aliqua, aliquod *adj.* irgendein 24
aliquis, aliquid *(Gen. alicuius usw.) Subst.* (irgend) jemand, irgendetwas 24
aliter *Adv.* anders, sonst 16
alius, a, ud ein anderer 11

    nihil (aliud) nisī nichts anderes als, nichts außer, nur 28
    quid aliud? was sonst? 28
alius ... alius der eine ... der andere 11
altus, a, um hoch, tief 11
amāre, amō lieben, gernhaben 4
amīca Freundin 3
amīcitia Freundschaft 26
amīcus Freund 2
āmittere, āmittō, āmīsī, āmissum aufgeben, verlieren 11. 19
amor, amōris *m* Liebe 6
    amōre accēnsus in Liebe entflammt, verliebt 20
    amōre captus von Liebe ergriffen, verliebt 18
amplus, a, um weit, groß, bedeutend 17
an oder *(in der Frage)* 16
animadvertere, animadvertō, animadvertī bemerken, wahrnehmen 11
animal, animālis *n (Abl. Sg. -ī; Nom. / Akk. Pl. -ia; Gen. Pl. -ium)* Lebewesen, Tier 29
animus Geist, Mut, Gesinnung, Herz 16
    animō dēficere den Mut sinken lassen 16
    bona animī n Pl. innere Werte 25
    bonō animō esse guten Mutes sein, zuversichtlich sein 27
annus Jahr 18
ante *Präp. m. Akk.* vor 3
anteā *Adv.* vorher, früher 16
antīquus, a, um alt, altertümlich 17
aperīre, aperiō, aperuī aufdecken, öffnen 11
appellāre, appellō *(m. dopp. Akk.)* anrufen, nennen, bezeichnen (als) 12
apud *Präp. m. Akk.* bei, nahe bei 3
aqua Wasser 7
āra Altar 7
arbor, arboris *f* Baum 20
ārdēre, ārdeō, ārsī brennen 20
argentum Silber 19
arma, armōrum *n Pl.* Waffen, Gerät 10
armātus, a, um bewaffnet 14
ars, artis *f (Gen. Pl. -ium)* Eigenschaft, Fertigkeit, Kunst 27
aspicere, aspiciō, aspexī erblicken 7. 11
at aber, jedoch, dagegen 15
āter, ātra, ātrum schwarz, düster 14
atque / ac und (auch); *im Vergleich:* wie, als 13. 24
attingere, attingō berühren 6
auctor, auctōris *m* Anführer, Gründer, Ratgeber, Verfasser 22
    Creonte auctōre auf Veranlasssung Kreons 22
auctōritās, auctōritātis *f* Ansehen, Einfluss, Macht 26
audēre, audeō wagen 22
audīre, audiō hören 3
auferre, auferō, abstulī, ablātum rauben, wegbringen 24
augēre, augeō, auxī, auctum vermehren, vergrößern 18
aureus, a, um golden 19
auris, auris *f (Gen. Pl. -ium)* Ohr 20
    aurēs praebēre Gehör schenken, zuhören 21
aurum Gold 13

aut ... aut entweder ... oder 27
aut oder 27
autem *(nachgestellt)* aber, andererseits 3
auxilium Hilfe 6
auxilium Hilfe; *Pl.* Hilfstruppen 26
　auxilium petere um Hilfe bitten 27
avē! sei gegrüßt! 1
āvertere, āvertō, āvertī, āversum abwenden, vertreiben 24

B

barbarus Ausländer, „Barbar" 19
basilica Basilika, Halle 3
bellum Krieg 11
bene *Adv.* gut 5
　rem bene gerere etw. gut durchführen, Erfolg haben 27
bēstia Tier 3
bibere, bibō trinken 7
bonus, a, um gut 10
　bona animī *n Pl.* innere Werte 25
　bonō animō esse guten Mutes sein, zuversichtlich sein 27

C

cadere, cadō, cecidī fallen 21
caelum Himmel 15
calamitās, calamitātis *f* Unglück, Niederlage, Schaden 8
campus Feld, freier Platz, Ebene 18
cantāre singen 25
capere, capiō, cēpī, captum fassen, nehmen; erobern 7. 11. 18
　amōre captus von Liebe ergriffen, verliebt 18
captīvus, a, um gefangen; *Subst.* (Kriegs-)Gefangener 14
caput, capitis *n* Kopf, Haupt; Hauptstadt 11
carēre, careō, caruī *m. Abl.* frei sein von, etw. nicht haben 9
cārus, a, um lieb, teuer, wertvoll 23
castra, castrōrum *n Pl.* Lager 26
causa Ursache, Sache, Prozess 10
cavēre, caveō, cāvī, cautum *(m. Akk.)* sich hüten (vor), Vorsorge treffen 22
celer, celeris, celere schnell 13
celeritās, celeritātis *f* Schnelligkeit 14
cella Kammer, Keller, Tempel(raum) 27
cēna Essen, Mahlzeit 5
cēnsēre, cēnseō, cēnsuī, cēnsum meinen, einschätzen 11. 18
cēnsor, cēnsōris *m* Zensor (röm. Beamter) 11
centum *indekl.* hundert 26
cernere, cernō sehen, bemerken 24
certē *Adv.* gewiss, sicherlich 4
cēterī, ae, a die übrigen 14
cibus Nahrung, Speise 7
cingere, cingō, cīnxī umgeben, umzingeln 14
circiter *Adv.* ungefähr 6
circumvenīre, circumveniō, circumvēnī, circumventum umringen, umzingeln 9. 24
circus Zirkus, Rennbahn 2
cīvis, cīvis *m (Gen. Pl.* -ium) Bürger 18
cīvitās, cīvitātis *f* Bürgerrecht; Gemeinde, Staat 16
clāmāre, clāmō laut rufen, schreien 1

clāmor, clāmōris *m* Geschrei, Lärm 3
　clāmōrem tollere ein Geschrei erheben 3
clārus, a, um berühmt, hell, klar 12
classis, classis *f (Gen. Pl.* -ium) Flotte; Abteilung 14
cōgere, cōgō, coēgī, coāctum (ver)sammeln, zwingen 23
cōgitāre, cōgitō denken, beabsichtigen 4
　cōgitāre dē *m. Abl.* denken an 4
cōgnōscere, cōgnōscō, cōgnōvī, cōgnitum erkennen, kennenlernen 10. 21
colere, colō, coluī, cultum bewirtschaften, pflegen; verehren 10. 18
colligere, colligō, collēgī, collēctum sammeln 22
comes, comitis *m/f* Gefährte, Begleiter(in) 8
committere, committō, commīsī, commissum anvertrauen, veranstalten, zustande bringen 22
　proelium committere eine Schlacht schlagen 22
commovēre, commoveō, commōvī, commōtum bewegen, veranlassen 17. 18
commūnis, e gemeinsam, allgemein 23
comperīre, comperiō, comperī, compertum (genau) erfahren 29
complēre, compleō, complēvī anfüllen, erfüllen 4. 9
complūres, complūra *(Gen.* complūrium*)* mehrere 18
compōnere, compōnō, composuī, compositum vergleichen; abfassen, ordnen, schlichten 6. 29
comprehendere, comprehendō, comprehendī, comprehēnsum begreifen, ergreifen, festnehmen 28
condere, condō, condidī, conditum verwahren, verbergen, bestatten; erbauen, gründen 22. 23
condiciō, condiciōnis *f* Bedingung, Lage, Verabredung 24
condūcere, condūcō, condūxī zusammenführen; anwerben, mieten 17
cōnferre, cōnferō, cōntulī, collātum vergleichen; zusammentragen 24
cōnficere, cōnficiō, cōnfēcī, cōnfectum beenden, fertig machen 19
cōnfīdere, cōnfīdō vertrauen 9
cōnfirmāre, cōnfirmō bekräftigen, ermutigen, stärken 16
conicere, coniciō, coniēcī (zusammen)werfen, folgern, vermuten 13
coniūnx, coniugis *m/f* Gatte, Gattin 23
cōnscius, a, um *(m. Gen.)* bewusst, eingeweiht (in); *Subst.* Teilnehmer, Zeuge 29
cōnscrībere, cōnscrībō, cōnscrīpsī, cōnscrīptum aufschreiben, verfassen 26
　mīlitēs cōnscrībere Soldaten anwerben 26
cōnsilium Beratung, Beschluss, Plan, Rat 6
cōnsistere, cōnsistō, cōnstitī haltmachen, sich aufstellen 23
cōnspicere, cōnspiciō, cōnspexī, cōnspectum erblicken 23
cōnstat es ist bekannt, es steht fest 9
cōnstituere, cōnstituō, cōnstituī, cōnstitūtum festsetzen, beschließen 22
cōnsul, cōnsulis *m* Konsul (höchster röm. Beamter) 11

cōnsulere, cōnsulō, cōnsuluī, cōnsultum *m. Akk.* befragen; *m. Dat.* sorgen für; **dē** *m. Abl.* beraten über, befragen über 7. 11. 27

cōnsūmere, cōnsūmō, cōnsūmpsī, cōnsūmptum verbrauchen, verwenden 28

contendere, contendō, contendī eilen; sich anstrengen, kämpfen; behaupten 3. 17. 26

contentus, a, um *(m. Abl.)* zufrieden (mit) 13

contrā *Präp. m. Akk.* gegen 27

convenīre, conveniō, convēnī besuchen, zusammenkommen, zusammenpassen 7. 11

convertere, convertō *(in m. Akk.)* verändern, (um)wenden, richten (auf) 6

convīvium Gastmahl, Gelage 6

cōpia Menge, Vorrat, Möglichkeit 6

cōpiae, cōpiārum *f Pl.* Truppen 13

corpus, corporis *n* Körper, Leichnam 13

corripere, corripiō, corripuī ergreifen, gewaltsam an sich reißen 8

corrumpere, corrumpō, corrūpī, corruptum bestechen, verderben 21

crēdere, crēdō, crēdidī anvertrauen, glauben 8. 15

Creōn, Creontis *m* Kreon (Schwager des Ödipus)
  Creonte auctōre auf Veranlasssung Kreons 22
  Creonte invītō gegen den Willen Kreons 22

crēscere, crēscō, crēvī wachsen 20

crīmen, crīminis *n* Beschuldigung, Vorwurf, Verbrechen 12

crūdēlis, e grausam 15

cultus, cultūs *m* Bildung, Lebensweise; Pflege, Verehrung 27

cum *Präp. m. Abl.* mit, zusammen mit 4

cum *Subj. m. Ind.* (immer) wenn, als (plötzlich), (zu der Zeit) als 13

cum *Subj. m. Konj.* als, nachdem; weil; obwohl; während (dagegen) 26

cūnctī, ae, a alle (zusammen) 11

cupere, cupiō, cupīvī verlangen, wünschen, wollen 7. 8

cupiditās, cupiditātis *f (m. Gen.)* (heftiges) Verlangen (nach), Leidenschaft 28

cupidus, a, um *(m. Gen.)* (be)gierig (nach) 25

cūr? warum? 3

cūra Sorge, Pflege 16
  cūrae esse Sorge bereiten, besorgt sein (um) 23
  mihi magnae cūrae est es ist mir sehr wichtig 25

cūrāre, cūrō *(m. Akk.)* pflegen, sorgen für, besorgen 12

cūria Kurie, Rathaus 1

currere, currō, cucurrī eilen, laufen 2. 11

cūstōs, cūstōdis *m/f* Wächter(in) 22

D

damnāre, damnō verurteilen 21

dare, dō, dedī, datum geben 2. 11. 18
  sortem dare einen Orakelspruch geben 16

dē *Präp. m. Abl.* von, von ... her, von ... herab; über 4

dea Göttin 7

dēbēre, dēbeō, dēbuī müssen, sollen; schulden 5. 9

decem *indekl.* zehn 30

dēcernere, dēcernō, dēcrēvī beschließen, entscheiden, zuerkennen 12

dēesse, dēsum, dēfuī abwesend sein, fehlen 29

dēfendere, dēfendō, dēfendī verteidigen, abwehren, schützen 9. 11

dēficere, dēficiō, dēfēcī abnehmen, ermatten; verlassen, ausgehen 16
  dēficere ā *m. Abl.* abfallen von 26
  animō dēficere den Mut sinken lassen 16

deinde *Adv.* dann, darauf 9

dēlectāre, dēlectō erfreuen, unterhalten 3

dēligere, dēligō, dēlēgī, dēlēctum (aus)wählen 18

dēmōnstrāre, dēmōnstrō beweisen, darlegen 26

dēmum *Adv.* endlich 20

dēnique *Adv.* schließlich, zuletzt 2

dēpōnere, dēpōnō, dēposuī ablegen, niederlegen, aufgeben 4. 8

dēscendere, dēscendō, dēscendī, dēscēnsum herabsteigen 24

dēserere, dēserō, dēseruī, dēsertum im Stich lassen, verlassen 26

dēsinere, dēsinō, dēsiī aufhören 15

dēspērāre, dēspērō *(dē m. Abl.)* die Hoffnung aufgeben (auf), verzweifeln (an) 12

deus Gott, Gottheit 7

dīcere, dīcō, dīxī, dictum sagen, sprechen 7. 11. 21
  salūtem dīcere *m. Dat.* jdn. grüßen 17

diēs, diēī *m* Tag 19

difficilis, e schwierig 22

dīgnitās, dīgnitātis *f* Würde, Ansehen; (gesellschaftliche) Stellung 19

dīligēns, dīligentis gewissenhaft, sorgfältig 25

dīligere, dīligō, dīlēxī, dīlēctum hochachten, lieben 29

dīmittere, dīmittō, dīmīsī aufgeben, entlassen 12

discēdere, discēdō, discessī auseinandergehen, weggehen 13

discere, discō, didicī lernen, erfahren 28

disciplīna Disziplin, Lehre 21

diū *Adv.* lange Zeit 2

dīves, dīvitis reich 25

dīvīnus / dīvus, a, um göttlich 28

docēre, doceō, docuī, doctum lehren, unterrichten 21

dolēre, doleō *(m. Abl.)* schmerzen; bedauern, Schmerz empfinden (über etw.) 4

dolor, dolōris *m* Schmerz 20

dolus List, Täuschung 15

domina Herrin 5

dominus Herr 23

domum *Adv.* nach Hause 8

domus, domūs *f* Haus 22

dōnāre, dōnō schenken, beschenken 15

dōnum Geschenk 7

dubitāre, dubitō *m. Inf.* zögern 5

dubitāre, dubitō zögern; zweifeln 5. 26

dūcere, dūcō, dūxī, ductum führen, ziehen 7. 11. 19

dulcis, e angenehm, süß 30

dum *Subj.* während, solange, (so lange) bis 13

duo, duae, duo zwei 19

dūrus, a, um hart 27

dux, ducis *m* Anführer 19
  Polynīce duce unter der Führung des Polyneikes 22

E

ē / ex *Präp. m. Abl.* aus, von ... her 11
ecce schau / schaut! sieh da / seht da! 2
ēdūcere, ēdūcō, ēdūxī, ēductum herausführen 23
efficere, efficiō, effēcī, effectum bewirken, herstellen 26
effugere, effugiō, effūgī *(m. Akk.)* entfliehen, entkommen 23
egō *(betont)* ich 8
ēgredī, ēgredior, ēgressus sum herausgehen, verlassen 30
ēgregius, a, um ausgezeichnet, hervorragend 26
ēicere, ēiciō, ēiēcī hinauswerfen, vertreiben 14
ēiusmodī *indekl.* derartig, so beschaffen 24
emere, emō kaufen 5
enim *Adv. (nachgestellt)* nämlich, in der Tat 8
eō *Adv.* dorthin 24
eques, equitis *m* Reiter, Ritter 19
equidem (ich) allerdings, freilich 11
equus Pferd 2
ergō *Adv.* also 28
ēripere, ēripiō, ēripuī entreißen 14
errāre, errō (sich) irren 12
error, errōris *m* Irrtum, Fehler 28
esse, sum, fuī, futūrum sein, sich befinden 1. 8. 27
et ... et sowohl ... als auch 10
et und, auch 1
etiam auch, sogar 2
etsī *Subj.* auch wenn, obwohl 13
ēvenīre, ēveniō, ēvēnī, ēventum sich ereignen 23
ex / ē *Präp. m. Abl.* aus, von ... her 11
   ex illō tempore seit jener Zeit 27
excēdere, excēdō, excessī, excessum hinausgehen, weggehen 27
excitāre, excitō wecken, erregen, ermuntern 17
exemplum Beispiel, Vorbild 12
exercēre, exerceō, exercuī üben, trainieren; quälen 21
exercitus, exercitūs *m* Heer 22
exigere, exigō, exēgī, exāctum (ein)fordern, vollenden 29
exīre, exeō, exiī herausgehen 16
exīstimāre, exīstimō (ein)schätzen, meinen 14
exitus, exitūs *m* Ausgang, Ende 27
expellere, expellō, expulī vertreiben, verbannen 10. 11
exspectāre, exspectō warten, erwarten 2
exstinguere, exstinguō, exstīnxī, exstīnctum auslöschen, vernichten 21
extrā *Präp. m. Akk.* außerhalb (von) 23

F

fābula Geschichte, Erzählung, Theaterstück 17
facere, faciō, fēcī, factum machen, tun, handeln; *m. dopp. Akk.* jdn. zu etw. machen 7. 11. 19. 23
   facere fīnem *m. Gen.* beenden, aufhören (mit) 16
   iter facere marschieren, reisen 8
   verba facere (dē *m. Abl.*) sprechen; Gespräche führen, reden über 13
facile *Adv.* leicht (zu tun) 26
facilis, e leicht (zu tun) 13
facinus, facinoris *n* Handlung, Untat 22
factum Handlung, Tat, Tatsache 12
fallere, fallō, fefellī täuschen, betrügen 15
falsus, a, um falsch 12
familia Familie, Hausgemeinschaft 12
familiāris, e freundschaftlich, vertraut; *Subst.* Freund 23
fātum Schicksal, Götterspruch 15
fēlīx, fēlīcis erfolgreich, Glück bringend, glücklich 19
fēmina Frau 18
ferē *Adv.* beinahe, fast; ungefähr 19
ferre, ferō, tulī, lātum bringen, tragen; ertragen 24
ferrum Eisen, Waffe 17
ferus, a, um wild 14
fidēs, fideī *f* Glaube, Treue, Vertrauen, Zuverlässigkeit 26
fīdūcia Vertrauen 9
fierī, fīō, factus sum gemacht werden; geschehen, werden 29
fīlia Tochter 6
fīlius Sohn 6
fīnis, is *m (Gen. Pl. -ium)* Grenze, Ende; Ziel, Zweck; *Pl.* Gebiet 14
   facere fīnem *m. Gen.* beenden, aufhören (mit) 16
flāgitium Gemeinheit, Schandtat 22
flectere, flectō, flexī biegen, (hin)lenken, umstimmen 15
flēre, fleō, flēvī beklagen, (be)weinen 8
flūmen, flūminis *n* Fluss 9
forās *Adv.* heraus, hinaus *(wohin?)* 24
fortis, e tapfer, kräftig 13
fortūna Glück, Schicksal 24
forum Marktplatz, Forum, Öffentlichkeit 1
frāter, frātris *m* Bruder 8
frequēns, frequentis häufig, zahlreich 26
frūstrā *Adv.* vergeblich 8
fuga Flucht 15
fugere, fugiō, fūgī *m. Akk.* fliehen (vor), meiden 15
fūnus, fūneris *n* Begräbnis, Untergang 21
fūr, fūris *m* Dieb 4
futūrus, a, um zukünftig, kommend 27
   rēs futūrae *f Pl.* Zukunft 27

G

gaudēre, gaudeō sich freuen; *m. Abl.* sich freuen über etw. 1. 4
gaudium Freude 7
gēns, gentis *f (Gen. Pl. -ium)* Familienverband, Stamm, Volk 7
genus, generis *n* Abstammung, Art, Geschlecht 30
gerere, gerō, gessī, gestum ausführen, führen, tragen 6. 26. 27
   rem bene gerere etw. gut durchführen, Erfolg haben 27
   sē gerere sich verhalten 15
gladius Schwert 9
glōria Ehre, Ruhm 16
grātia Ansehen, Beliebtheit, Dank, Gefälligkeit 7
   grātiās agere danken 7
gravis, e schwer 15

H

habēre, habeō, habuī, habitum haben, halten 7. 21
   ita rēs sē habet die Sache verhält sich so 19
habitāre, habitō bewohnen, wohnen 27
haud nicht 27

Lateinisch-deutsches Register

hercule(s)! beim Herkules! 25
hīc hier 1
hic, haec, hoc dieser, diese, dieses (hier); folgender 19
hinc *Adv.* von hier, hierauf 20
hodiē *Adv.* heute 2
homō, hominis *m* Mensch 10
honestus, a, um angesehen, ehrenhaft 22
honor / honōs, honōris *m* Ehre, Ehrenamt 22
honōrī esse Ehre einbringen 23
hōra Stunde, Zeit 28
   hōra abit die Zeit verfliegt 28
hortārī, hortor, hortātus sum auffordern, ermahnen 30
hospes, hospitis *m* Fremder, Gast, Gastgeber 7
hostis, hostis *m (Gen. Pl. -ium)* Feind (Landesfeind) 8
hūc *Adv.* hierher 20
hūmānus, a, um gebildet, menschlich 30

I

iacēre, iaceō, iacuī liegen 22
iam *Adv.* schon, nun 3
ibī dort 1
īdem, eadem, idem derselbe, der gleiche 25
idōneus, a, um geeignet, passend 25
igitur *Adv.* also, folglich 5
īgnis, īgnis *m (Gen. Pl. -ium)* Feuer 23
īgnōrāre, īgnōrō nicht kennen, nicht wissen 10
īgnōtus, a, um unbekannt 17
ille, illa, illud jener, jene, jenes 19
   ex illō tempore seit jener Zeit 27
   illud philosophōrum jenes bekannte Wort der Philosophen 24
illīc *Adv.* dort 15
illūc *Adv.* dahin, dorthin 5
imāgō, imāginis *f* Abbild, Bild 29
immō (vērō) *Adv.* ja sogar, vielmehr; im Gegenteil 17
imperāre, imperō *(m. Dat.)* befehlen, herrschen (über) 18
imperātor, imperātōris *m* Befehlshaber, Feldherr, Kaiser 12
imperium Befehl, Befehlsgewalt, Herrschaft, Herrschaftsgebiet 13
impetrāre, impetrō erreichen, durchsetzen 22
impetus, impetūs *m* Angriff, Schwung 23
impius, a, um gottlos, gewissenlos 24
impōnere, impōnō, imposuī, impositum auferlegen, (hin)einsetzen 25
imprīmīs *Adv.* besonders, vor allem 12
improbus, a, um schlecht, unanständig 15
in *Präp. m. Abl.* in, an, auf, bei (wo?) 4
   in ōre omnium esse in aller Munde sein 25
   in tūtō in Sicherheit 14
in *Präp. m. Akk.* in (... hinein), nach (... hin), gegen (wohin?) 3
   in lūcem prōferre ans Licht bringen, verraten 30
incēdere, incēdō, incessī, incessum *(m. Akk.)* heranrücken, eintreten; (jdn.) befallen 19
incendere, incendō, incendī, incēnsum entflammen, in Brand stecken 27
incipere, incipiō, incēpī (coepī), inceptum anfangen, beginnen 21

incolumis, e unverletzt, wohlbehalten 27
incrēdibilis, e unglaublich 17
inde *Adv.* von dort; darauf; deshalb 27
indīgnus, a, um *(m. Abl.)* unwürdig (einer Sache) 28
īnferī, īnferōrum *m Pl.* Bewohner der Unterwelt, Unterwelt 30
ingenium Begabung, Talent 24
ingēns, ingentis gewaltig, ungeheuer 13
inimīcus, a, um feindlich; *Subst.* Feind 13
inīre, ineō, iniī hineingehen; beginnen 14
iniūria Unrecht, Beleidigung, Gewalttat 4
inopia Mangel, Not 21
inquit *(in die wörtl. Rede eingeschoben)* sagt(e) er 10
īnsidiae, īnsidiārum *f Pl.* Falle, Attentat, Hinterlist 26
īnstāre, īnstō, īnstitī bevorstehen, hart zusetzen 14
īnstituere, īnstituō, īnstituī beginnen, einrichten, unterrichten 9. 13
īnstruere, īnstruō, īnstrūxī, īnstrūctum aufstellen, ausrüsten; unterrichten 18
intellegere, intellegō, intellēxī (be)merken, verstehen 16
inter *Präp. m. Akk.* unter, während; zwischen 20
interesse, intersum *m. Dat.* dazwischen sein, teilnehmen an 7
interest *(m. Gen.)* es ist wichtig (für jdn.) 21
interficere, interficiō, interfēcī, interfectum töten, vernichten 18
interim *Adv.* inzwischen 28
interrogāre, interrogō fragen 16
intrā *Präp. m. Akk.* innerhalb (von) 30
intrāre, intrō betreten, eintreten 3
invenīre, inveniō, invēnī, inventum finden, erfinden 17. 23
invidia Neid 25
invītus, a, um ungern, gegen den Willen 22
   Creonte invītō gegen den Willen Kreons 22
ipse, ipsa, ipsum *(Gen. ipsīus, Dat. ipsī)* (er, sie, es) selbst 16
īra Zorn 8
īre, eō, iī, itum gehen 14. 27
is, ea, id dieser, diese, dieses; er, sie, es 13
iste, ista, istud *(Gen. istīus, Dat. istī)* dieser (da) 29
ita *Adv.* so 10
   ita rēs sē habet die Sache verhält sich so 19
itaque *Adv.* deshalb 3
iter, itineris *n* Reise, Weg, Marsch 8
   iter facere marschieren, reisen 8
iterum *Adv.* wiederum 16
iterum atque iterum immer wieder 17
iubēre, iubeō, iussī *(m. Akk.)* anordnen, befehlen 5. 15
iūcundus, a, um angenehm, erfreulich 15
iūs, iūris *n* Recht 24
iuvenis, iuvenis *m* junger Mann; *Adj.* jung 20

L

labor, labōris *m* Anstrengung, Arbeit 11
labōrāre, labōrō arbeiten 5
lacrima Träne 8
laedere, laedō, laesī beschädigen, verletzen, beleidigen 24

168 Lateinisch-deutsches Register

laetus, a, um froh; fruchtbar 24
laudāre, laudō loben 4
    laudī esse lobenswert sein 25
laus, laudis *f* Lob, Ruhm 25
lēgātiō, lēgātiōnis *f* Gesandtschaft 16
lēgātus Gesandter, Bevollmächtigter 16
legere, legō, lēgī, lēctum lesen, auswählen 25
legiō, legiōnis *f* Legion (ca. 5 000 - 6 000 Mann) 11
lēx, lēgis *f* Gesetz, Bedingung 22
libellus kleines Buch, Heft 28
libēns, libentis gern 15
līber, lībera, līberum frei 17
liber, librī Buch 25
līberāre, līberō befreien, freilassen 10
līberī, līberōrum *m Pl.* Kinder 5
lībertās, lībertātis *f* Freiheit 26
lībertīnus Freigelassener 25
lībertus Freigelassener 7
licentia Freiheit, Willkür 26
licet es ist erlaubt, es ist möglich 12
littera Buchstabe; *Pl.* Brief; Literatur, Wissenschaft 28
lītus, lītoris *n* Küste, Strand 15
locus Ort, Platz, Stelle 15
longus, a, um lang, weit 19
loquī, loquor, locūtus sum reden, sprechen 30
lūctus, lūctūs *m* Trauer 22
lūdus Spiel, Wettkampf; Schule 2
lūx, lūcis *f* Licht, Tageslicht 10
    in lūcem prōferre ans Licht bringen, verraten 30
    prīmā lūce bei Tagesanbruch (wann?) 10

M

magis *Adv.* mehr, eher 20
magistrātus, magistrātūs *m* Amt; Beamter 24
magnitūdō, magnitūdinis *f* Größe 24
magnus, a, um groß, bedeutend 10
    magnā vōce mit lauter Stimme 10
    magnī aestimāre hochschätzen 21
    mihi magnae cūrae est es ist mir sehr wichtig 25
māior, māiōris größer 27
māiōrēs, māiōrum *m Pl.* Vorfahren 7
male *Adv.* schlecht, schlimm 21
malum Leid, Übel, Unglück 24
malus, a, um schlecht, schlimm 10
mandāre, mandō einen Auftrag geben, übergeben 18
manēre, maneō, mānsī, mānsūrum *(m. Akk.)* bleiben, warten (auf) 11. 27
manus, manūs *f* Hand 22
mare, maris *n (Abl. Sg. -ī; Nom. / Akk. Pl. -ia; Gen. Pl. -ium)* Meer 14
marītus Ehemann 8
māter, mātris *f* Mutter 5
maximus, a, um der größte, sehr groß 23 23
mēcum (~ cum mē) mit mir 9
melior, meliōris besser 23
membrum Glied, Körperteil 20
memorāre, memorō erwähnen, sagen 27
memoria Erinnerung, Gedächtnis; Zeit 24
    memoriā tenēre im Gedächtnis behalten 24
mēns, mentis *f (Gen. Pl. -ium)* Geist, Sinn, Verstand; Meinung 22

mēnsa Tisch 5
mercātor, mercātōris *m* Kaufmann, Händler 3
metus, metūs *m* Angst 22
meus, a, um mein 11
mihi *Dat.* mir 8
    mihi magnae cūrae est es ist mir sehr wichtig 25
mīles, mīlitis *m* Soldat 11
    mīlitēs cōnscrībere Soldaten anwerben 26
mīlle Sg. *indekl.* Pl. **mīlia, mīlium** tausend 30
minimē *Adv.* am wenigsten, überhaupt nicht 28
minor, minōris geringer, kleiner 25
minus *Adv.* weniger 24
mīrārī, mīror, mīrātus sum bewundern, sich wundern 30
mīrus, a, um wunderbar, erstaunlich 17
miser, misera, miserum arm, erbärmlich, unglücklich 10
miseria Not, Elend, Unglück 19
mittere, mittō, mīsī, missum (los)lassen, schicken, werfen 5. 11. 18
modo *Adv.* eben (noch) 25
modus Art, Weise; Maß 16
moenia, moenium *n Pl.* (Stadt-)Mauern 11
mollis, e weich, angenehm; freundlich 25
monēre, moneō, monuī (er)mahnen 15
mōns, montis *m (Gen. Pl. -ium)* Berg 8
mōnstrum Wunderzeichen; Ungeheuer, Gespenst 17
monumentum Denkmal 13
mora Aufenthalt, Verzögerung 28
morārī, moror, morātus sum (sich) aufhalten 30
morbus Krankheit 24
mōre *Abl.* nach Sitte von, nach Art von 7
morī, morior, mortuus sum sterben 30
mors, mortis *f (Gen. Pl. -ium)* Tod 10
mortālis, e sterblich; *Subst.* Mensch 18
mōs, mōris *m* Sitte, Brauch; *Pl.* Charakter 7
movēre, moveō, mōvī, mōtum bewegen 17. 18
mox *Adv.* bald, dann 17
mulier, mulieris *f* Frau 3
multa *n Pl.* viel(es) 10
    multā nocte in tiefer Nacht (wann?) 10
multī, ae viele 10
multitūdō, multitūdinis *f* große Zahl, Menge 8
multō *Adv.* (um) viel 28
multum *Adv.* sehr, viel
    multum valēre viel gelten 13
multus, a, um viel 10
mūnīre, mūniō, mūnīvī bauen, befestigen, schützen 8
mūnītiō, mūnītiōnis *f* Bau, Befestigung 9
mūnus, mūneris *n* Aufgabe; Geschenk 8
mūrus Mauer 8
mūtāre, mūtō (ver)ändern, verwandeln 21

N

nam denn, nämlich 1
narrāre, narrō (dē m. Abl.) erzählen (von / über) 11
nāscī, nāscor, nātus sum entstehen, geboren werden 30
nātūra Beschaffenheit, Natur, Wesen 20
nauta *m* Seemann, Matrose 14
nāvis, nāvis *f (Gen. Pl. -ium)* Schiff 13

-ne *(angehängt) (unübersetzte Fragepartikel)* 16
-ne ... an *im indir. Fragesatz* ob ... oder 26
nē ... quidem nicht einmal 9
nē *im Hauptsatz* nicht *(verneinter Befehl oder Wunsch)* 27
-ne *im indir. Fragesatz* ob 26
nē *Subj. m. Konj.* dass nicht, damit nicht; dass *(nach Ausdrücken des Fürchtens und Hinderns)* 26
   timēre, nē fürchten, dass 26
nec und nicht, auch nicht, nicht einmal 12
nec ... nec weder ... noch 14
necāre, necō töten 8
necessārius, a, um notwendig 21
nefārius, a, um gottlos, verbrecherisch 29
negāre, negō verneinen, leugnen; verweigern 18
neglegere, neglegō, neglēxī, neglēctum nicht (be)achten, vernachlässigen 21
nēmō, nēminis niemand 23
neque und nicht, auch nicht, nicht einmal 12
neque ... neque weder ... noch 14
nescīre, nesciō, nescīvī nicht wissen, nicht kennen 12
nex, necis *f* Mord, Tod 8
nihil nichts 20
   nihil (aliud) nisī nichts anderes als, nichts außer, nur 28
nīl nichts 20
nimis *Adv.* (all)zu, (all)zu sehr 15
nimium *Adv.* (all)zu, (all)zu sehr 25
nimius, a, um übermäßig, zu groß 19
nisī *Subj.* wenn nicht 28
   nihil (aliud) nisī nichts anderes als, nichts außer, nur 28
nō(vi)sse, nōvī *Perf.* kennen, wissen 28
nōbilis, e adelig, berühmt, vornehm 13
nocturnus, a, um nächtlich 17
nōlle, nōlō, nōluī nicht wollen 6. 8
nōmen, nōminis *n* Name 18
nōn nicht 3
nōn dēbēre nicht dürfen 27
nōn dubitō, quīn *m. Konj.* ich zweifle nicht, dass 28
nōn iam *Adv.* nicht mehr 3
nōn īgnōrāre genau wissen, gut kennen 10
nōn modo ... sed etiam nicht nur ... sondern auch 28
nōn sōlum ... sed etiam nicht nur ... sondern auch 11
nōndum noch nicht 25
nōn-ne *(im dir. Fragesatz)* (etwa) nicht? 6
nōnnūllī, ae, a einige, manche 14
nōscere, nōscō, nōvī, nōtum erkennen, kennenlernen 28
noster, nostra, nostrum unser 11
nōtus, a, um bekannt 29
nō(vi)sse, nōvī *Perf.* kennen, wissen 28
novus, a, um neu, ungewöhnlich 13
   novīs rēbus studēre nach Umsturz streben 26
nox, noctis *f (Gen. Pl. -ium)* Nacht 10
   multā nocte in tiefer Nacht (wann?) 10
nūllus, a, um *(Gen. nūllīus, Dat. nūllī)* kein 21
num *im dir. Fragesatz* etwa? 10
nūmen, nūminis *n* Gottheit, göttlicher Wille 23
numerus Menge, Zahl 13
numquam *Adv.* niemals 4
nunc *Adv.* jetzt, nun 2
nūntiāre, nūntiō melden 18
nūntius Bote, Nachricht 13
nūper *Adv.* neulich, vor kurzem 27

O

ō(h) ach, oh! 8
ob *Präp. m. Akk.* wegen; für 27
obicere, obiciō, obiēcī, obiectum darbieten, vorwerfen 27
obsecrāre, obsecrō anflehen, bitten 22
observāre, observō beobachten 14
obses, obsidis *m/f* Geisel 26
   sē alicui obicere sich jdm. entgegenwerfen, sich auf jdn. stürzen 27
obtinēre, obtineō, obtinuī (in Besitz) haben, (besetzt) halten 22
occīdere, occīdō, occīdī, occīsum niederschlagen, töten 22
occupāre, occupō besetzen, einnehmen 10
occurrere, occurrō, occurrī begegnen, entgegentreten 20
oculus Auge 6
officium Dienst, Pflicht(gefühl) 18
omnia *n Pl.* alles 13
omnīnō *Adv.* insgesamt, überhaupt, völlig 29
omnis, e ganz, jeder; *Pl.* alle 13
   in ōre omnium esse in aller Munde sein 25
opīniō, opīniōnis *f* Meinung, (guter) Ruf 29
oportet, oportuit es ist nötig, es gehört sich 22
oppidum Stadt 11
ops, opis *f* Hilfe; Kraft; *Pl.* Macht, Mittel, Reichtum 11
optimus, a, um der beste, sehr gut 23
opus, operis *n* Arbeit, Werk 28
ōrāculum Orakel, Götterspruch, Orakelstätte 16
ōrāre, ōrō *(m. dopp. Akk.)* bitten (jdn. um etw.), beten 7
ōrātiō, ōrātiōnis *f* Rede 7
orbis, orbis *m (Gen. Pl. -ium)* Kreis(lauf); Erdkreis, Welt 30
orīrī, orior, ortus sum entstehen, sich erheben 30
ōrnāre, ōrnō schmücken 5
ōs, ōris *n* Gesicht, Mund 25
   in ōre omnium esse in aller Munde sein 25
ostendere, ostendō, ostendī zeigen, darlegen 5. 14

P

parāre, parō bereiten, vorbereiten; vorhaben; erwerben 5
parātus, a, um fertig, bereit 28
parcere, parcō, pepercī *m. Dat.* schonen, sparen 23
parēns, parentis *m/f* Vater, Mutter 7
parentēs, parentum *m Pl.* Eltern 7
pārēre, pāreō gehorchen, sich richten nach 7
parere, pariō, peperī, partum zur Welt bringen; schaffen 18
pars, partis *f (Gen. Pl. -ium)* Richtung, Seite, Teil 6
parvus, a, um klein, gering 23
pater, patris *m* Vater 6
patēre, pateō offenstehen, sich erstrecken 2
patī, patior, passus sum (er)leiden, ertragen, zulassen 30

patrēs (cōnscrīptī), patrum (cōnscrīptōrum) *m Pl.* Senatoren 21
patria Heimat 9
paucī, ae, a wenige 24
paulātim *Adv.* allmählich 18
paulō *Adv.* (um) ein wenig 5
    paulō post kurz darauf 5
pāx, pācis *f* Friede 7
peccāre, peccō einen Fehler machen, sündigen 29
pectus, pectoris *n* Brust, Herz 30
pecūnia Geld, Vermögen 4
pellere, pellō, pepulī, pulsum schlagen, vertreiben 11. 21
per *Präp. m. Akk.* durch, hindurch 3
perdere, perdō, perdidī, perditum verlieren, verschwenden, zugrunde richten 23
perīculum Gefahr 8
perīre, pereō, periī zugrunde gehen, umkommen 14
permovēre, permoveō, permōvī, permōtum beunruhigen, veranlassen 17. 18
perpetuus, a, um dauerhaft, ewig 30
perspicere, perspiciō, perspexī erkennen, genau betrachten, sehen 13
perterrēre, perterreō, perterruī, perterritum sehr erschrecken, einschüchtern 17. 19
perturbāre, perturbō in Verwirrung bringen 17
pervenīre, perveniō ad / in *m. Akk.* kommen zu / nach 15
pēs, pedis *m* Fuß 25
petere, petō, petīvī, petītum (auf)suchen, (er)streben, bitten, verlangen 3. 8. 27
    auxilium petere um Hilfe bitten 27
philosophia Philosophie 21
philosophus Philosoph 17
    illud philosophōrum jenes bekannte Wort der Philosophen 24
pīrāta *m* Pirat, Seeräuber 14
pius, a, um fromm, gerecht, pflichtbewusst 15
placēre, placeō gefallen 5
plēbs, plēbis *f* (nicht adeliges, einfaches) Volk 26
plērīque, plēraeque, plēraque die meisten, sehr viele 14
plūrēs, a mehr 29
plūrimī, ae, a sehr viele, die meisten 23
plūs, plūris mehr 13
    plūs valēre quam mehr gelten als 13
poena Strafe 22
pollicērī, polliceor, pollicitus sum versprechen 30
Polynīce duce unter der Führung des Polyneikes 22
pōnere, pōnō, posuī, positum (auf)stellen, (hin)legen, setzen 18
pōns, pontis *m* Brücke 9
populus Volk 2
porta Tor 2
portāre, portō tragen, bringen 5
pōscere, pōscō, popōscī fordern, verlangen 26
posse, possum, potuī können 8
post *Präp. m. Akk.* hinter, nach; *Adv.* dann, später 5. 7
    paulō post kurz darauf 5
posteā *Adv.* nachher, später 7
posterī, posterōrum *m Pl.* die Nachkommen 15

posterus, a, um folgend 15
postquam *Subj. m. Ind. Perf.* nachdem 11
postrēmō *Adv.* schließlich; kurz (gesagt) 9. 24
postulāre, postulō fordern 20
potēns, potentis mächtig, stark 13
potentia Macht 13
potestās, potestātis *f* (Amts-)Gewalt, Macht 30
potius *Adv.* eher, lieber 13
praebēre, praebeō geben, hinhalten 7
    aurēs praebēre Gehör schenken, zuhören 21
    sē praebēre *m. Akk.* sich zeigen (als), sich erweisen (als) 23
praecipere, praecipiō, praecēpī, praeceptum (be)lehren, vorschreiben 28
praeclārus, a, um großartig 19
praeda Beute 14
praedicāre, praedicō behaupten 29
praeesse, praesum, praefuī *m. Dat.* an der Spitze stehen, leiten 26
praeferre, praeferō, praetulī, praelātum vorziehen 29
praemium Belohnung, Lohn, (Sieges-)Preis 2
praesēns, praesentis anwesend, gegenwärtig 30
praesidium (Wach-)Posten, Schutz(truppe) 24
praestāre, praestō, praestitī *m. Dat.* übertreffen; *m. Akk.* gewähren, leisten, zeigen 13. 24
praetereā *Adv.* außerdem 27
premere, premō, pressī (unter)drücken, bedrängen 11
prex, precis *f* Bitte; *Pl.* Gebet 18
prīmō *Adv.* zuerst 6
prīmum *Adv.* erstens, zuerst, zum ersten Mal 9
prīmus, a, um der erste 10
    prīmā lūce bei Tagesanbruch *(wann?)* 10
    prīmō sōle bei Sonnenaufgang 18
prīnceps, prīncipis *m* der Erste, der führende Mann 26
prīstinus, a, um früher 13
prius *Adv.* früher, zuerst 24
priusquam *Subj. m. Ind.* bevor, eher als 30
prō *Präp. m. Abl.* anstelle von, für, vor 4
probāre, probō beweisen, für gut befinden 6
prōcēdere, prōcēdō, prōcessī (vorwärts)gehen, vorrücken 17
procul *Adv.* von fern, weit weg 9
proelium Kampf, Schlacht 11
    proelium committere eine Schlacht schlagen 22
profectō *Adv.* sicherlich, tatsächlich 14
prōferre, prōferō, prōtulī, prōlātum (hervor)holen, zur Sprache bringen 27
    in lūcem prōferre ans Licht bringen, verraten 30
proficīscī, proficīscor, profectus sum (ab)reisen, aufbrechen 30
prohibēre, prohibeō, prohibuī, prohibitum *(ā m. Abl.)* abhalten (von), hindern (an) 8. 28
prōmittere, prōmittō, prōmīsī versprechen 15
prope *Adv.* in der Nähe; beinahe 20
properāre, properō eilen, sich beeilen 1
propinquus Verwandter 7
propius *Adv.* näher 9
propter *Präp. m. Akk.* wegen 10
prōspicere, prōspiciō, prōspexī schauen auf, sehen, vorhersehen 9. 16

prōvidēre, prōvideō, prōvīdī, prōvīsum *m. Akk.* vorhersehen; *m. Dat.* sorgen für 27
provincia Provinz 25
pūblicus, a, um öffentlich, staatlich 19
　rēs pūblica Staat 21
puella Mädchen 4
puer, puerī Junge, Bub 5
pūgna Kampf 27
pūgnāre, pūgnō kämpfen 9
pulcher, pulchra, pulchrum schön 13
putāre, putō glauben, meinen; *m. dopp. Akk.* halten für 9

Q

quaerere, quaerō, quaesīvī erwerben wollen, suchen; fragen 15
quaesere, quaesō bitten 29
quam als, wie; *mit Superlativ:* möglichst 13. 23
　plūs valēre quam mehr gelten als 13
quam ob rem deshalb 27
quamquam *Subj.* obwohl 13
quandō? wann? 16
quantus, a, um wie groß, wie viel 26
quārē weshalb, wodurch; *rel. Satzanschluss:* deshalb 21. 25
quasi *Adv.* gleichsam, geradezu, fast; *Subj.* wie wenn, als ob 27
-que und 6
querī, queror, questus sum *(m. Akk.)* klagen; sich beklagen (über) 30
quī, quae, quod welcher, welche, welches; der, die, das 12
quia *Subj. m. Ind.* weil 12
quīcumque, quaecumque, quodcumque jeder, der; wer auch immer 28
quid? was? 3
　quid āctum est? was ist passiert? 25
　quid aliud? was sonst? 28
quīdam, quaedam, quoddam *(Akk. Sg.* **quendam, quandam)** ein gewisser, (irgend)ein; *Pl.* einige 24
quidem *Adv.* freilich, gewiss, wenigstens, zwar 9
quiēscere, quiēscō, quiēvī (aus)ruhen; schlafen 14
quis? wer? 3
quō ... eō je ... desto 23
quō wohin, wo, wie 29
quod *Subj. m. Ind.* dass, weil 5
quondam *Adv.* einst, einmal; manchmal 17
quoniam *Subj. m. Ind.* da ja, da nun 28
quoque *nachgestellt* auch 11

R

rapere, rapiō, rapuī wegführen, rauben, wegreißen 14
rārus, a, um selten, vereinzelt 25
ratiō, ratiōnis *f* Grund, Vernunft, Überlegung; Berechnung; Art und Weise 22
recipere, recipiō, recēpī, receptum aufnehmen, wiederbekommen, zurücknehmen 20
　sē recipere sich zurückziehen 20
recitāre, recitō vorlesen, vortragen 28
rēctus, a, um gerade, recht, richtig 28
reddere, reddō, reddidī, redditum *m. dopp. Akk.* jdn. zu etw. machen 23
redīre, redeō, rediī, reditum zurückgehen, zurückkehren 16. 27
referre, referō, rettulī, relātum (zurück)bringen, berichten 26
regere, regō, rēxī lenken, leiten; beherrschen 15
regiō, regiōnis *f* Gebiet, Gegend, Richtung 15
rēgius, a, um königlich 19
rēgnum (Königs-)Herrschaft, Reich 13
religiō, religiōnis *f* Glauben, (Gottes-)Verehrung, Frömmigkeit, Gewissenhaftigkeit; Aberglaube 18
relinquere, relinquō, relīquī, relictum unbeachtet lassen, verlassen, zurücklassen 3. 11. 19
remanēre, remaneō, remānsī (zurück)bleiben 6. 12
repellere, repellō, reppulī, repulsum zurückstoßen, abweisen, vertreiben 20
repente *Adv.* plötzlich 9
reperīre, reperiō, repperī (wieder)finden 14
repetere, repetō, repetīvī, repetītum (zurück)verlangen, wiederholen 20
reprehendere, reprehendō, reprehendī, reprehēnsum kritisieren, wieder aufgreifen 21
requīrere, requīrō, requīsīvī, requīsītum aufsuchen, sich erkundigen, verlangen 27
rēs, reī *f* Angelegenheit, Ding, Sache 19
　ita rēs sē habet die Sache verhält sich so
　novīs rēbus studēre nach Umsturz streben 26
　rem bene gerere etw. gut durchführen, Erfolg haben 27
　rēs adversae *f Pl.* unglückliche Umstände, Unglück 19
　rēs futūrae *f Pl.* Zukunft 27
　rēs pūblica Staat 21
　rēs secundae *f Pl.* Glück 19
resistere, resistō, restitī stehenbleiben; Widerstand leisten 21
respicere, respiciō, respexī, respectum zurückblicken; berücksichtigen 18
respondēre, respondeō, respondī antworten, entsprechen 5. 11
restāre, restō, restitī übrig bleiben; Widerstand leisten 11
retinēre, retineō, retinuī behalten, festhalten, zurückhalten 23
revocāre, revocō zurückrufen 26
rēx, rēgis *m* König 10
rīdēre, rīdeō, rīsī lachen, auslachen 1. 11
rīpa Ufer 8
rogāre, rogō bitten, erbitten, fragen 1
ruere, ruō, ruī eilen, stürmen, stürzen 14
rūrsus *Adv.* wieder 20

S

sacer, sacra, sacrum *(m. Gen.)* geweiht, heilig 30
sacerdōs, sacerdōtis *m/f* Priester(in) 16
sacrum Opfer, Heiligtum 6
saepe *Adv.* oft 23
saepius *Adv.* öfter 28
saevus, a, um schrecklich, wild, wütend 23
salūs, salūtis *f* Gesundheit, Glück, Rettung, Gruß 7
　salūtem dīcere *m. Dat.* jdn. grüßen 17
salvē! sei gegrüßt! 1
salvēte! seid gegrüßt! 1
sānctus, a, um ehrwürdig, heilig 28
sānē *Adv.* allerdings, gewiss; meinetwegen 29
sanguis, sanguinis *m* Blut, Blutvergießen 10

satis *Adv.* genug **28**
scelerātus, a, um verbrecherisch, schändlich; *Subst.* Verbrecher **14**
scelus, sceleris *n* Verbrechen; Schurke **10**
scīre, sciō, scīvī kennen, wissen, verstehen **4. 25**
scrībere, scrībō, scrīpsī, scrīptum beschreiben, schreiben **24**
scrīptum Schreiben **28**
sē *Akk.* sich **8**
    ita rēs sē habet die Sache verhält sich so **19**
sē alicui obicere sich jdm. entgegenwerfen, sich auf jdn. stürzen **27**
sē gerere sich verhalten **15**
sē praebēre *m. Akk.* sich zeigen (als), sich erweisen (als) **23**
sē recipere sich zurückziehen **20**
sēcum mit sich, bei sich **14**
secundus, a, um der zweite **14**
secundus, a, um der zweite, günstig **19**
    rēs secundae *f Pl.* Glück **19**
sed aber, sondern **2**
sedēre, sedeō, sēdī sitzen **14**
sēdēs, sēdis *f* Sitz, Wohnsitz, Platz **23**
semper *Adv.* immer **4**
senātor Senator **1**
senex, senis *m* Greis, alter Mann **4**
sēnsus, sēnsūs *m* Gefühl, Sinn, Verstand **28**
sententia Antrag (im Senat), Meinung; Satz, Sinn **11**
sentīre, sentiō, sēnsī fühlen, meinen, wahrnehmen **30**
sequī, sequor, secūtus sum *m Akk.* folgen **30**
sermō, sermōnis *m* Äußerung, Gerede, Gespräch, Sprache **28**
serva Sklavin **5**
servāre, servō (ā *m. Abl.*) bewahren, retten (vor) **8**
servīre, serviō dienen, Sklave sein **30**
servitūs, servitūtis *f* Sklaverei **19**
servus Sklave **1**
sī *Subj.* falls, wenn **10**
sibi *Dat.* sich **13**
sibi adiungere für sich gewinnen **13**
sīc *Adv.* so **30**
sīcut *Adv.* (so) wie **7**
sīgnum Merkmal, Zeichen; Statue **2. 19**
silentium Schweigen, Stille **17**
silva Wald **20**
simul *Adv.* zugleich, gleichzeitig **19**
simulācrum Bild, Bildnis, Schatten (eines Toten) **29**
sine *Präp. m. Abl.* ohne **8**
sinere, sinō, sīvī lassen, erlauben **17**
singulus, a, um je ein, jeder einzelne **25**
socius Gefährte, Verbündeter **22**
sōl, sōlis *m* Sonne **18**
    prīmō sōle bei Sonnenaufgang **18**
solēre, soleō *(m. Inf.)* gewöhnlich etw. tun, gewohnt sein **28**
sōlum *Adv.* nur **11**
sōlus, a, um allein, einzig **12**
solvere, solvō, solvī, solūtum (auf)lösen, bezahlen **20**
somnus Schlaf **15**
soror, sorōris *f* Schwester **7**
sors, sortis *f (Gen. Pl. -ium)* Los, Orakelspruch, Schicksal **10**
    sortem dare einen Orakelspruch geben **16**
spectāculum Schauspiel **19**
spectāre, spectō betrachten, hinsehen; anstreben **3. 25**
spērāre, spērō erwarten, hoffen **27**
spēs, speī *f* Erwartung, Hoffnung **19**
sponte meā (tuā, suā) freiwillig, aus eigener Kraft, von selbst **15**
stāre, stō, stetī stehen **1. 11**
statim *Adv.* auf der Stelle, sofort **3**
statuere, statuō, statuī, statūtum aufstellen, beschließen, festsetzen **16. 21**
statūra Gestalt, Statur **24**
studēre, studeō, studuī *(m. Dat.)* sich (wissenschaftlich) beschäftigen, sich bemühen (um), streben (nach) **12**
    novīs rēbus studēre nach Umsturz streben **26**
studium Beschäftigung, Engagement, Interesse **28**
subicere, subiciō, subiēcī, subiectum darunterlegen, unterwerfen **12. 19**
subitō plötzlich **1**
sūmere, sūmō nehmen **4**
    togam sūmere die Toga anlegen **6**
summus, a, um der höchste, der letzte, der oberste **24**
sūmptus, sūmptūs *m* Aufwand, Kosten **25**
superāre, superō besiegen, übertreffen **12**
superbia Stolz, Überheblichkeit **16**
superbus, a, um stolz, überheblich **10**
superī, superōrum *m Pl.* die Götter **30**
supplex, supplicis demütig bittend **18**
supplicium flehentliches Bitten; Strafe, Hinrichtung **16**
suprā *Adv.* darüber hinaus, oben **27**
surgere, surgō, surrēxī aufstehen, sich erheben **2. 13**
sustinēre, sustineō, sustinuī ertragen, standhalten **21**
suus, a, um ihr, sein **11**

T

taberna Laden, Werkstatt, Gasthaus **3**
tabula Tafel, Gemälde; Aufzeichnung **19**
tacēre, taceō schweigen **2**
tālis, e derartig, ein solcher, so (beschaffen) **17**
tam so **15**
tam ... quam so ... wie **28**
tamen dennoch, jedoch **4**
tandem *im Aussagesatz* endlich; *im Fragesatz* denn eigentlich **2. 16**
tangere, tangō, tetigī, tāctum berühren **20**
tantum *(nachgestellt)* nur **4**
tantus, a, um so groß, so viel **19**
tē *Akk.* dich **4**
tegere, tegō, tēxī, tēctum bedecken, schützen, verbergen **25**
tēlum (Angriffs-)Waffe, Geschoss **8**
temperāre, temperō *m. Akk.* lenken, ordnen **13**
templum Tempel **3**
temptāre, temptō angreifen; versuchen, prüfen **15**
tempus, temporis *n* (günstige) Zeit; *Pl.* Umstände **17**
    ex illō tempore seit jener Zeit **27**

tenebrae, tenebrārum *f Pl.* Dunkelheit, Finsternis 17
tenēre, teneō, tenuī besitzen, festhalten, halten 8
   memoriā tenēre im Gedächtnis behalten 24
terra Erde, Land 30
terrēre, terreō, terruī, territum erschrecken 10. 20
theātrum Theater 24
thermae, thermārum *f Pl.* Thermen, Badeanlage 4
timēre, timeō, timuī Angst haben, fürchten 10
   timēre, nē fürchten, dass 26
toga Toga (Kleidungsstück des römischen Mannes) 6
   togam sūmere die Toga anlegen 6
tollere, tollō, sustulī, sublātum aufheben, in die Höhe heben, wegnehmen 3. 21
   clāmōrem tollere ein Geschrei erheben 3
tōtus, a, um *(Gen.* tōtīus, *Dat.* tōtī*)* ganz 10
trādere, trādō, trādidī, trāditum übergeben, überliefern 28
trānsīre, trānseō, trānsiī hinübergehen, überschreiten 14
trēs, trēs, tria drei 25
trīstis, e traurig, unfreundlich 15
triumphus Triumph(zug) 19
tū *(betont)* du 5
tuērī, tueor *m. Akk.* betrachten, schützen, (milit.) sichern, sorgen für 30
tum da, damals, darauf, dann 1
tunc *Adv.* damals, dann 24
tunica Tunika (Unterkleid unter der Toga) 6
turba Menschenmenge, Lärm 1
turpis, e (sittlich) schlecht, hässlich, schändlich 15
turris, turris *f (Abl. Sg.* -ī*; Gen. Pl.* -ium*)* Turm 27
tūtus, a, um *(ā m. Abl.)* sicher (vor) 10
   in tūtō in Sicherheit 14
tuus, a, um dein 11

U

ubi *Subj. m. Ind.* sobald 8
ubī? wo? 1
ultimus, a, um der äußerste, der entfernteste, der letzte 10
umbra Schatten 23
ūnā *Adv.* zugleich, zusammen 22
unda Welle, Gewässer 14
unde woher 25
ūnus, a, um *(Gen.* ūnīus, *Dat.* ūnī*)* ein(er), ein einziger 11
ūnus ex / dē *m. Abl.* einer von 11
urbs, urbis *f (Gen. Pl.* -ium*)* Stadt, Hauptstadt 8
ūsque ad *m. Akk.* bis zu 29
ūsus, ūsūs *m* Nutzen, Benutzung 27
   ūsuī esse *m. Dat.* von Nutzen sein 27
ut *Adv.* wie 14
ut *Subj. m. Konj.* dass, sodass; damit, um … zu 26
ūtī, ūtor, ūsus sum *m. Abl.* benutzen, gebrauchen 30
utinam hoffentlich, wenn doch! 27
utrum … an *im indir. Fragesatz* ob … oder 26
uxor, uxōris *f* Ehefrau 4

V

valē leb wohl! 17
valēre, valeō, valuī Einfluss haben, gesund sein, stark sein 13
   multum valēre viel gelten 13
   plūs valēre quam mehr gelten als 13
vehemēns, vehementis heftig, energisch, kritisch 13
velle, volō, voluī wollen 6. 8
vendere, vendō verkaufen 3
venia Gefallen, Nachsicht, Verzeihung 22
venīre, veniō, vēnī kommen 1. 11
ventus Wind 14
verbum Wort, Äußerung 6
   verba facere *(dē m. Abl.)* sprechen; Gespräche führen, reden (über) 13
verērī, vereor, veritus sum fürchten, sich scheuen; verehren 30
vērō *Adv.* aber 11
vērum *Adv.* aber 28
vērus, a, um echt, richtig, wahr 13
vester, vestra, vestrum euer 12
vestīgium Spur, Fußsohle, Stelle 20
vestis, vestis *f (Gen. Pl.* vestium*)* Kleid, Kleidung 4. 6
vetāre, vetō, vetuī *(m. Akk.)* verhindern, verbieten 20
vetus, veteris alt 29
via Straße, Weg 19
victor, victōris *m* Sieger; *Adj.* siegreich 2. 19
victōria Sieg 12
vīcus Dorf, Gasse 26
vidēre, videō, vīdī, vīsum sehen; darauf achten 3. 11. 18
vidērī, videor, vīsus sum scheinen, gelten (als) 30
vīgintī *indekl.* zwanzig 6
vincere, vincō, vīcī, victum (be)siegen, übertreffen 11. 19
vinculum Band, Fessel; *Pl.* Gefängnis 17
vindicāre in *m. Akk.* vorgehen gegen 21
vīnum Wein 4
vir, virī Mann 8
vīrēs, vīrium *f Pl.* (Streit-)Kräfte 21
virgō, virginis *f* Mädchen, junge Frau 22
virtūs, virtūtis *f* Tapferkeit, Tüchtigkeit, Vortrefflichkeit, Leistung; *Pl.* gute Eigenschaften, Verdienste 12
vīs, *Akk.* vim, *Abl.* vī *f* Gewalt, Kraft; Menge 21
vīsere, vīsō, vīsī, vīsum besichtigen, besuchen 24
vīta Leben, Lebensweise 12
   vītam agere (sein) Leben führen 25
vīvere, vīvō leben 8
vīvus, a, um lebend, lebendig 11
vōbīs *Dat.* euch 7
vocāre, vocō rufen, nennen; *m. dopp. Akk.* bezeichnen als 2. 11
volāre, volō fliegen; eilen 14
voluntās, voluntātis *f* Absicht, Wille, Zustimmung 28
voluptās, voluptātis *f* Lust, Vergnügen 30
vōx, vōcis *f* Äußerung, Laut, Stimme 10
   magnā vōce mit lauter Stimme 10
vult er (sie, es) will 4
vultus, vultūs *m* Gesicht, Gesichtsausdruck; *Pl.* Gesichtszüge 24

Abkürzungsverzeichnis

Abl.	Ablativ
Abl. abs.	Ablativus absolutus
AcI	Akkusativ mit Infinitiv
Adj.	Adjektiv
Adv.	Adverb
Akk.	Akkusativ
Akt.	Aktiv
Dat.	Dativ
Dekl.	Deklination
dir.	direkt
dopp.	doppelt(er)
dt.	deutsch
e.	englisch
f	feminin
f.	französisch
Fut.	Futur
Fw.	Fremdwort
Gen.	Genitiv
griech.	Griechisch
i.	italienisch
Imp.	Imperativ
Impf.	Imperfekt
indekl.	indeklinabel
Ind.	Indikativ
Inf.	Infinitiv
jd.	jemand
jdn.	jemanden
jdm.	jemandem
intrans.	intransitiv
Jh.	Jahrhundert
Komp.	Komparativ
Konj.	Konjunktiv
Konjug.	Konjugation
kons.	konsonantisch
lat.	lateinisch
m	maskulin
m.	mit
Nom.	Nominativ
örtl.	örtlich
n	neutrum
Part.	Partizip
Pass.	Passiv
Perf.	Perfekt
Pers.	Person
PFA	Partizip Futur Aktiv
Pl.	Plural
Plusqpf.	Plusquamperfekt
PPA	Partizip Präsens Aktiv
PPP	Partizip Perfekt Passiv
Präd. nom.	Prädikatsnomen
Präp.	Präposition
Präs.	Präsens
Pron.	Pronomen
röm.	römisch
s.	spanisch
Sg.	Singular
Subj.	Subjunktion
Subst.	Substantiv
Sup.	Superlativ
trans.	transitiv
vgl.	vergleiche
Vok.	Vokativ
wörtl.	wörtlich
zeitl.	zeitlich

Bildnachweis

Antikensammlung der Friedrich-Alexander-Universität Erlangen/Nürnberg / Foto: Archiv i.motion GmbH, Bamberg – S. 10, 11, 16; Archäologisches Museum, Delphi – S. 75, 80, 82; Archiv für Kunst und Geschichte, Berlin – S. 36, 47, 75, 81, 125, 147; Archiv für Kunst und Geschichte / Album Prisma – S. 39; Archiv für Kunst und Geschichte / Bildarchiv Steffens – S. 28, 87; Archiv für Kunst und Geschichte / cameraphoto – S. 105; Archiv für Kunst und Geschichte / Peter Connolly – S. 12, 13, 20, 32, 40, 108; Archiv für Kunst und Geschichte / DEA, G.Dagli Orti, De Ago – S. 116, 117; Archiv für Kunst und Geschichte / Werner Forman – S. 21; Archiv für Kunst und Geschichte / François Guenet – S. 148; Archiv für Kunst und Geschichte / Dieter E. Hoppe – S. 75; Archiv für Kunst und Geschichte / Andrea Jemolo – S. 75; Archiv für Kunst und Geschichte / Kunsthistorisches Museum Wien – S. 136; Archiv für Kunst und Geschichte / Erich Lessing – S. 17, 145; Archiv für Kunst und Geschichte / Gilles Mermet – S. 144; Archiv für Kunst und Geschichte / Museum Kalkriegel – S. 95; Archiv für Kunst und Geschichte / Rabatti Domingie – S. 51; Archiv i.motion GmbH, Bamberg – S. 23, 119, 120, 123, 124; Auckland Art Gallery, Auckland/Neuseeland – S. 24; Badisches Landesmuseum, Karlsruhe – S. 97; Bildarchiv Cinetext, Frankfurt – S. 64, 95, 134; Bildarchiv Mauritius / Imagebroker, Raimund Kutter, Mittenwald – S. 90; Bridgeman Art Library, Berlin – S. 100, 139; Bridgeman Art Library / Culture and Sport Glasgow Museum – S. 130; Bridgeman Art Library / Giraudon – S. 49, 57; Bridgeman Art Library / Look and Learn – S. 45, 61, 68; Bridgeman Art Library / Museumslandschaft Hessen – S. 127; Bridgeman Art Library / Peter Willi – S. 75; Lambert Dahm, Trier – S. 124; Araldo de Luca / Museo Nazionale Romano, Rom – S. 14 (4); dpa Picture-Alliance / akg-images, Erich Lessing – S. 88, 121; dpa Picture-Alliance / EPA, Franz Neumayr – S. 110; dpa Picture-Alliance / Rainer Hackenberg – S. 31; dpa Picture-Alliance / Keystone, Georgios Kefals – S. 99; dpa Picture-Alliance / Zentralbild, Claudia Esch-Keukel – S. 109; Foto & Co. Peter Schubert, Dresden – S. 135; Fotografie ThomasReichle, Stuttgart – S. 115; Kunsthistorisches Museum, Wien – S. 31; Les Edition Albert René, Paris – S. 94, 128; Limesmuseum / Ulrich Sauerborn, Aalen – S. 129; Musée Crozatier, Le Puy-en-Velay – S. 131; Musées de Strasbourg / A. Plisson, Strasbourg – S. 48; Musée National du Louvre, Paris – S. 137; Museo Archeologico Nazionale, Neapel – S. 60; Museo della Civiltà, Rom – S. 33; Museo Nazionale, Rom – S. 44; Museo Nazionale di Villa Giulia, Rom – S. 96; Luciano Pedicini / Archivio dell' Arte, Neapel – S. 37, 47, 69, 104; Photo Scala, Florenz – S. 75 (2), 77, 79, 91, 106, 107, 111, 112; Photo Scala / courtesy of Sovraintendenza di Roma Capitale, Florenz – S. 53; Photo Scala / courtesy of the Ministero Beni e Att. Culturali, Florenz – S. 76; Photo Scala / Fotografica Foglia, Florenz – S. 35; Photo Scala / Musei Capitolini, Florenz – S. 43; Photo Scala / Galleria degli Uffizi, Florenz – S. 84; Preußischer Kulturbesitz / Antikensammlung, SMB, Christa Begall – S. 75; Preußischer Kulturbesitz / Antikensammlung, SMB, Ingrid Geske – S. 14, 75; Preußischer Kulturbesitz / Antikensammlung, SMB, Johannes Laurentius, Berlin - S. 65; Preußischer Kulturbesitz / Hermann Buresch – S. 67, 103; Preußischer Kulturbesitz / Münzkabinett, SMB – S. 113; Preußischer Kulturbesitz / Nationalgalerie, SMB, Klaus Göken – S. 75; Preußischer Kulturbesitz / Alfredo Dagli Orti – S. 105; Preußischer Kulturbesitz / RMN, Gérard Blot, Christian Jean – S. 59; Preußischer Kulturbesitz / RMN, Hérve Lewandowski – S. 74, 83, 93, 118; Preußischer Kulturbesitz / RMN, René-Gabriel Ojeda – S. 133; Preußischer Kulturbesitz / Scala – S. 89; Rheinisches Landesmuseum, Trier – S. 98 (2); RMN / The Trustees of the British Museum London, Paris – S. 55; Römermuseum, Weißenburg – S. 54; Römische Villa Borg, Perl-Borg – S. 39; The Trustees of the British Museum, London – S. 110; Tiff.any GmbH, Berlin – S. 143, vorderes und hinteres Vorsatz; Ullstein-Bild / Imagebroker.net, Berlin – S. 15; Verlag Philipp von Zabern, Mainz / J. Breyer und M. Junkelmann – S. 41; Württembergische Landesbibliothek / Cod. Bibl. 2°23, 53v, Stuttgart – S. 146.